应用型本科 经济管理类专业系列教材

商务谈判理论与实务

费湘军　胡一鸣　编著

西安电子科技大学出版社

内 容 简 介

商务谈判是一门实践性很强的课程。本书注重基础理论，强调实务性，突出实践性和趣味性。全书结构完整，从基础理论入手，重点介绍了商务谈判的实务、艺术、礼仪，本着学以致用的原则，提高学习者处理实际问题的能力。本书在知识介绍的同时辅以大量的案例、阅读，以提高读者的学习兴趣。各章之后均附有思考题与案例分析，尤其是最后一篇列举了几个典型的谈判案例，有助于学习者模拟谈判。

全书分为五篇，分别为商务谈判基础、商务谈判实务、商务谈判艺术、商务谈判礼仪与风格、商务谈判模拟，合计共 10 章内容，建议教学时数为 36 课时。本书强调商务谈判理论的规范性、系统性，注重谈判策略的实用性和可操作性，力求做到全面系统、重点突出，以满足应用型本科院校经济管理类专业的学生以及广大企业界人士和其他读者的需要。

图书在版编目(CIP)数据

商务谈判理论与实务/费湘军，胡一鸣编著. —西安：西安
电子科技大学出版社，2017.7(2024.7 重印)
ISBN 978–7–5606–4557–5

Ⅰ. ① 商⋯　Ⅱ. ① 费⋯　② 胡⋯　Ⅲ. ① 商务谈判　Ⅳ. ① F715.4

中国版本图书馆 CIP 数据核字(2017)第 150616 号

责任编辑　张　倩
出版发行　西安电子科技大学出版社(西安市太白南路 2 号)
电　　话　(029)88202421　88201467　　　邮　编　710071
网　　址　www.xduph.com　　　　　　电子邮箱　xdupfxb001@163.com
经　　销　新华书店
印刷单位　咸阳华盛印务有限责任公司
版　　次　2017 年 7 月第 1 版　　2024 年 7 月第 6 次印刷
开　　本　787 毫米×1092 毫米　1/16　印 张　14.5
字　　数　341 千字
定　　价　36.00 元
ISBN 978–7–5606–4557–5
XDUP 4849001–6
如有印装问题可调换

应用型本科管理类专业系列教材
编审专家委员名单

主　任：施　平(南京审计学院审计与会计学院院长/教授)
副主任：

范炳良(常熟理工学院经济与管理学院院长/教授)

王晓光(上海金融学院工商管理学院院长/教授)

左振华(江西科技学院管理学院院长/教授)

史修松(淮阴工学院经济管理学院副院长/副教授)

成　员：(按姓氏拼音排列)

蔡月祥(盐城工学院管理学院院长/教授)

陈丹萍(南京审计学院国际商学院院长/教授)

陈爱林(九江学院经济与管理学院工商管理系副教授/系主任)

池丽华(上海商学院管理学院副院长 / 副教授)

费湘军(苏州大学应用技术学院经贸系主任/副教授)

顾　艳(三江学院商学院副院长/副教授)

何　玉(南京财经大学会计学院副院长/教授)

胡乃静(上海金融学院信息管理学院院长/教授)

后小仙(南京审计学院公共经济学院院长/教授)

贾建军(上海金融学院会计学院副院长/副教授)

李　昆(南京审计学院工商管理学院院长/教授)

李　葵(常州工学院经济与管理学院院长/教授)

陆玉梅(江苏理工学院商学院副院长/教授)

马慧敏(徐州工程学院管理学院副院长/教授)

牛文琪(南京工程学院经济与管理学院副院长/副教授)

宋　超(南通大学管理学院副院长/教授)

陶应虎(金陵科技学院商学院副院长/教授)

万绪才(南京财经大学工商管理学院副院长/教授)

万义平(南昌工程学院经贸学院院长/教授)

王卫平(南通大学商学院副院长/教授)

许忠荣(宿迁学院商学院副院长/副教授)

张林刚(上海应用技术学院经济与管理学院副院长/副教授)

庄玉良(南京审计学院管理科学与工程学院院长/教授)

应用型本科经济类专业系列教材
编审专家委员名单

主　任：孙文远(南京审计学院经济与贸易学院院长/教授)
副主任：

蔡柏良(盐城师范学院商学院院长/教授)

谢科进(扬州大学商学院院长/教授)

孙　勤(徐州工程学院经济学院院长/教授)

赵永亮(盐城工学院经济学院院长/教授)

成员：(按姓氏拼音排列)

陈淑贤(上海杉达学院杨胜祥商学院副院长/副教授)

董金玲(徐州工程学院经济学院副院长/教授)

顾丽琴(华东交通大学 MBA 教育中心案例中心主任/教授)

蒋国宏(南通大学商学院院长/教授)

江涛涛(常州大学商学院副院长/副教授)

刘春香(浙江万里学院商学院副院长/副教授)

刘　骅(南京审计学院金融学院副院长/副教授)

隆定海(皖西学院经济与管理学院副院长/副教授)

马军伟(常熟理工学院经济与管理学院院长助理)

马立军(三江学院文化产业与旅游管理学院副院长)

施继元(上海金融学院国际金融学院副院长/教授)

宣昌勇(淮海工学院商学院院长/教授)

项益才(九江学院经济与管理学院副院长/副教授)

于中琴(上海金融学院国际经济贸易学院副院长/副教授)

张言彩(淮阴师范学院经济与管理学院副院长/副教授)

赵　彤(南京晓庄学院商学院副院长/教授)

前　言

　　谈判作为人类社会一种普遍的社会活动，自古即有。美国谈判学会会长、著名律师杰勒德·尼尔伦伯格在《谈判艺术》一书中所阐明的观点更加明确，他说："谈判的定义最为简单，而涉及的范围却最为广泛，每一个要求满足的愿望和每一项寻求满足的需要，至少都是诱发人们展开谈判过程的潜因。只要人们为了改变相互关系而交换观点，只要人们是为了取得一致而磋商协议，他们就是在进行谈判。谈判通常是在个人之间进行的，他们或者是为了自己，或者是代表着有组织的团体。因此，可以把谈判看作人类行为的一个组成部分，人类的谈判史同人类的文明史同样长久。"如今，谈判作为解决分歧的一种有效手段，已经渗透到现代社会政治、军事、外交、经济、文化等各个领域之中，成为人与人之间、机构与机构之间、国家与国家之间沟通、协调、合作必不可少的手段。

　　人类为什么要进行谈判呢？从本质上说，谈判的直接原因是因为参与谈判的各方有自己的需要，或者是自己所代表的某个组织有某种需要。因此，谈判双方参加谈判的主要目的，就不能仅仅以只追求自己的需要为出发点，而是应该通过交换观点进行磋商，共同寻找使双方都能接受的方案。随着市场经济的发展，商务谈判日益频繁，商务谈判在经济活动中所起的作用越来越重要。商务谈判的成功与否，对个人的发展、企业的生存与发展、社会经济的发展都起着重要的作用。对于一个企业来说，增加利润一般有三种方法：增加营业额、降低成本、谈判。通过谈判，尽量以低价买进、高价卖出，一买一卖之间，利润就出来了。谈判是增加利润最有效也是最快的办法，因为谈判争取到的每一分钱都是净利润。所以，掌握谈判这门科学和艺术，的确是企业经营成功的一个重要因素与手段。

　　谈判学作为一个专门的学科，从 20 世纪 70 年代开始建立，并逐渐发展成为一门集政治性、技术性、科学性和艺术性为一体的综合性学科。商务谈判理论涉及的知识领域十分广阔，融会了管理学、经济学、营销学、国际贸易、金融、财务、公共关系、法律、科技、文学、艺术、地理、心理、演讲、交际礼仪等多种学科。

　　谈判既是一门科学，又是一门艺术，在社会政治、经济生活中几乎无处不在。尤其是随着我国市场经济的发展，我国在世界经济一体化进程中的步伐正在不断加快，工商企业大量地利用外资、引进技术，同外国企业的各种贸易活动与日俱增，各界人士，特别是企业界人士对外交往日益增多，各种各样的谈判无时无刻不在进行。国内的企业间、部门间也是如此，各种商务往来以及为了寻求合作与支持，都离不开谈判。因此可以说，我们比以往任何时候都更需要了解和掌握商务谈判。

　　但是，谈判并不是一件轻而易举的事情，谈判桌上风云变幻、波澜起伏，不仅会使缺乏经验的谈判者应接不暇，即使老练的谈判人员有时也会束手无策。为什么许多商业人士在谈判桌上横冲直撞，毫无斩获？为什么很多大的集团把谈判技巧的训练变成主管晋升的必修课程？当今社会日益强调在竞争中的合作，人们介入谈判的概率不断增加，谈判技能已经成为职业人士的必备技能，无论是对内沟通还是对外交流，都不可或缺。本书正是基于这种需求编写的。

本书在编写过程中，遵循理论知识够用的原则，坚持以实践能力培养为主，形成了以下主要特点：

(1) 实用性。本书从我国的实际情况出发，深入浅出地介绍了商务谈判的基本理论，阐述了商务谈判人员应该具备的基本理论知识。全书以培养实际的商务谈判能力为主，从谈判的过程入手，重点说明在谈判的各个环节应该如何进行，学以致用，从而提高学习者处理实际问题的能力。

(2) 侧重于能力培养。本书各章之后均附有思考题与案例分析，尤其是最后一篇列举了几个典型的谈判案例，有助于学习者进行模拟谈判。本书注重工学结合，从认知学习到理论学习，再到实践学习，提高学习者的计划能力、组织能力、领导能力、决策能力、控制能力以及分析问题和解决问题的能力。

本书由费湘军、胡一鸣编著。在编写过程中，编者结合多年的研究成果、教学经验和实践心得，充分考虑了我国的具体国情、文化背景和应用型本科的特点，坚持理论联系实践的原则，以提高学习者实际商务谈判技能和培养应用型本科人才为目标，设计了理论+实践的结构体系。本书在编写过程中参考了国内外许多的相关著作文献，力求精益求精。但由于编者水平有限，书中难免会有疏漏，不当之处恳请各位专家、学者和广大读者批评指正，以便再版时进行修订。

费湘军

2017 年 2 月

目　　录

第一篇　商务谈判基础

第二篇　商务谈判实务

第一篇　商务谈判基础

全世界赚钱最快的办法就是谈判！

——美国前总统克林顿的首席谈判顾问罗杰·道森

第一章　商务谈判概述

急需难买便宜货。

——美国总统富兰克林·德拉诺·罗斯福

本章要点：学习与掌握商务谈判的概念与特征；掌握商务谈判的一般原则和方法并能够灵活运用原则谈判法；了解商务谈判的主要类型、结构与要素；了解商务谈判的功能和评价标准；掌握商务谈判的模式。

导入案例

情景一：有一个妈妈把一个橙子给了邻居的两个孩子。这两个孩子便讨论起来如何分这个橙子。两个人吵来吵去，最终达成了一致意见，一个孩子负责切橙子，而另一个孩子负责选橙子。结果，这两个孩子按照商定的办法各自取得了一半橙子，并高高兴兴地拿回家去了。

第一个孩子把半个橙子拿到家，把皮剥掉扔进了垃圾桶，把果肉放到果汁机上打果汁喝。另一个孩子回到家把果肉挖掉扔进了垃圾桶，把橙子皮留下来磨碎了，混在面粉里烤蛋糕吃。

思考：用商务谈判的方法理论分析以上两个孩子谈判的结果。

情景二：如果有一个孩子想要整个橙子，即既想要皮做蛋糕，又想喝橙子汁。想要整个橙子的孩子提议可以将其他的问题拿出来一块谈。他说："如果把这个橙子全给我，你上次欠我的棒棒糖就不用还了"。其实，他的牙齿被蛀得一塌糊涂，父母上星期就不让他吃糖了。另一个孩子想了一想，很快就答应了。他刚刚从父母那儿要了五块钱，准备买糖还债。这次他可以用这五块钱去打游戏，才不在乎这酸溜溜的橙子汁呢。

思考：用商务谈判的原则、方法理论分析他们是如何达成交易的。

第一节　商务谈判的概念、特征

一、商务谈判的概念

谈判的内容极其广泛，人们很难用一两句话准确、充分地表达谈判的全部内涵。谈判有广义与狭义之分。广义的谈判，指除正式场合下的谈判外，一切协商、交涉、商量、磋商等，也都可以看做谈判。狭义的谈判仅仅是指正式场合下的谈判。

下面是对谈判内涵从几个方面进行的剖析，以便读者把握谈判的基本概念。

(1) 谈判是建立在人们需要的基础之上的，它总是以某种利益的满足为目标，这是人们进行谈判的动机，也是谈判产生的原因。

(2) 谈判是两方以上的交际活动，只有一方则无法进行谈判活动。

(3) 谈判是寻求建立或改善人们的社会关系的一种行为。

(4) 谈判是一种协调行为的过程，是一种寻找共同点的过程。

(5) 谈判是在参与者认为合适的时间和地点举行的。

那么什么是商务谈判呢？所谓商务谈判，是指在经济领域中，两个或两个以上从事商务活动的组织和个人，为了满足各自的经济利益，进行意见交换和磋商，谋求取得一致和达成协议的行为过程。

二、商务谈判的特征

商务谈判是一项十分复杂的综合性经营管理活动，它跨政治、经济、管理、技术、法律、文学、心理、社交等诸多学科。商务谈判是一项集政策性、技术性、艺术性于一体的社会经济活动，除了包含一系列经济活动的特点和一般谈判的特征外，商务谈判作为一种专业谈判，还具有自身的特殊性，主要表现在以下五个方面：

(1) 以经济利益为目的，以价格问题为核心。这是商务谈判区别于其他谈判的主要特点。商务谈判的发生根本原因在于人们追求经济上的需要，其目的决定了当事人都必然注重经济效益，力争多得一些，少给一些。而商务谈判一般又是以价格为核心进行的，商务谈判中价值的表现形式——价格，最直接地反映了谈判双方的利益。谈判双方在其他利益上的得与失，在很多情况下或多或少都可以折算为一定的价格，并通过价格升降而得到体现。需要指出的是，在商务谈判中，一方面要以价格为中心，坚持自己的利益，另一方面又不能仅仅局限于价格，应该拓宽思路，设法从其他利益因素上争取应得的利益。

(2) 商务谈判是一个过程。一般来说，商务谈判的过程可以划分为谈判准备阶段、开局阶段、摸底阶段、磋商阶段、成交阶段和协议后阶段等几个基本阶段。

(3) 商务谈判是双方"合作"与"冲突"的对立统一。谈判双方彼此有需求，这是合作的基础。但是由于利益上的冲突，在谈判桌上，竞争与抗衡往往是避免不了的。也就是说，谈判双方的利益既有统一的一面，又有冲突的一面。然而，谈判成功对双方都有利，因此就要求双方互相配合，共同努力。

(4) 商务谈判利益的权变因素较多。谈判最后利益的确定，取决于谈判双方的实力、客观形势、谈判策略技巧的运用。

(5) 商务谈判双方都具有一定的利益界限。如果无视对方的最低利益和需要，谈判会破裂。

第二节 商务谈判的原则和方法

一、商务谈判的原则

商务谈判的原则，是指商务谈判中谈判各方应当遵循的指导思想和基本准则，是商务谈判活动内在、必然的行为规范，是商务谈判的实践总结和制胜规律。认识并把握这些原则有助于维护谈判各方的权益，提高谈判的成功率。

(1) 客观性原则。谈判要从客观实际出发，按客观的规律办事。不管是谈判的哪一方，都要根据事实做出合理的判断，采取恰当的措施，不能够违背客观的事实，一意孤行，否则会远离谈判的目标。在谈判过程中，一定要用客观标准来进行判断，不能只从一己之利出发而强加不合理的要求。这些客观标准，包括等价交换、国际惯例、法律法规等。只有坚持客观标准，才能更好地说服对方，才会使谈判有更高的效率。

(2) 合法性原则。商务谈判是一种法律行为，它必须遵守国家的有关法律、政策。在谈判的过程中，不仅要遵循本国的法律和政策，还要遵循国际法则，尊重别国的有关法律规定。谈判中不仅要考虑双方的利益，还必须考虑到国家的整体利益，否则，即使协议达成了，但终究会因不合法而引起法律纠纷，谈判的努力也将付之东流。商务谈判中所签署的协议，只有在合法的情况下才具有法律效力，才能保障谈判双方的合法权益。

(3) 平等互利原则。平等互利就是要平等协商、互利互惠。谈判的双方在互相磋商中都处于同等的社会地位，享有相同的权利，谈判的时候应该公平往来。成功的谈判是双方都有利可图。当然，谈判的双方各自都有不同的利益打算，谈判的利益互惠，其表现形式也是多种多样的，有物质上的互利，有精神上的互利，还有物质+精神方面的互利。当然，我们所说的互利，不可能是绝对的，即一半对一半好处的互利，互利是指双方的经济利益都能得到照顾和满足，而不能要求对等或相等，这是不现实的，也是做不到的，只能是按照当时的客观条件，在当时的利害关系下，为双方都自愿和乐意接受的一种相对的互利。

(4) 诚信原则。在商务谈判中，双方的关系既有竞争的一面，又有合作的一面，但从根本上来说，双方是为了合作才走到一起来的。市场经济既是一种规则经济，同时又是一种信用经济。为此，在谈判过程中，双方都应抱有合作的诚意，高度重视信用问题，以诚相待，信任对方，遵守诺言，在双方之间建立一种互相信任的关系，为签约后的长期合作打下基础。

(5) 公平竞争原则。该原则要求谈判双方应该具有公平的提供和选择的机会，并且要求协议的达成与履行必须是公平的。

(6) 时效性原则。该原则就是要保证商务谈判的效率和效益的统一。商务谈判要在高效中进行，因为时间也是有成本的，因此既要注重时间的效率，也要注重履约的效率，这些都是有利于各方效益的提升的。

(7) 最低目标原则。最低接受目标是商务谈判必须实现的目标，是谈判的最低要求，若不能实现，则宁愿谈判破裂。确定最低谈判目标，是因为如果没有最低目标作为心理安慰，一味追求高标准的目标，往往带来僵化的谈判策略。这样做不利于谈判的进程，不利于所属成员和团体经济行为的稳定。

(8) 求同存异原则。谈判既然是为了谋求一致而进行的协商洽谈，那么本身就蕴含着谈判各方在利益上的"同"和"异"。因此，为了实现成功的谈判，必须认准最终的目标，求大同、存小异。要能发现对方利益要求上的合理成分，并根据对方的合理要求，在具体问题上采取灵活的态度、变通的办法，作出相应的让步，这样才能推动对手作出让步，从而促使谈判有一个公正的协议产生。

阅读：做生意说话的技巧——幽默的演讲打开了谈判中的僵局

没有幽默感的家庭是一间旅店，没有幽默感的语言是一篇公文。深圳蛇口工业区党委书记袁庚一次出访某国，同某财团谈判关于合资经营新型浮法玻璃厂问题。对方恃其技术设备先进，向他漫天要价，谈判一度陷入僵局。后来，财团所在地的中商会邀请袁庚发表演讲，他在演讲中若有所指，他说："中国是个文明古国，我们的祖先早在一千多年前就将四大发明——指南针、造纸、印刷、火药的生产技术无条件地贡献给人类，而他们的子孙从未埋怨他们不要专利权是愚蠢的，相反，却盛赞祖先为推进世界科学的进步做出了杰出贡献。现在，中国与各国的经济合作中，并不要求各国无条件地让出专利权，只要价格合理，我们一个钱也不少给。"这场不卑不亢的精彩演讲赢得了与会者的赞赏，并促使这个财团在以后的谈判中表示愿意降低专利费，与我方合作。僵局就这样被打破了。

二、商务谈判的方法

商务谈判的方法很多，最核心的方法就是遵循双赢谈判的原则谈判法。原则谈判法就是根据价值来寻求双方的利益而达成协议，而不是仅仅通过讨价还价来做最后的决定。

面对谈判双方的利益冲突，首先要求谈判者在谈判中侧重谈判的实质利益，而非各自所持有的谈判立场。也就是说，谈判者首先应抛弃坚持立场的原则，重视并设法找出双方实质利益之所在，在此基础上应用一些双方都认可的方法来寻求最大利益的实现。

案例对比	
不成功的交易案例	**议定公平的交易案例**
房地产发展商比尔打算在一个黄金地段建造一个仓库，而自由职业者建筑师约翰正寻找工作。于是，比尔要约翰为他的仓库绘制设计图，约翰接受了这份工作。比尔看到约翰急切地想得到这份工作，就只付给他正常工资的一半。约翰提出异议，但最终以正常工资的 60% 接受了这份工作。这是一份乏味而令人厌烦的工作，要花很长时间。大家都认为比尔赢了，约翰输了。几个星期以后，约翰接到了另一份大合同的工作，他开始厌烦比尔的工作，并且仅在"工作之余"才去干这份工作。 　　完工以后，比尔发现仓库有一个因设计不当引起的裂缝，比尔想廉价地修好它，但效果不好。后来，由于客户太少，5 年后仓库不得不关闭。	胡安是计算机程序员，他有一个新计算机游戏的设想，并相信这个游戏会获得巨大的成功。然而，编这个游戏程序要花很长的时间，在此期间他需要一份工作来维持生计。 　　胡安的朋友玛丽亚是一家大的计算机公司的经理，她和同事都认为胡安的想法不错，但只能提供给他 1 万美元。胡安需要花几个月来设计游戏，虽然 1 万美元能够维持生活，但作为报酬是不够的。 　　因此，胡安建议把 1 万美元作为预付款，他和公司按 25:75 的比例分取将来的利润。最终，双方以 20:80 的比例达成了协议。这个游戏伴随着大规模的营销手段投入市场，取得了巨大成功，为双方赚了不少钱。

原则谈判法在使用时要注意以下几个要点：

(1) 把人与问题分开。谈判时要把"人"和"事"区别对待。每个人所处的环境及个人修养不同，所以对待同一问题的看法就不同，因此应当求同存异，多沟通理解，把谈判对手当作"人"来对待，把谈判中遇到的"问题"当作"事"来解决。当对方看法不正确时，设法找机会给予纠正；当对方情绪过于激动时，设法让其发泄出来；当与对方发生误解时，设法进行沟通。同时还要注意自身的"人"的问题，以谈判的大局、利益为重，不感情用事。

案例：买衣服

在议价服装店里，一位老年顾客挑选了一件肥大的上衣，售货员见老人挑的这件衣服过于肥大，就说："这件衣服您不能穿。"老人感到奇怪，就随口问道："怎么不能穿？"售货员说："这件衣服能装您俩。"老人一听，不高兴了，怒气冲冲地质问道："什么叫装俩？你这是卖衣服呢，还是卖棺材呢？"

平心而论，售货员是好意，觉得衣服过于肥大而不适合这位老人穿，但由于说话不得体，不仅生意没有做成，反而招致不愉快。

点评：原则谈判法要求把双方看作是同舟共济的伙伴，把谈判看作携手共进的过程。把对方当作"人"来看待，了解对方的感想、需求，给予应有的尊重，把问题按价值来处理。谈判者要学会驾驭自己的情绪，特别是在谈判陷入僵局时，极容易出现生气、失望、不满、愤怒、敌视甚至自尊心受到伤害等情绪，如果谈判者不能正确认识谈判，不会驾驭自己的情绪，就可能出现误会，导致对抗心理的出现，最终导致谈判失败。

(2) 着眼于利益而不是立场。谈判中的基本问题，不是双方立场的冲突，而是双方利益、需求、欲望的冲突，应针对利益寻找双方可满足的方式。

案例：开窗户

两个人在图书馆吵架，一个要把窗户打开，另一个要把窗户关上。他们俩为了窗户应该开多大争执不休，是露条缝、半开还是打开四分之三，没有一种方案能让两人都满意。

这时图书馆管理员走了进来，她问其中一个人为什么要开窗户，回答说："为了呼吸新鲜空气。"她又问另一个人为什么要关窗户，那人说怕有穿堂风。管理员想了一下，把隔壁房间的一扇窗户敞开了，这样既有了新鲜空气，又避免了穿堂风。

点评：明智的解决办法就是协调双方利益而不是立场。表面上看起来这两个人的问题在于他们的立场发生了冲突。既然双方的目标是在立场上达成共识，自然他们思考和谈论的都是立场——这往往使谈判陷入僵局。如果管理员只注重他们俩的立场，一个要开窗，一个偏要关窗，她就不可能找到解决问题的办法。但是她注意到双方的真正利益，即呼吸新鲜空气和避免穿堂风。利益是问题的关键，把立场与利益区别开来很关键，谈判的根本问题不在于双方立场上的冲突，而在于双方需求、愿望、想法乃至恐惧等方面的冲突。

(3) 提出对彼此有利的解决方案。许多时候，人们在谈判中不欢迎律师参加，其原因是把律师在谈判中的职责想象成是从法律角度计较得失，当谈判双方产生利益冲突时，律师会千方百计维护被代理人的利益。而实际上让好的律师参与谈判往往会取得意想不到的效果。因为，好的律师在谈判中有能力为谈判双方寻求对双方都有利的解决方案。如果将双方的利益比作切分一张饼，那么律师并不仅仅注重切在什么地方，而更注重在切分这张饼之前，尽量使这张饼变得更大，把解决方案的"构思"与"决定"分开，确认"共有利益"，让双方"各得其所"。

(4) 坚持使用客观标准。在谈判的过程中，双方在了解彼此利益所在后，就会寻求各种互利的解决方案，也非常重视与对方发展关系，但是棘手的利益冲突问题依然不是那么容易解决的。这种情况下，双方就某一个利益问题争执不下，互不让步，即使强调"双赢"也无济于事。因此，当利益冲突不能采取其他的方式协调时，客观标准的使用在商务谈判中就起到了非常重要的作用。

案例：固定价格的土建专案谈判

业主与承包商谈判一个固定价格的土建专案，就地基问题，双方各执己见。承包商认为地基4米就足够了，而业主认为至少6米。承包商讲："我用钢筋结构来做房顶，地基没有必要做那么深。"业主这时不肯让步。如何才能保证房屋坚固呢？业主可以用一些客观的安全标准来进行讨价还价。业主可以这样讲："看，也许我是错的，4米的地基就可以了。我所坚持的是地基要坚实牢固，深度要足以使房子安全。政府对此类土地的地基有没有安全标准？这一地区的其他建筑物的地基深度如何？这一地区的地震风险有多大？"

点评：遵循一些客观的标准来解决这一地基深度问题，很可能就是谈判的出路所在。在实质利益上，以不损害双方各自利益为原则；在处理程序上，双方在扮演角色之前，可以先针对他们心中的"公平程序"进行谈判，借助客观标准，最终解决谈判利益冲突问题。

在谈判中，谈判者运用客观标准时还应注意以下几个问题：

(1) 建立公平的标准。商务谈判中，一般遵循的客观标准有市场价值、科学的计算、行业标准、成本、有效性、对等原则、相互原则等。客观标准的选取要独立于双方的意愿，公平而合法，并且在理论和实践中均是可行的。

(2) 建立公平的利益分割方法。例如，大宗商品贸易由期货市场定价进行基差交易；在两位股东持股相等的投资企业中，委派总经理采取任期轮换法等。

(3) 将谈判利益的分割问题局限于寻找客观依据。在谈判中，多问对方：您提出这个方案的理论依据是什么？为什么是这个价格？您是如何算出这个价格的？

(4) 善于阐述自己的理由，也接受对方合理正当的客观依据。一定要用严密的逻辑推理来说服对手。对方认为公平的标准必须对你也是公平的。运用你所同意的对方标准来限制对方漫天要价，甚至于两个不同的标准也可以谋求折中。

(5) 不要屈从于对方的压力。来自谈判对手的压力可以是多方面的，如：贿赂、最后通牒、以信任为借口让你屈从、抛出不可让步的固定价格等。无论哪种情况，都要让对方陈述理由，讲明所遵从的客观标准。

第三节　商务谈判的类型、结构与要素

一、商务谈判的类型

商务谈判客观上存在着不同的类型，对谈判类型的正确把握，是谈判成功的起点。认识谈判的不同类型，根据其不同类型的谈判特征和要求可以更好地参与谈判和采取有效的谈判策略。现实生活中存在的大量商务谈判其行为又是各不相同的，我们可以按照一定的标准把商务谈判划分为各种不同的类型。

(一) 按参与方的数量划分

按谈判参与方的数量，分为双方谈判和多方谈判。

双方谈判，是指谈判只有两个当事方参与的谈判。例如，一个卖方和一个买方参与的交易谈判或者只有两个当事方参与的合资谈判均为双方谈判。在国家或地区之间进行的双方谈判，也叫双边谈判。多方谈判，是指有三个及三个以上的当事方参与的谈判。例如，甲、乙、丙三方合资开办企业所进行的谈判。在国家或地区之间进行的多方谈判，也叫多边谈判。如两个以上的国家共同谈判一项多边条约等。双方谈判和多方谈判由于参与方数量的差别而有不同的特点。双方谈判一般来说涉及的责、权、利划分较为简单明确，因而谈判也比较易于把握。多方谈判，参与方多，需要顾及的方面就多，难以在多方的利益关系中加以协调，从而会增加谈判的难度。比如在建立中外合资企业的谈判中，如果中方是一家企业，而外方也是一家企业，彼此的关系就比较容易协调。如果中方有几家企业，外方也有几家企业，谈判的难度就明显增大，因为中方几家企业之间存在利益上的矛盾，互相要进行协商，求得一致，而外方几家企业之间也存在着利益冲突，同样需要进行协商。在谈判过程中，中外双方都应该不断调整自己的需要，做出一定程度的让步。与双边谈判相比，多边谈判的利益关系错综复杂，各方之间不易达成一致意见，协议的形成往往十分困难。

(二) 按议题的规模及各方参加谈判的人员数量划分

按谈判议题的规模及各方参加谈判的人员数量，分为大型谈判、中型谈判和小型谈判，或者分为小组谈判和单人谈判。谈判议题的结构越复杂，涉及的项目内容越多，各方参加谈判的人员数量也会越多。这样，谈判自然有大型、中型和小型之分。但是，这种划分只是相对而言，并没有严格的界限。通常划分谈判规模，以各方台上的谈判人员数量为依据，各方在 12 人以上的为大型谈判，4～12 人的为中型谈判，4 人以下的为小型谈判。

(1) 规模谈判。一般情况下，大、中型谈判也称为规模谈判，由于谈判项目内容以及涉及的谈判背景等较为复杂，谈判持续的时间也较长，因而需要充分做好谈判的各方面准备工作。如，组织好谈判小组，了解分析相关的谈判背景和各方的实力，制定全面的谈判计划和选择有效的谈判策略，做好谈判的物质准备等。

(2) 小型谈判。该谈判由于其规模较小，虽也应做好准备，认真对待，但谈判内容、涉及的背景和策略运用等均相对简单。

(3) 单人谈判。该谈判也称单兵谈判，即指各方出席谈判的人员只有 1 人，为"一对一"的谈判。规模大的谈判，有时根据需要也可在首席代表之间安排"一对一"的单人谈判，以磋商某些关键或棘手问题。另外，单人谈判是独立作战，因而对谈判人员又有较高的要求。

有时也根据参加谈判的人数规模，将商务谈判区分为个体谈判与集体谈判两种类型。前一种类型，双方都只有一个人参加，一对一地进行协商洽谈；后一种类型，双方都有两个或两个以上的人员参加谈判。当然，在集体谈判中，双方参加谈判的人数并不一定要完全相同。个体谈判有着明显的优点，那就是谈判者可以随时有效地把谈判的设想和意图贯彻到实际的谈判行为中，不存在集体谈判时内部意见协调困难以及某种程度上的内耗问题。

但由于个体谈判中只有一个人独立应付全局，不易取得本方其他人员及时而必要的帮助，虽然在谈判中也可以得到上司的指示，但整个谈判始终是以一个人为中心来进行的。因此，他必须根据自己的经验和知识，对谈判的真真假假、虚虚实实做分析、判断和决策。集体谈判有利于充分发挥每个谈判人员的特长，形成整体配合的优势，但如果谈判人员之间配合不当，就会增加内部协调意见的难度，在一定程度上影响谈判的效率。一般来说，关系重大而又比较复杂的谈判大多是集体谈判，反之则可采用个体谈判。

(三) 按所在地划分

按谈判所在地的不同，分为主场谈判、客场谈判和中立地谈判。

(1) 主场谈判。主场谈判是指在自己一方所在地、由自己一方做主人所进行的谈判。主场谈判，占有"地利"，会给主方带来诸多便利。如，熟悉工作和生活环境，利于谈判的各项准备，便于问题的请示和磋商等。因此，主场谈判在谈判人员的自信心、应变能力及应变手段上，均占有天然的优势。如果主方善于利用主场谈判的便利和优势，往往会给谈判带来有利影响。当然，作为东道主，谈判的主方应当礼貌待客，做好谈判的各项准备。

(2) 客场谈判。客场谈判是指在谈判对手所在地进行的谈判。客场谈判人员会受到各种条件的限制，需要克服种种困难。客场谈判人员面对谈判对手必须审时度势，认真分析谈判背景、主方的优势与不足，以便正确运用并调整自己的谈判策略，发挥自己的优势，争取满意的谈判结果。这种情况在外交、外贸谈判中，历来为谈判人员所重视。为了平衡主客场谈判的利弊，如果谈判需要进行多轮，通常安排主、客场轮换。在这种情况下，谈判人员也应善于抓住主场的机会，使其对整个谈判过程产生有利的影响。

(3) 中立地谈判。中立地谈判是指在谈判双方(或各方)以外的地点进行的谈判。中立地谈判，可以避免主、客场对谈判的某些影响，为谈判提供良好的环境和平等的气氛，但是，可能引起第三方的介入而使谈判各方的关系发生微妙变化。不同的谈判地点使谈判双方具有了不同的身份，并由此而导致双方在谈判行为上的某些差别。如果某项谈判在某一方所在地进行，该方就是东道主，他在资料的获取，谈判时间与谈判场所的安排等各方面都将拥有一定的便利条件，就能较为有效地配置该项谈判所需的各项资源，控制谈判的进程。而对于另一方来说，他是以宾客的身份前往谈判的，己方的行为往往较多地受到东道主一方的影响，尤其是在对谈判所在地的社会文化环境缺乏了解的情况下，面临的困难就更大。当然，谈判双方有时完全不必在意身份的差异，可以采取灵活的策略和技巧来引导谈判行为的发展。但身份差异所造成的双方在谈判环境条件上的差别，毕竟是客观存在的。为了消除可能出现的不利影响，一些重要的商务谈判往往选择在中立地进行。

(四) 按商务交易地位划分

按商务交易的地位，分为买方谈判、卖方谈判和代理谈判。

(1) 买方谈判。买方谈判是指以求购者(购买商品、服务、技术、证券和不动产等)的身份参加的谈判。买方谈判的特征主要表现为：① 重视搜集有关信息，"货比三家"。这种搜集信息的工作应当贯穿于谈判的各个阶段，并且其目的和作用应有所不同。② 极力压价，"掏钱难"。买方是掏钱者，一般不会"一口价"随便成交。即使是重购，买方也总要以种种理由追求更优惠的价格。③ 以势压人，"买主是上帝"。买方地位的谈判方往往会有"有求于我"的优越感，甚至盛气凌人。同时，买方常常以挑剔者的身份参与谈判，"评头品足"、"吹毛求疵"均在情理之中。只有在某种商品短缺或处于垄断地位时，买方才可能让步。

(2) 卖方谈判。卖方谈判是指以供应者的身份参加的谈判。同样，卖方地位也不以谈判地点为转移。卖方谈判的主要特征为：① 主动出击。卖方即供应商，为了自身的生存和发展，其谈判态度自然积极，谈判中的各种表现也均体现出主动精神。② 虚实相映。谈判中卖方的表现往往是态度诚恳、交易心切与软中带硬、待价而沽、亦真亦假、若明若暗兼有。己方为卖方时，应注意运用此特征争取好的卖价；而当他方为卖方时，也应注意识别虚实。③ "急"、"停"结合。卖方谈判常常表现出时而紧锣密鼓，似急于求成；时而鸣金收兵，观察动静。如此打打停停、停停打打，有利于克服买方的压力和加强卖方地位。通盘考虑谈判方案及其细节，以争取谈判的成功是必要的。

(3) 代理谈判。代理谈判是指受当事方委托参与的谈判。代理，又分为全权代理和只有谈判权而无签约权代理两种。代理谈判的主要特征为：① 谈判人权限观念强，一般都谨慎和准确地在授权范围之内行事。② 由于不是交易的所有者，谈判地位超脱、客观。③ 由于受人之托，为表现其能力和取得佣金，谈判人的态度积极、主动。

(五) 按态度与方法划分

按谈判的态度与方法，分为软式谈判、硬式谈判和原则式谈判。

(1) 软式谈判。软式谈判也称关系型谈判或让步型谈判。这种谈判，不把对方当成对头，而是当作朋友，强调的不是要占上风，而是要建立和维持良好的关系。软式谈判者希望避免冲突，随时准备为达成协议而让步，他们的目的是要达成协议而不是获取胜利。软式谈判的一般做法是：信任对方—提出建议—做出让步—达成协议—维系关系。当然，如果当事各方都能视"关系"为重，以宽容、理解的心态，互谅互让、友好协商，那么，无疑谈判的效率高、成本低，相互关系也会得到进一步加强。然而，由于价值观念和利益驱动等原因，有时这只是一种良好的愿望和理想化的境界。事实上，对某些强硬者一味退让，往往只能达成不平等甚至是不合理的协议。在有长期友好关系的互信合作伙伴之间，或者在合作高于局部近期利益、今天的"失"是为了明天的"得"的情况下，软式谈判的运用是有意义的。

(2) 硬式谈判。硬式谈判也称立场型谈判。这种谈判，视对方为劲敌，强调谈判立场的坚定性，强调针锋相对；认为谈判是一场意志力的竞赛，只有按照己方的立场达成的协议才是谈判的胜利。采用硬式谈判，常常是互不信任、互相指责，谈判也往往容易陷入僵局，无法达成协议。而且，这种谈判即使达成某些妥协，也会由于某方的让步而履约消极，甚至想方设法撕毁协议，予以反击，从而陷入新一轮的对峙，最后导致相互关系的完全破裂。在事关自身的根本利益而无退让的余地、在竞争性商务关系、在一次性交往而不考虑今后合作、在对方思维天真并缺乏洞察利弊得失之能力等场合，运用硬式谈判是有必要的。在硬式谈判中，谈判双方的注意力都集中在如何维护自己的立场，否定对方的立场上。谈判者只关心自己的需要，以及从谈判中能够得到的利益，而无视对方的需要以及对利益的追求；只看到谈判内在的冲突的一面，总是利用甚至创造一切可能的冲突机会向对方施加压力，而忽视寻找能兼顾双方需要的合作途径。

(3) 原则式谈判。原则式谈判也称价值型谈判。这种谈判，最早由美国哈佛大学谈判研究中心提出，故又称哈佛谈判术。原则式谈判要求谈判双方首先将对方作为与自己并肩合作的同事来对待，而不是作为敌人来对待。原则式谈判并不是像让步型谈判那样只强调双方的关系而忽视利益的获取，它建议和要求谈判的双方尊重对方的基本需要，寻求双方利益上的共同点，设想各种使双方各有所获的方案。当双方的利益发生冲突时，坚持根据公平的标准来做决定，而不是通过双方意志力的比赛一决胜负。

(六) 按所属部门划分

按谈判所属部门，分为官方谈判、民间谈判和半官半民谈判。

(1) 官方谈判。官方谈判是指国际组织之间、国家之间、各级政府及其职能部门之间进行的谈判。官方谈判的主要特征是：① 谈判人员职级高、实力强；② 谈判节奏快、信息处理及时；③ 注意保密、注重礼貌。

(2) 民间谈判。民间谈判是指民间大众之间的谈判。民间谈判的主要特征是：相互平等、机动灵活、重视私交和计较得失。

(3) 半官半民谈判。半官半民谈判是指谈判议题涉及官方和民间两方面的利益，或者指官方人员和民间人士共同参加的谈判，以及受官方委托以民间名义组织的谈判等。半官半民谈判兼有官方谈判和民间谈判的特点，一般表现为：① 谈判需兼顾官方和民间的双重意图及利益，制约因素多；② 解决谈判中的各类问题时，回旋余地大。

(七) 按沟通方式划分

按谈判的沟通方式，分为口头谈判和书面谈判。

(1) 口头谈判。口头谈判是指谈判人员面对面直接用口头语言交流信息和协商条件，或者在异地通过电话进行商谈。口头谈判是谈判活动的主要方式，主要优点是：① 当面陈述、解释，直接、灵活，也为谈判人员展示个人魅力提供了舞台；② 便于谈判人员在知识、能力、经验等方面相互补充、协同配合，使谈判过程融入了情感的因素。面对面的口头谈判，有助于双方对谈判行为的发展变化做出准确的判断。谈判人员不仅可以通过对方的言谈来分析、把握其动机和目的，还可以通过直接观察对方的面部表情、姿态动作了解其意图，并借以审查对方的为人及交易的诚信程度，避免做出对己方不利的决策。

(2) 书面谈判。书面谈判是指谈判人员利用文字或图表等书面语言进行交流和协商。书面谈判一般通过信函、电报和电传等具体方式。书面谈判通常作为口头谈判的辅助方式，主要优点是：① 思考从容，有利于慎重决策；② 表达准确、郑重，有利于避免偏离谈判主题；③ 在向对方表示拒绝时，要比口头形式方便易行，特别是在己方与对方人员建立了良好的人际关系的情况下，通过书面形式既直接表明了己方的态度，又有利于减少不必要的矛盾，且费用较低，可节省谈判的成本。书面谈判的缺点是：① 不利于双方谈判人员的相互了解；② 信函、电报和电传等所能传递的信息是有限的，谈判人员仅凭借各种文字资料，难以及时、准确地对谈判中出现的各种问题做出反应，因而谈判的成功率较低。一般来说，书面谈判适用于那些交易条件比较规范、明确，谈判双方彼此比较了解的谈判。对一些内容比较复杂、交易条件多变，而双方又缺乏必要了解的谈判，则适宜采用口头谈判。

(八) 按所涉及的经济活动内容划分

按谈判的事项，即所涉及的经济活动内容，主要分为投资谈判、货物(劳务)买卖谈判和技术贸易谈判，其他还有租赁谈判、承包谈判等。

(1) 投资谈判。投资就是把一定的资本，包括货币形态的资本、所有权形态的资本、物质形态的资本和智能形态的资本等投入和运用于某一项以盈利为目的的经济活动。投资谈判，是指谈判双方就双方共同参与或涉及双方关系的某项投资活动，对该投资活动所要涉及的有关投资的目的、投资的方向、投资的形式、投资的内容与条件、投资项目的经营与管理，以及投资者在投资活动中权利、义务、责任和相互之间的关系所进行的谈判。其特点主要是气氛比较好，注意谈判的细节内容。

(2) 货物(劳务)买卖谈判。货物买卖谈判是一般商品的买卖谈判，即买卖双方就买卖货物本身的有关内容，如数量、质量、货物的转移方式和时间，买卖的价格条件与支付方式，以及交易过程中双方的权利、责任和义务等问题所进行的谈判。其特点主要是以价格为核心。劳务买卖谈判是劳务买卖双方就劳务提供的形式、内容、时间、劳务的价格、计算方法及劳务费的支付方式，以及有关买卖双方的权利、责任、义务关系所进行的谈判。由于劳务具有明显区别于货物的各项特征，因此劳务买卖谈判与一般的货物买卖谈判有所不同，主要是对履约的时间、质量、进程等内容的协商，强调违约的责任。

(3) 技术贸易谈判。技术贸易谈判是指技术的接受方(即买方)与技术的转让方(即卖方)就转让技术的形式、内容、质量规定、使用范围、价格条件、支付方式以及双方在转让中的一些权利、责任和义务关系问题所进行的谈判。技术作为一种贸易客体有其特殊性，比如技术的交易过程具有延伸性；技术市场价格完全由交易双方自由议定等。因此，技术贸易谈判不仅有别于一般的货物买卖谈判，与劳务买卖谈判相比也存在一定的差异。

(九) 按谈判内容的性质划分

按谈判内容的性质，分为经济谈判和非经济谈判。

(1) 经济谈判。经济谈判是指以某种经济利益关系为谈判议题、内容和目标的谈判。经济谈判是现代社会最普遍的谈判类型，它囊括和涉及了现代社会各种不同利益主体之间的经济利益关系，如：货物买卖、服务贸易、工程承包、知识产权转让、投资、融资、租赁、代理、拍卖和索赔等。经济谈判中的主要形式为商务谈判。

(2) 非经济谈判。非经济谈判是指以非直接的经济利益关系为谈判议题、内容和目标的谈判，如涉及政治关系、外交事务、军事问题、边界划分、人质释放、文化交流、科技合作和家庭纠纷等的谈判。经济谈判和非经济谈判有时互相交织，但由于谈判内容的性质不同，遵循的原则、策略的运用以及对谈判人员的要求等均有不同。

(十) 按参与的国域界限划分

按谈判参与方的国域界限，分为国内谈判和国际谈判。

国内谈判是指谈判参与方均属于一个国家。国际谈判是指谈判参与方分属两个及两个以上的国家或地区。国内谈判和国际谈判的明显区别在于谈判背景存在较大的差异。对于国际谈判，谈判人员首先必须认真研究对方国家或地区相关的政治、法律、经济和文化等社会环境背景，同时，也要认真研究对方国家或地区谈判者的个人简历、谈判作风等人员背景。此外，对谈判人员在外语水平、外事或外贸知识与纪律等方面，也有相应的要求。

(十一) 按谈判结果划分

按谈判的结果不同，分为分配型谈判和整合型谈判。

分配型谈判的本质是，对于一份固定利益谁应分得多少进行协商。分配型谈判最明显的特点是，在零和条件(有输有赢)下运作，也就是说，己方所获得的任何收益恰恰是对方所付出的代价；反之亦然。而整合型谈判是基于这样的假设，即至少有一种处理办法能得双赢的结果。如表 1-1 所示是它们的特点比较。

表 1-1　分配型谈判与整合型谈判特点比较

谈判特点	分配型谈判	整合型谈判
可能的资源	被分配的资源数量固定	被分配的资源数量不定
主要动机	我赢，你输	我赢，你赢
主要兴趣	相互对立	相互融合或相互一致
关系的焦点	短时间	长时间

二、商务谈判的结构设计

谈判结构是指谈判中所存在的某种客观规律和按规律而形成的方法格局，具体包括阶段性结构、交锋式结构、谈判人员的精力结构以及横向与纵向结构。

(一) 谈判的阶段性结构

(1) 准备阶段。"凡事预则立，不预则废"，要想使商务谈判获得圆满成功，需要具备多方面的条件，其中做好谈判的准备工作是重要内容之一。商务谈判的准备工作的内容很多，主要包括：谈判人员的准备，环境调查，情报的搜集和筛选，商务谈判计划的制定，商务谈判的物质条件的准备，谈判风格的选择，建立与对方的关系以及可能进行的模拟谈判等。对商务谈判的充分准备是成功商务谈判的前提，因此谈判准备的各项工作应认真细致地完成，从而更好地进行谈判，争取在谈判中占主导地位，立于不败之地。

(2) 开局阶段。开局阶段是指谈判开始之后到实质性谈判开始之前的阶段，是谈判的前奏。它可为谈判奠定一个大的氛围和格局，影响着后续的谈判工作。开局阶段的主要任务是建立良好的第一印象、创造合适的谈判气氛、谋求有利的谈判地位等。

(3) 摸底阶段。摸底阶段是指实质性谈判开始后到报价之前的阶段。摸底是指谈判双方旁敲侧击，窥测对方意图和想法，试探对方的需求和虚实，协商谈判的具体议程，进行谈判情况的审查与提议，评估报价和讨价还价的形势，并首先对双方无争议的问题达成一致。通过此阶段的工作，可以使双方对将要成交的买卖做到心中大致有数。

(4) 报价阶段。这里的报价是泛指的，谈判一方或双方向对方提出自己的所有要求，而并非仅仅只向对方提出自己的价格。还价也不是狭义的讨价还价，而是泛指双方为自己利益而争执的各种手段的使用。

(5) 磋商阶段。磋商阶段是指一方报价以后至成交之前的阶段。这一阶段持续的时间相对较长，是整个谈判的核心阶段，也是谈判中最艰难的阶段，是谈判策略和技巧集中体现的阶段。此阶段双方对对方的要求已有所了解，对谈判的前景有所察悉。因此，双方为了达到自己的目的，争取自己一方的利益，往往要经过几个回合的谈判磋商。

(6) 成交阶段。当谈判双方经过一段时间的较量，取得某些一致意见之后，成交阶段即开始了。成交阶段的主要任务是对前期谈判进行总结回顾，进行最后的报价和让步，促使成交，拟定合同条款及对合同进行审核与签订等。

(7) 协议后阶段。合同的签订代表着谈判告一段落，但是并不意味着谈判的完结。谈判的真正目的不是签订合同，而是履行合同。因此，协议签订后的阶段也是谈判过程的重要组成部分，该阶段的重要任务是对谈判进行总结、认可和对资料进行管理，确保合同的履行以及维护双方的关系。

以上这几个阶段并无绝对的先后顺序，但却是每一桩谈判都必须经过的。由于采取的方法各不相同，谈判人员可以灵活运用。

(二) 谈判的交锋式结构

谈判过程中谈判双方为了取得各自的利益必然会发生意见分歧，有时会出现针锋相对、寸利必争的激烈冲突局面，双方矛盾的冲突方式是复杂多样的。但是，如果我们突破这些表面现象，从矛盾发生、发展的根源上观察，不难发现这些冲突不外乎源于两种方式：一种是"以我为准"的从属式，另一种是"各说各的"的独立式。

"以我为准"的冲突是指在一方基础上派生出来的冲突，即先由一方对某个议题做陈述，之后另一方如对此有异议，便可就此进行反驳和攻击。

阅读案例："以我为准"的冲突

甲：我方这种商品的单价是每吨 2000 元。

乙：每吨 2000 元，太贵了，从未听说过，你们怎么能这样要价？

甲：这是目前市价，我公司一直以此价格出售该产品。

乙："市价"，这不对吧，德国一客户所报的同类货物的价格就比你方报价低得多，你们应该降价。

点评：由上例我们可以看出，乙方的反对意见是由甲方报价所引起的，是派生的。因此，我们称之为"从属性冲突"。

"各说各的"的冲突是指同对方建议不太相干的冲突，即一方对某个议题做了陈述之后，另一方在设法搞清对方的意图之后，再进行自己的陈述。然后双方在弄清彼此意图后，再设法解决分歧。

案例："各说各的"的冲突

甲：我方此产品的单价是每吨 2000 元。

乙：是否包括运费、保险费及关税？

甲：只包括运费和保险费，不包括关税。

乙：如果是这样，我们希望单价是每吨 1800 元。

点评：这种方式表明，一方先阐述自己的立场，另一方在搞清对方的情况后，再明确自己的立场，然后乙方搞清甲方的报价。

在实际的经贸洽谈中，两种方式往往导致不同的结果。在"以我为准"的从属式冲突谈判中，往往导致谈判双方在每个问题上都讨价还价，争论不休。而在"各说各的"独立式冲突谈判中，谈判双方一开始就明确了各自的立场，然后双方集中精力在如何解决这一问题上。

(三) 谈判人员的精力结构

商务谈判是要花费时间和消耗精力的，人们在谈判过程中的注意力程度也会随着谈判时间而发生变化，但其变化是有内在规律可循的，精力结构可以分为三个阶段：开始时的精力充沛阶段、中间波动式下降阶段和最后时刻的精力再复苏阶段。

一般来说，谈判开始时，双方的精力十分充沛，注意力也高度集中。在洽谈刚刚开始的一小段时间里，所有参与会谈的人都会全神贯注地倾听别人的发言，理解其讲话内容，领会其精神实质，并相应地考虑自己的对策。但是，这种情况持续时间很短，过不了多久，大约二、三分钟以后，人们的注意力和集中程度就明显减弱了，呈直线下降趋势。由于人们的注意力开始分散，对发言的内容自然不能全神贯注地听，而是取舍不一，甚至忽略其中非常重要的内容。当然在短期内或某一重要阶段，人们的注意力还是能高度集中的。谈判即将结束时，谈判双方意识到谈判将取得某种结果，这时人们的精力才会突然复苏、高涨，注意力又集中起来。但是，这种情况的持续时间仍很短，只有二、三分钟。此后，谈判人员的注意力集中程度便一直下降。

当然，在某个会谈或一系列会谈中，人的注意力可能会有较大的波动，时高时低，但不会像谈判初始或谈判即将结束时那么高，相对而言，始终处于低潮。谈判人员应注意这种变化，掌握其规律性，在谈判中学会正确运用这一规律，充分利用其中的几个关键时刻，提高谈判效率，使谈判获得预期结果。

(四) 谈判的横向与纵向结构

谈判可采用横向谈判和纵向谈判。横向谈判即横向铺开的方法，是指把几个议题同时展开讨论，同时取得进展，然后再同时向前推进的洽谈过程。例如：就一桩商品进出口贸易洽谈而言，可以将所有的商品交易条件铺开，如商品质量、数量、价格、交货期、支付方式、检验、索赔、不可抗力等。这些议题可以同时进行讨论，取得同步进展。

采用这种方式的谈判，首先要求列出谈判所涉及的问题，然后粗略地讨论每个议题的各个方面，最后再详细地讨论每个议题的各个方面。例如：就上述所说的问题，双方首先确定该笔生意的商务条款，把质量、价格、数量、金额、交货、运输、支付、保险、索赔、不可抗力等条款均提出来，然后双方先开始谈判其中一个条款，如商品质量，待稍有进展后再谈第二个条款，如价格，如此一个接一个地谈，在每个条款都粗略谈完后，再回过头来进一步详细谈第一个质量，第二个价格，第三个数量等问题，依此类推，直至全部商定完毕。

所谓纵向谈判是指先集中精力解决一个议题，之后再解决第二个议题。这要求首先从某一个议题开始，明确议题的范围，并深入讨论这个议题，然后再开始第二个议题，并深入讨论下去，之后再解决第三个议题，依此类推，直至所有议题解决。

纵向谈判是一种比较简单的谈判方式。同样是一桩商品进出口贸易谈判，在纵向谈判方式下，则要求谈判双方首先把其中的一个问题，例如质量问题，在谈这一问题时要详细讨论，直至把质量问题确定下来之后，再谈第二个问题，如价格，再把价格问题确定下来之后再谈第三个问题，如交货，依此类推，一次只谈一个条款，直至谈透为止。

三、商务谈判的三要素

（一）当事人

当事人，是指谈判的主体或谈判的关系人，指代表各方利益的谈判人员。另外，有些商务谈判是一种代理或委托活动，代理人充当卖方(或买方)的发言人，在买卖双方中起中介作用，在这种情况下代理人也称为商务谈判的当事人。对于一般、常规谈判，当事人通常是一两位有经验的人；对于重大商务谈判，当事人通常以小组的形式参加。当事人任何一方都是自愿参加的，有"不愿谈判"和"不可谈判"的选择权。

（二）分歧点

分歧点，是指当事人之间为"需求"或"利害得失"所协商的标的和议题，即谈判的客体。标的，即谈判的事物。议题，即谈判的具体内容或交易条件。分歧点是商务谈判的核心，也是商务谈判行为产生的绝对必要条件。

参加谈判的双方都是为了争取各自的某种经济利益的，所以商务谈判的本质属性就是"责、权、利"的划分与创造。分歧所引起的谈判，总是在一定范围内进行的，人们对待分歧的方法有回避、对抗、妥协、谈判、行政决定和诉诸法律，其中能构成平等角色之间相互作用的方法是对抗、妥协和谈判三种，对抗与妥协不利于双方利益的最大化，而谈判才是积极地创造双方利益最大化的可取之道。

（三）接受点

接受点，是指谈判双方协商达成的决议，是当事人谋求的、能为各方接受的条件。这里必须指出，当事人之间都必须进行协商，以达成一致意见，而将协商后的一致意见写成决议就是协议或者合同。

第四节　商务谈判的作用和价值评价标准

一、商务谈判的作用

随着我国市场经济的深入发展和日趋完善，企业之间的交往越来越频繁，商务谈判在经济和企业活动中将起到越来越重要的作用。在市场经济条件下，商务谈判是企业生存和发展的重要的经济外交活动。就其作用来看，主要有以下三点：

（一）商务谈判是企业实现经济目标的手段

企业是以获取经济利益为基本目的的，每一桩采购的成本谈判，每一次销售的数量谈判，每一次交易条件的优惠谈判，最终都会影响到企业的经济效益。所以，企业必须高度重视与外在合作的各种谈判工作，从效率和效益的角度提升谈判的经济效益。

(二) 商务谈判是企业获取市场信息的重要途径

市场信息是反映市场发展和变化的各种消息、情报和资料等。而商务谈判则是企业获取市场信息的重要途径。谈判前对对方的资信、经营等一般情况的调查，谈判中对对方交易需要的了解和相互磋商，常常可以使谈判各方得到有益的启示，从中获取许多有价值的信息，从而提高企业经营决策的科学性。

(三) 商务谈判是企业开拓市场的重要力量

市场是企业生存和发展的关键。随着我国市场经济的深入发展，商务谈判逐渐成为企业开拓市场、获取企业发展空间的重要举措之一。尤其是加入世界贸易组织，意味着我国国民经济的生产国际化、市场国际化和资本国际化的程度进一步提高，也意味着政府有关部门、大中型企业将频繁地参与国际经济交往活动，面临更多的发展机遇和富于竞争性的挑战。

二、商务谈判的价值评价标准

现实中，虽然不少人常常耳闻或目睹谈判，有的还可能"久经沙场"，但问及他们何为成功的谈判，答案则各有千秋。有人以在谈判中自己获得利益的多少作为评判标准，获得利益越多则标志谈判越成功；有人则认为，在谈判中本方气势越高，对方气势越低则谈判越成功；等等。其实，这些看法与做法都是比较片面的，有时甚至是有害的。

在谈判课堂上，经常讲到的两个小孩分橙子的例子，每个人都想分到最大的一块，经过协商由其中一个小孩来切橙子，另一个小孩则可以优先选择，这样谈判的结果是两个小孩都很满意。因此，一场成功的谈判不能以其中的一方的"感受"来评价，谈判成功的标准也不能单一以获利多少来衡量。当然，谈判成功与否自然要看既定目标的实现程度，但谈判者为了追求最佳目标把对方逼得无利可图甚至谈判破裂，实际上就是没有实现谈判的预期目标；为了达成协议，一味妥协，没能守住基本目标，同样没有实现谈判目标。成功的谈判应是既达成了协议又尽可能接近本方预先制订的最佳目标，也尽可能接近对方预先制订的最佳目标。即最好的谈判结局是"皆大欢喜"，而且是在利益均沾基础上的"双赢"。

美国谈判学会会长、著名律师杰勒德·I·尼尔伦伯格认为，谈判不是一场棋赛，不要求决出胜负；也不是一场战争，要将对方消灭或置于死地。恰恰相反，谈判是一项互利的合作事业。我们主张，谈判中的合作是互利互惠的前提，只有合作才能谈及互利。因此，从谈判是一项互惠的合作事业和在谈判中要实行合作的利己主义观点出发，我们认为可把评价一场商务谈判是否成功的价值标准归纳为如下几点：

(一) 目标实现标准

业务人员在参加谈判时总是事先规划一定的谈判目标，即将自己的利益需求目标化。当谈判结束时，我们就要看一下自己规划的谈判目标有没有实现，在多大程度上实现了预期谈判目标，这是人们评价业务洽谈成功与否的首要标准。需要指出的是，不要简单地把谈判目标理解为利益目标，这里所指的谈判目标是具有普遍意义的综合目标。不同类型的商务谈判，不同的参谈者，其谈判目标均有所不同。比如，举办合资企业的谈判，对于中方来讲，其谈判目标有可能是尽快地并且以最合理的控股权在某地合资生产某种产品；而对于租赁业务洽谈，其谈判目标则有可能是以最低租金租到功能较齐全的某种设备。因此，谈判目标只有在具体的谈判项目中才能具体化。

（二）效益标准

谈判的效益高低也是一个重要的衡量指标。经济领域里的任何经济活动都是讲投入与产出的，商务谈判是经济活动的一部分，也应讲究成本与效益。一般来说，谈判成本由三部分组成：① 谈判中做出的让步之和，其数值等于该次谈判的预期收益与实际收益之差，也即最佳目标同协议中的利益之间的差额；② 所费各种资源之和，其数值等于人力、物力、财力和时间等各项成本之和；③ 上述资源的机会成本，其价值是以企业在正常生产经营情况下，这部分资源所创造的价值量来衡量，也可用事实上因这些资源的被占用而超过某些获利机会所造成的损失来计算。

通常情况下，人们往往认识到的成本只是第一部分，即对谈判桌上的得失较为敏感，而对第二种成本则常常比较轻视，对第三种成本则考虑就更少了。要想准确考核谈判的效益，对谈判成本的准确计算就显得格外重要。所谓谈判效益是指谈判所获收益与所耗费谈判成本之间的对比关系。如果谈判所费成本很低，而收益却较大，则本次谈判是成功的、高效的；反之，如果谈判所费成本较高，收益很少，则本次谈判是低效的，是不经济的，甚至在某种程度上是失败的。

（三）人际关系标准

商务谈判是两个组织或企业之间经济往来活动的重要组成部分，它不仅从形式上表现为业务人员之间的关系，而且更深层地代表着两个企业或经济组织之间的关系。因此在评价一场谈判成功与否时，不仅要看谈判各方市场份额的划分、出价的高低、资本及风险的分摊、利润的分配等经济指标，而且还要看谈判后的双方人际关系，即通过本次谈判，双方的关系是得以维持，还是得以促进和加强，抑或是得以破坏。

精明的谈判者往往具有战略眼光，他们不会过分计较某次谈判的获益多少，而是着眼于长远与未来。在商业贸易中，融洽的关系是企业的一笔可持续发展的资源。因此，互惠合作关系的维护程度也是衡量谈判成功的重要标准。

综合以上三条价值评价标准，一场成功的谈判应该是谈判双方的需求都得到了满足，双方的互惠合作关系得以稳固并进一步发展，双方谈判实际获益都远远大于谈判的成本，谈判是高效益的。这就是我们通常所讲的"把蛋糕做大"，实现谈判中的"双赢"。

第五节　商务谈判的模式

模式强调的是形式上的规律，即前人积累的经验的抽象和升华。简单地说，模式就是从不断重复出现的事件中发现和抽象出的规律，是解决问题的经验的总结，是一种认识论意义上的确定思维方式。商务谈判的模式就是在商务谈判的社会实践当中通过积累而得到的经验的抽象和升华。

一、商务谈判三部曲模式

"商务谈判三部曲"，指的是谈判的步骤应该由申明价值(claiming value)、创造价值(creating value)和克服障碍(overcoming barriers to agreement)三个进程构成。

第一步：申明价值。

此阶段针对的是谈判的初级阶段，谈判各方彼此先充分沟通，阐述各自的利益需要，申明能够满足对方需要的方法与优势。此阶段的关键步骤是弄清对方的真正需求，因此其主要的技巧就是多向对方提出问题，探询对方的实际需要；与此同时也要根据情况申明己方的利益所在。

第二步：创造价值。

此阶段针对的是谈判的中级阶段，谈判各方虽然申明了各自的利益，也了解了对方的实际需要，但是以此达成的协议并不一定能使各方的利益最大化，也就是利益在此往往不能有效地达到平衡。因此，谈判各方需要想方设法去寻求更佳的方案，为谈判双方找到最大的利益，这一步骤就是创造价值。创造价值的阶段，往往在商务谈判中被忽略。

第三步：克服障碍。

此阶段针对的是谈判的攻坚阶段。谈判障碍一般来自于两个方面，一个是谈判各方彼此利益存在冲突，这种障碍需要各方按照公平合理的客观原则协调彼此的利益来解决；另一个是谈判者自身在决策程序上存在障碍，这种障碍就需要谈判无障碍的一方主动去帮助另一方顺利决策。

二、"NO TRICKS"谈判能力模式

谈判能力在谈判中起到重要作用，无论是商务谈判还是政务谈判，双方谈判能力的强弱决定了谈判结果的差别。对于谈判中的每一方来说，谈判能力都来源于八个方面，用英文的首写字母表示就是"NO TRICKS"，各字母所代表的八个单词分别为：Need(需求)、Option(选择)、Time(时间)、Relationship(关系)、Investment(投资)、Credibility(可信性)、Knowledge(知识)、Skill(技能)。

(1) 需求(Need)。对于甲乙谈判双方来说，如果甲方对乙方的需求较多、较强烈，则乙方就拥有相对较强的谈判力。反之，若卖方越希望卖出产品，则买方就拥有较强的谈判力。

(2) 选择(Option)。如果你可选择的机会越多，你就越拥有较强的谈判资本。如果对方认为你的产品或服务是唯一的或者没有太多选择余地，那么就会增强你的谈判能力。

(3) 时间(Time)。时间是指谈判中的时间限制。如果买方迫于时间的压力，则自然就会增强卖方的谈判力。

(4) 关系(Relationship)。中国人一般喜欢与熟人谈判，如果与对方之间建立了强有力的关系，那么在同众多的竞争对手竞争时就会拥有关系力，这种关系力会增强你的竞争力。

(5) 投资(Investment)。投资是指在谈判过程中投入的时间和精力。为某事投入越多，对达成协议承诺越多，则往往只有较少的谈判力。

(6) 可信性(Credibility)。一个人或者产品拥有的可信性越大，那么在谈判时就会增强其谈判能力。如果推销人员知道你曾经使用过他们的某种产品，而他们的产品又具有价格

和质量等方面的优势，则无疑会增强卖方的可信性，从而增强其谈判的能力。

(7) 知识(Knowledge)。如果充分了解顾客的问题和需求，并拥有市场、产品等方面的知识，那么这些知识无疑增强了谈判力。反之，如果顾客对产品拥有更多的知识和经验，顾客就有较强的谈判力。

(8) 技能(Skill)。拥有与谈判相关的技能越多，谈判能力就会越强。当然这些技能常常是综合性的，包括沟通技能、操作技能、谈判技能、领导技能、冲突处理技能等。

三、"PRAM"谈判模式

"PRAM"模式的设计与实施有一个很重要的前提，就是必须树立把谈判看成协商而非竞争的谈判意识，这种意识可以称为"PRAM"谈判模式的灵魂。"PRAM"模式，是指谈判由四个部分构成：制定计划(plan)、建立关系(relationship)、达成协议(agreement)、协议履行和关系维持(maintenance)。

(1) 制定计划(plan)。正式谈判前首先要制定谈判计划，用以指导和规范谈判的进程。在制定谈判计划时，首先要明确己方的谈判目标；其次要设法理解和弄清楚对方的谈判目标。在确定了两者的目标之后，应该将两者加以比较，找出在本次谈判中双方利益一致的地方。对于双方利益的共同点，应该在随后的正式谈判中首先提出，并由双方加以确认。

(2) 建立关系(relationship)。在正式谈判之前，要力争建立起与对方的良好关系，要建立一种彼此都希望对方处于良好协商环境之中的关系。

(3) 达成协议(agreement)。在谈判双方建立了充分信任的关系之后，即可进入实质性的谈判阶段。在实质性谈判的过程中，还是要尽可能地核实对方的谈判目标，对彼此意见一致的问题加以确认，而对不一致的问题则通过充分地交换意见，寻求一个有利于双方的利益需求和双方都能接受的方案来解决。

(4) 协议履行和关系维持(maintenance)。对谈判人员来说，应该清楚地认识到达成满意的协议并不是协商谈判的终极目标，谈判的终极目标应该是使协议的内容能得到圆满的贯彻和执行。人们在谈判结束后容易犯的错误是：一旦达成了令自己满意的协议就认为万事大吉，以为对方会立刻毫不动摇地履行其义务和责任。这是一种错觉。因为，履行职责的不是协议书而是人，协议书不管规定得多么严格，它本身并不能保证得到实施。因此，签订协议书是重要的，但确保协议书得到贯彻实施更加重要，必须保持与对方的接触和联络，以维持协议的正常履行。

思考题与案例分析

一、思考题

1. 商务谈判的特征与功能是什么？
2. 原则式谈判、让步型谈判、立场型谈判的区别是什么？
3. 如何理解"一对一谈判是最简单也是最困难的谈判"？
4. 面对面谈判方式有哪些主要优点？

二、案例分析

案例一　谈判方法应用

中国某集团公司与一个日本公司，围绕进口农产品加工机械设备进行谈判时，日方首次报价为 1000 万日元，这一报价离实际卖价偏高许多。由于中方事前已摸清了国际行情变化，而且研究了日方产品以及其他同类产品的有关情况，于是中方直截了当地指出：这个报价不能作为谈判基础。日方对中方如此果断地拒绝了这个报价而感到震惊，但很快就镇静了下来，然后就夸张地介绍产品特点及其优良的质量。中方不动声色地说："不知贵国生产此种产品的公司有几家？贵公司的产品优于 A 国、C 国的依据是什么？"中方话未说完，日方就领会了其中含意，顿时陷于答也不是、不答也不是的境地。但他们毕竟是生意场上的老手，日方主谈神色自若地问助手："这个报价是什么时候的？"他的助手心领神会地答道："去年的。"于是日方主谈人笑着说："唔，对不起，我们得请示总经理看看怎么办。"说完提出休会。

第二轮谈判开始后，日方再次报价："我们请示了总经理，又核实了一下成本，同意削价 100 万日元。"同时，他们夸张地表示，这个削价的幅度是不小的，要中方"还盘"。中方认为日方削价的幅度虽不小，但离中方的要价仍有较大距离，在进一步核实了该产品的国际市场最新价格后，中方确定"还盘"价格为 750 万日元。日方立即回绝，认为这个价格很难成交。中方坚持与日方探讨了几次，谈判再次陷入僵局。于是，中方郑重地向对方指出："这次引进，我们从几家公司中选中了贵公司，这说明了我们成交的诚意。此价格虽比贵公司销往 C 国的价格低一点，但由于运往上海口岸比运往 C 国的费用低，所以利润并没有减少。另一点，诸位也知道我方有关部门的外汇政策规定，这笔生意允许我们使用的外汇只有这些，要增加需再审批。如果这样，那就只好等下去，改日再谈。"中方主谈人接着又加了一句："只要我们做成了这笔生意，中国许多企业都会与你们合作的。"日方深信这一点。因此，最后就在中方的价格下成交了。　　　　　　　　　　　　(资料来源：三亿文库)

问题：谈判中中方运用了什么谈判方法？

案例二　乞讨的启示——你有筹码吗？

2009 年 2 月 6 日，我坐着巴士前往苏州文化市场，快到十全街与凤凰街交叉路口时，红灯亮了，所有车子排成了一条长龙。这时，只见一个"聪明"的老乞丐正在前面小汽车那里乞讨，他在每个汽车前仅停留几秒钟，未果，又接着下一个。不一会绿灯亮了，车子又动起来了，可那位老乞丐一无所获……

问题：请从谈判学的角度分析乞丐没有收获的原因。如何改进老乞丐的谈判策略？

实 践 实 训

一、畅谈谈判经历

实践目的：了解谈判类型，理解谈判成功的价值评价标准，寻找自身谈判过程中的不足。

过程设计：

(1) 分组。3～5 人一个小组，以小组为单位，在每位成员畅谈个人谈判经历的基础上选择出一个典型的谈判事件，就谈判内容、方式、可取之处与不足之处进行充分讨论，共同判断一下这场谈判是否成功，进而提出改进的方案。

(2) 小组代表发言。就本小组讨论的案例与大家交流和分享，其他小组成员可以根据自己的理解提出个人观点，以便再次进行深入讨论。

(3) 教师点评。就学员们选择的案例，结合本章的知识点进行有针对性的点评与总结，进一步增强学员们对所学知识的理解与掌握。

二、组建谈判团队

基本要求：3～5 人一组。

职务或角色分工：由粗到细，可考虑的职务有总经理、部门经理；可考虑的角色有市场、财务、法律、技术等。

团队组建要求：一周完成分组，基本信息包括团队名称或公司名称、职务、姓名(加上工号，即学号)。

思考内容：期末考试本小组拟进行的谈判内容、项目、人员分工、各项准备工作等。

第二章　商务谈判素质

在市场竞争条件下，企业竞争首先是员工素质的竞争。

——比尔·盖茨

本章要点：本章从素质结构理论出发构建了素质研究的三维金字塔模型，以此为基础对三类素质进行了具体剖析，掌握素质结构及其内容有助于商务谈判人员进行针对性地自检和培养。

谈判人员的素质直接关系到谈判的成败。所谓素质，是人的品质与技能的综合，它是指人们在先天因素的基础上，通过接受教育和客观实践锻炼形成的，经过有选择、有目标、有阶段的努力训练而产生的结果。谈判人员是谈判行为的主体，因此谈判人员的素质是谈判成功与否的决定因素。商务谈判人员的素质结构可通过如图 2-1 所示的综合素质三维金字塔结构进行评估。

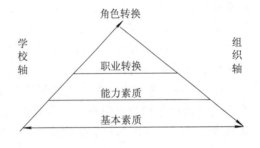

图 2-1　综合素质三维金字塔结构

素质模块一：基本素质。以传统的德、智、体、美、劳为主要内容，当然可以增加一些变量元素，这些变量在数量上、内容上是可变的，其影响因素主要有组织特点、时代性、环境、角色等。商务谈判人员的基本素质主要从气质性格、心理素质、思想意识、知识素质、身体素质等几个方面展开论述。

素质模块二：能力素质。能力素质在不同场合的具体要求和内容是不同的。商务谈判人员的能力素质主要从观察与思考能力、语言文字的表达能力、逻辑思维和决断能力、灵活应变能力和情绪控制能力等方面展开阐释。

素质模块三：职业素质。职业素质是劳动者对社会职业了解与适应能力的一种综合体现，商务谈判人员的职业素质主要包括职业兴趣、职业道德、职业知识和技能、商务礼仪等。

第一节　商务谈判中的基本素质

一、气质性格方面

谈判人员应具备适应谈判需要的良好的气质和性格。良好的气质性格可以赢得对方的尊重，是获得谈判成功的有利因素。良好的气质性格应具备以下特征：大方而不轻佻、爽快而不急躁、坚强而不固执、果断而不粗率、自重而不自傲、谦虚而不虚伪、活泼而不轻浮、严肃而不呆板、谨慎而不拘谨、老练而不世故、幽默而不庸俗、热情但不多情。有些性格特征是不利于谈判的，例如：性格内向、孤僻多疑、不善表达、冷漠刻薄、急躁粗暴、唯我独尊、嫉妒心理强，心胸狭窄等。

二、心理素质方面

英国哲学家弗朗西斯·培根在他写的《谈判论》中指出："与人谋事，则需知其习性，以引导之；明其目的，以劝诱之；谙其弱点，以威吓之；察其优势，以钳制之。"培根此言对于从事商务谈判至今仍有裨益。商务谈判心理是指在商务谈判活动中谈判者的各种心理活动，它是商务谈判者在谈判活动中对各种情况、条件等客观现实的主观能动的反映。在谈判过程中会遇到各种阻力和对抗，也会发生许多突变，谈判人员只有具备良好的心理素质，才能承受住各种压力和挑战，取得最后的胜利。

(1) 自信。自信心是谈判者最重要的心理素质。所谓自信心是指谈判者相信自己企业和个人的实力和优势，相信集体的智慧和力量，相信谈判双方的合作意愿和光明前景。缺乏自信往往是商务谈判遭受失败的原因。没有自信心，就难以勇敢地面对压力和挫折、面对艰辛曲折的谈判，只有具备必胜的信心才能促使谈判者在艰难的条件下通过坚持不懈的努力走向胜利的彼岸。自信心的获得是建立在充分调查研究的基础上，建立在对谈判双方实力的科学分析的基础上，而不是盲目地自信，更不是藐视对方轻视困难。固执自己错误的所谓自信是有害的。

(2) 乐观。乐观是一种最为积极的性格因素，就是在面对挫折和逆境之时相信事物总会向着对自己有利的方向发展。乐观就是不因微小的业绩而得意忘形、不因工作的挫折困难而悲观绝望、不因客户的拒绝而垂头丧气、不因完不成任务而怨天尤人。

阅　　读

一家公司的两名销售同时去一家超市推销产品。甲看到这家超市已经有很多的同类产品，竞品卖的相当好，而且利润比自己的产品高，即认为该店此类产品已经饱和，很难说服老板进货，即使进了货也不一定好卖。另一个销售乙也看到这家超市同类产品很多，乙认为这也同时证明了该店的此类产品销售较旺，有很大的开发潜力。经了解该店销售最好的是 XX 品牌，自己的产品相对 XX 品牌虽有差距但也有着独特的优势，于是乙用尽浑身解数说服了超市老板进货，同时针对 XX 产品制定了相应的促销政策，不久这家超市成了公司的样板店。

(3) 诚心(诚意)。谈判的目的是为了较好地满足谈判双方的需要，是一种交际、一种合作。谈判双方能否互相交往、信任、取得合作，这还取决于谈判双方在整个活动中的诚意和态度。一般来讲，商务谈判是一种建设性的谈判，这种谈判需要双方都具有诚意。具有诚意，不但是商务谈判应有的出发点，也是谈判人员应具备的心理素质。诚意，是一种负责的精神、合作的意向、诚恳的态度，是谈判双方合作的基础，也是影响、打动对手心理的策略武器。有了诚意，双方的谈判才有坚实的基础，才能真心实意地理解和谅解对方，并取得对方的信赖；才能求大同存小异取得和解和让步，促成上佳的合作。要做到有诚意，在具体的活动中，对于对方提出的问题，要及时答复；对方的做法有问题，要适时恰当地指出；自己的做法不妥，要勇于承认和纠正；不轻易许诺，承诺后要认真践诺。诚心能使谈判双方达到良好的心理沟通，保证谈判气氛的融洽稳定，能排除一些细枝末节小事的干扰，能使双方谈判人员的心理活动保持在较佳状态，建立良好的互信关系，提高谈判效率，使谈判向顺利的方向发展。

（4）耐心。商务谈判的过程有时是艰难曲折的，谈判人员必须有抗御挫折和打持久战的心理准备。这样，耐心及容忍力就是必不可少的心理素质。耐心是谈判抗御压力的必备品质和谈判争取机遇的前提。在一场旷日持久的谈判较量中，谁缺乏耐心和耐力，谁就将失去在商务谈判中取胜的主动权。有了耐心可以调控自身的情绪，不被对手的情绪牵制和影响，使自己能始终理智地把握正确的谈判方向；有了耐心可以使自己能有效地注意倾听对方的诉说，观察了解对方的举止行为和各种表现，获取更多的信息；有了耐心可以有利于提高自身参加艰辛谈判的韧性和毅力。耐心也是对付意气用事的谈判对手的策略武器，它能使谈判取到以柔克刚的良好效果。此外，在僵局面前，也一定要有充分的耐心以等待转机，谁有耐心、沉得住气，就可能在打破僵局后获取更多的利益。

三、思想意识方面

谈判人员要有维护国家、民族和本企业利益以及为此而努力奋斗的强烈信念。特别是对于涉外的谈判人员，更要强调忠于祖国，坚决维护国家的主权和利益，坚决维护民族尊严。谈判人员要有严格的纪律性、原则性和高度的责任感。在谈判活动中，要自觉遵守组织纪律，坚持原则，具有强烈的事业心，尽最大努力争取商贸谈判的成功。要有廉洁奉公、不谋私利的高尚品格。在商贸谈判中，谈判一方使以小利，甚至采取行贿手段拉拢谈判人员来牟取自身利益的事是经常发生的。因此，在物质利诱面前廉洁奉公，是商贸谈判者应遵循的一个重要道德原则。

四、知识素质方面

基础知识是一个人智慧和才能的基石，专业知识则决定一个人知识的深度和从事本职工作的能力。基础知识和专业知识越广博深厚，适应能力、工作能力就越强。作为现代谈判人员，知识面越宽，应变能力就越强；专业知识越深，就越能适应谈判的需求。一个理想的商贸谈判者应该掌握经济学、民俗学、行为科学、地理知识、心理学等丰富的基础知识，同时具备必要的商贸理论和经济理论知识，熟悉商品学、市场营销学、经营策略、商品运输、贸易知识、财务经营管理知识等，最好再能掌握一门外语并能直接用外语与对方进行谈判。

五、身体素质方面

谈判是一项既消耗体力又消耗脑力的人类活动，许多谈判都是时间紧、任务急的，所以没有健康的身体是很难胜任谈判工作的。正因为如此，一般选择谈判人员时都会考虑适当的年龄跨度，35～55岁年龄跨度内，正是思路敏捷、精力旺盛阶段，他们已经积累了一定经验，而且事业心、责任心和进取心也较强。当然，由于谈判内容、要求不同，年龄结构也可灵活掌握。

第二节　商务谈判中的能力素质

谈判人员在进行谈判之前，都要做大量的准备工作，为激烈而紧张的谈判做好充足的准备，即使是这样，在谈判过程中也会遇到突发的问题，这就需要谈判人员也要具备相关的能力。

一、观察与思考能力

观察是人的有目的、有计划、系统的、比较持久的知觉。观察力是能够随时而又敏锐地注意到有关事物的各种极不显著但却重要的细节或特征的能力。敏锐的观察力可以有助于很好地洞察事物的本来面貌，从而捕捉到与事物本质相联系的某些"蛛丝马迹"，洞察人们的心理状态、意图。

谈判人员在谈判过程中应该注意观察对方的行为，从而发现对方的想法。通过对方表现出来的手势、眼神、面部表情判断他的内心活动，进而有针对性地展开谈判策略。依据交易双方的经济实力，在双方交锋的谈判桌上灵活应变；能根据谈判的内外环境和主客观条件，正确判断谈判的发展趋势。谈判实际上是双方心理和智慧的较量过程。一个人的心理活动可以通过表情、身体姿势等方面表现出来，观察到对方的相关情况，大到遣词造句、态度立场，小到观察肢体语言的暗示，以及读懂对方一个手势、一个眼神的潜台词，洞察对方的心理世界，进而随机应变，对谈判对方的真实意图能迅速根据掌握的信息和对方当场的言谈举止加以分析综合，最终做出合理判断，取得谈判的优势。尽管洞察力在谈判中非常重要，但是许多谈判人员却缺乏商战中应有的警惕性。原因在于，他们太过于在意自己的想法，而无暇倾听别人的意见；过于沉湎于自己的思考中，顾不上或注意不到别人做的事情。这在某种程度上大大地影响了谈判的效率，影响了谈判者臆测的准确性。

二、语言文字的表达能力

谈判，主要借助语言形式进行。谈判实质上是人与人之间思想观念、意愿感情的交流过程，是重要的社交活动，这就要求谈判人员应该有较强的文字表达能力和口语表达能力。简洁、准确的表达能力是谈判人员的基本功。谈判高手往往说话准确、技巧性与说服力强、表达方式富有艺术感染力，并且熟悉专业用语、合同用语和外语。谈判高手与素不相识且目的迥异的对手坐在一起，可以通过恰如其分的表达打破沉默、扭转僵局；情理交融的说理常常可以起到力挽狂澜、转危为安的奇效；巧妙的拒绝，就像航船避开暗礁，可以避免出现难堪的窘境；理直气壮的反驳可以由被动转为主动，由劣势转为优势。对对手的表达要字斟句酌的加以推敲，同时要善于言谈、口齿清晰、思维敏捷、措辞周全，善于驾驭语言，有理、有利、有节地表达己方观点。语言表达能力的提高，一要注意语言表达的规范，要增强语言的逻辑性；二要注意语言表达的准确性，必须语音纯正，措辞准确，言简意赅；三要讲究语言的艺术性，表现在语言表达的灵活性、创造性和情境适用性上。

语言有口头语言和文字语言。谈判人员还要具备较强的文字表达能力，要精通与谈判相关的各种公文、协议合同、报告书的写作，包括对书面文件的理解能力，以及独立起草协议、合同的能力。一般来说，谈判中，起草出来的协议、合同草案总是对起草的一方有利，文字功夫的奥妙之处就在于使协议、合同表明上看来公平合理，可是一旦出现问题，解释起来就有可能全然不是那么回事了。

三、逻辑思维和决断能力

逻辑思维能力是指正确、合理思考的能力，即对事物进行观察、比较、分析、综合、抽象、概括、判断、推理的能力；采用科学的逻辑方法，准确而有条理地表达自己思维过程的能力。谈判中对方往往会用许多细枝末节的问题来纠缠你，而把主要的或重要的问题掩盖起来，或故意混淆事物之间的前后、因果关系。因此，作为谈判人员就应具备抓住事物的主要矛盾和主要方面的能力，思路开阔，不要为某一事物或某一方面所局限，而要从多方面去考虑问题，逻辑推理、准确判断、及时决策。但有些人思维敏捷、冲动性强，往往对方的话刚说一半，他就自以为领会了对方的意思，迫不及待地发表自己的意见，这也是不可取的，容易造成误解对方，反而给对方提供一些可乘之机。

谈判是一项相当独立的现场工作。很多事务的决断需要在谈判现场做出，这就需要谈判人员具备良好的对事务的判断和决策能力。决断能力表现在谈判人员可以通过对事物现象的观察分析，能够由此及彼、由表及里、去粗取精、去伪存真，排除各种假象的干扰，了解事物的本质，做出正确的判断；表现在能及早地洞察存在的问题或关键所在，准确地预见事物发展的方向和结果；表现在综合运用各种方法、手段，对不同条件、不同形势下的问题能及时做出正确的行为反应和行动选择。谈判人员的决断能力与了解掌握科学的判断和决策的相关知识方法有关，与一定的专业实践经验的积累有关。谈判人员应注意在学习和实践这两个方面下工夫，提高自身的决断能力。

案 例

买方希望卖方五天之内全部交货，卖方回答：“如果我们有办法一定照办。”在这里，卖方用的是假言判断，并未敲定一定按期交货。买方却忽视了“如果”，以为对方已答应五天之内交货，于是付出货款。五天后货未到时，卖方以“我们尽了最大的努力，实在没有办法”为由，使买方吃了哑巴亏。

点评：谈判时表达自己意见要概念准确，经得起推敲。特别是签约时，更要仔细推敲每一条款，看是否把自己的意见准确全面地表现出来，以免给对方以可乘之机，造成经济损失。

四、灵活应变能力

商务活动的一个重要的特点就是带有较大的不确定性，这种不确定性就要求从事商务活动的人员要有应付不确定性的能力，即应变能力。所谓应变能力，是指人对异常情况的适应和应付的能力。

商务谈判中，经常会发生各种令人意想不到的异常情况。当这些异常事件、情况出现时，一旦谈判人员缺乏处理异常情况的应变能力，就有可能使谈判招致失败或不利的后果。处变不惊，应是一个优秀的谈判人员具备的品质。面对复杂多变的情况，谈判者要善于根据谈判情势的变化修订自己的目标和策略，冷静而沉着地处理各种可能出现的问题。

应变能力需要创造力的配合。若购货方担心采用信用证方式交易会让售货方取得货款而货却不对使自己遭受损失，则售货方为使生意可以谈成，可以创造性地提出一些可以预防以上问题发生的办法促成交易。可提出由购货方指定一个中立的第三者作为检查员，在货物即将发运之前于售货人的工厂对货物进行检查，检查货物均合格后才能按照信用证规定付款，从而使购货方得到保护。

五、情绪控制能力

在谈判活动中，谈判各方的需要和期望会千变万化，谈判者的情绪心理也往往会随之波澜起伏。在错综复杂的商务谈判中，免不了会出现各种情绪的变化和波动。当异常的情绪波动出现时，要善于采用适当的策略办法对情绪进行调控，而不能让情绪对谈判产生负面影响。当有损谈判气氛、谈判利益的情绪出现之后，应尽量缓和、平息或回避，防止有害的僵局出现导致谈判的流产。情绪化是造成谈判困难和产生谈判风险的原因之一，有情绪的人不宜参加谈判，因为情绪化的人观察事物往往片面，注意力容易从应当关注的谈判事务中转移。然而，从另一方面来讲，假如谈判人员懂得谈判中的情绪学问，就可以利用这一点来观察对手的情绪，通过对方的情绪讯号，判断他的心理底线，从而获得更多有利于自己的信息。

第三节　商务谈判中的职业素质

一、职业兴趣

职业兴趣是兴趣在职业方面的表现，是指人们对某种职业活动具有的比较稳定而持久的心理倾向，使人对某种职业给予优先注意，并向往之。兴趣是一种无形的动力，每个人都会对他感兴趣的事物给予优先注意和进行积极的探索，并表现出心驰神往。职业兴趣是一个人对待工作的态度，对工作的适应能力，表现为有从事相关工作的愿望和兴趣，拥有职业兴趣将增加个人的工作满意度、职业稳定性和职业成就感。

良好而稳定的职业兴趣使人在从事组织的各种实践活动、谈判活动时，表现出其具有高度的自觉性和积极性。个人根据稳定的兴趣选择某种职业，参与某种活动，兴趣就会变成巨大的个人积极性，促使一个人在职业生活中做出成就。反之，如果你对所从事的职业或谈判活动不感兴趣，就会影响你积极性的发挥，难以从职业生活中得到心理上的满足，不利于工作上的成就。

二、职业道德

职业道德，就是同人们的职业活动紧密联系的符合职业特点所要求的道德准则、道德情操与道德品质的总和。它既是对本职人员在职业活动中的行为标准和要求，同时又是职业对社会所负的道德责任与义务。职业道德是人们在职业生活中应遵循的基本道德，即一般社会道德在职业生活中的具体体现。职业道德是职业品德、职业纪律及职业责任等的总称，属于自律范围，其通过公约、守则等对职业生活中的某些方面加以规范。

在古代文献中，早有关于职业道德规范的记载。公元前 6 世纪的我国古代兵书《孙子兵法·计》中，就有"将者，智、信、仁、勇、严也"的记载。智、信、仁、勇、严这五德被中国古代兵家称为将之德。明代兵部尚书于清端提出的封建官吏道德修养的六条标准，被称为"亲民官自省六戒"，其内容有"勤抚恤、慎刑法、绝贿赂、杜私派、严征收、崇节俭"。中国古代的医生，在长期的医疗实践中形成了优良的医德传统，"疾小不可云大，事易不可云难，贫富用心皆一，贵贱使药无别"是医界长期流传的医德格言。

概括而言，职业道德主要应包括以下几方面的内容：忠于职守，乐于奉献；实事求是，不弄虚作假；依法行事，严守秘密；公正透明，服务社会。

三、职业知识和技能

所谓 T 型知识结构，就是说必须有广阔的知识面，不仅在横的方面有广阔的知识面，而且在纵的方面有较深的专门学问，两者构成了一个 T 型。纵向方面的知识就是这里指的职业知识。从纵向方面来说，作为商务谈判的参与者，应当掌握的知识包括以下几个方面。

1. 与谈判相关的法律法规知识

参与谈判的人员必须充分了解有关谈判事项的法律与法令，否则很可能使谈判因为不合法而产生无法执行的后果。所谓法律法令，除了当事人所在国的国内法及其规定外，还包括国际公约和统一的惯例，有关国际交易的习惯和条约等。主要包括以下几个方面的内容：

(1) 关于买卖的，有民法、商法、合同法、国际货物买卖公约、国际贸易等方面的法规；

(2) 关于运输的，有海商法、国际货物运输法、国际货物运输公约、联运单据统一规则等；

(3) 关于保险的，有海商法、海上保险法等；

(4) 关于检疫的，有商品检疫法、动植物检疫法等；

(5) 关于报关的，有关税法、反倾销法等；

(6) 关于知识产权的，有专利法、商标法、知识产权公约等；

(7) 关于经济合作的，有技术合作条例、投资合作条例、税法和公司法等；

(8) 关于消费者保护的，有消费者保护法、公平交易法等；

(9) 关于外汇和贸易管理的，有外汇管理条例、贸易法等；

(10) 关于纠纷的，有民事诉讼法、商务仲裁法等；

(11) 关于付款方式的，有票据法、信用证统一条例、托收统一规则等。

2. 各国各地风俗习惯、礼仪礼节等知识

"十里不同风，百里不同俗"，世界各国都有自己的礼仪传统，每个民族都有自己的奇风异俗。在国际交往中常常会接触到许多不同国家的人以及他们的风俗习惯，如果对有关世界各国的风土人情加以了解，就会在交往中避免许多尴尬和误解。如西方国家对"13"的忌讳，俄罗斯对"7"的情有独钟，保加利亚人的"点头不算摇头算"，等等。只有提前了解并掌握了这些风俗习惯和礼仪礼节，才能够在商务谈判中灵活运用谈判的技巧，做到因人而异，有的放矢，取得良好的谈判效果。

3. 与谈判相关的产品、服务、技术、市场和竞争者等的知识

商务谈判总是以一定的产品(服务)或技术为谈判对象的，因此，谈判者应该掌握相关的产品和技术方面的知识，熟悉并了解本专业范围内的产品性能、维修服务、成本核算等专业知识；了解行业发展状况；熟知某种(类)商品的市场潜力或发展前景以及同类产品(服务)的市场竞争情况；精通 WTO 规则，能够解决贸易争端，善于组织国际商务谈判。

4. 谈判策略与技巧知识

谈判既是一门科学，更是一门艺术。在商务谈判中，谈判者双方往往是以对立者的身份出现的，所以谈判不是简单的几句寒暄和握手就可以解决的，他需要谈判者具有高超的谈判艺术，在谈判过程中运用恰当的策略和巧妙的技巧，方能在谈判中立于不败之地。商务谈判人员要想在全局上控制住整个谈判，同时又能正确处理谈判中出现的各种问题，就必须把握好谈判的各个阶段以及各个阶段应该采取的策略和技巧。如在开局阶段的氛围的营造、开场的陈述；磋商阶段的报价还价策略、让步策略、僵局处理策略等；签约阶段的签约技巧和策略等。

5. 谈判技能

谈判技能是指谈判者在掌握一定的知识和专业知识的基础上，能够灵活运用这些知识和自身经验解决谈判实际问题的能力。掌握必要的谈判技能可以使谈判进行得更加顺畅，或者对自身和各方更加有益。

那么，如何开发有效的谈判技能呢？有效的谈判技能开发可以总结为以下六个方面：

第一、研究你的对手。尽可能多地获得有关对手的兴趣和目标方面的信息，这些信息会帮助你更好地理解对手的行为，预测他对你的报价的反应，并按照他的兴趣构建解决方式。

第二、以积极主动的表示开始谈判。以积极主动地表示开始谈判，也许只是一个小小的让步，但它会得到对方同样让步的酬答。

第三、针对问题，不针对个人。当谈判进行得十分棘手时，应避免攻击对手的倾向。你不同意的是对手的看法或观点，而不是他个人。应把事与人区分开来，不要使差异人格化。

第四、不要太在意最初的报价。仅仅把最初的报价作为谈判的出发点。每个人都有自己最初的看法，它们是很极端、很理想化的，仅仅如此。

第五、重视双赢解决方式。如果条件许可，最好寻求综合的解决办法。

第六、以开放的态度接纳第三方的帮助。当谈判陷入对峙的僵局时，应考虑求助于中立的第三方的帮助。调停人能帮助各方取得和解，但其不强求达成协议；仲裁人则听取各方的争论，最后强加一种解决方法；和解人则更为不正式，其扮演着沟通管道的作用，在各方之间传递信息、解释信息并澄清误解。

阅读：构建谈判的技能

在劳资合同谈判中，假设你的雇员目前每小时可得 15 元，工会希望再提高 4 元，而你则打算提高成 17 元。如果你能成功地把谈判塑造成为每小时增加 2 元的得益，则相比每小时降低 2 元的损失，工会对二者的反应会截然不同。

四、商务礼仪

礼仪礼节作为一种道德规范，是人类文明的重要表现形式。任何行业都有一定的礼仪规范。商务礼仪，则是人们在商务活动中，用以维护企业形象或个人形象，对交往对象表示尊重和友好的行为规范和惯例。简单地说，就是人们在商务场合适用的礼仪规范和交往艺术。它是一般礼仪在商务活动中的运用和体现。和一般的人际交往礼仪相比，商务礼仪有很强的规范性和可操作性，并且和商务组织的经济效益密切相关。

随着商业活动越来越全球化，商务礼仪扮演着越来越重要的角色。商务礼仪已经成为现代商务活动中必不可少的交流工具，越来越多的企业都把商务礼仪培训作为员工的基础培训内容。据统计，日本每年要花费约数亿美元为其员工进行商务礼仪培训。商务礼仪，包括仪表礼仪、仪容礼仪、商务沟通礼仪、商务举止礼仪、商务信函礼仪、商务电话礼仪、商务谈判礼仪、商务宴请礼仪、国际商务礼仪等。

在谈判中，礼仪礼节作为交际规范，是对客人表示尊重，也是谈判人员必备的职业素养。在谈判桌上，一个谈判者的彬彬有礼、举止坦诚、格调高雅，往往能给人带来赏心悦目的感觉，能为谈判营造一种和平友好的气氛。反之，谈判者的无知和疏忽，不仅会使谈判破裂，而且还会产生恶劣的影响。因此，谈判的不同阶段要遵循一定的礼仪规范。

商务谈判工作是一门科学，它涉及多门学科。同时，它也是现代企业经营中非常重要的环节。在谈判过程中，谈判人员的基本素质、能力、经验以及临场的发挥对于谈判的进程和结果都有极大的影响。企业的领导者一定要多角度的培训和考核谈判人员，要知道，一个具有良好素质的谈判人员，是谈判取得成功的关键。由于谈判的人数规模不同，在谈判人员的选择、谈判的组织与管理等许多方面都有不同的要求。比如谈判人员的选择，如果是个体谈判，那么参与谈判的人员必须是全能型的，他需要具备该项谈判所涉及的各个方面的知识，包括贸易、金融、技术和法律等方面的知识。同时，他还必须具备完成该项谈判所需的各种能力。因为对本方而言，整个谈判始终是以他为中心的，他必须根据自己的知识和经验，把握谈判行为的发展趋势，对谈判中出现的各种问题，他必须及时地做出分析，予以处理，独立地做出决策。如果是集体谈判，则可以选择一专多能型的谈判人员，他们可能分别是贸易、技术和法律方面的专家，相互协同，构成一个知识互补，密切配合的谈判小组。

知识链接：谈判礼仪

(1) 尊重对方，谅解对方。在交谈活动中，只有尊重对方，理解对方，才能赢得对方感情上的接近，从而获得对方的尊重和信任。因此，谈判人员在交谈之前，应当调查研究对方的心理状态，考虑和选择令对方容易接受的方法和态度；了解对方讲话的习惯、文化程度、生活阅历等因素对谈判可能造成的种种影响，做到多手准备，有的放矢。交谈时应当意识到，说和听是相互的、平等的，双方发言时都要掌握各自所占用的时间，不能出现一方独霸的局面。

(2) 及时肯定对方。在谈判过程中，当双方的观点出现类似或基本一致的情况时，谈判者应当迅速抓住时机，用溢美的言词，中肯的肯定这些共同点。赞同、肯定的语言在交谈中常常会产生异乎寻常的积极作用。当交谈一方适时中肯地确认另一方的观点之后，会使整个交谈气氛变得活跃、和谐起来，陌生的双方从众多差异中开始产生了一致感，进而十分微妙地将心理距离拉近。当对方赞同或肯定我方的意见和观点时，我方应以动作、语言进行反馈交流。

(3) 态度和气，语言得体。交谈时要自然，要充满自信；态度要和气，语言表达要得体；手势不要过多，谈话距离要适当，内容一般不要涉及不愉快的事情。

(4) 注意语速、语调和音量。在交谈中语速、语调和音量对意思的表达有比较大的影响。交谈中陈述意见要尽量做到平稳中速。在特定的场合下，可以通过改变语速来引起对方的注意，加强表达的效果。一般问题的阐述应使用正常的语调，保持能让对方清晰听见而不引起反感的高低适中的音量。

知识链接：商务谈判中不宜选用的人员

并不是每一个人都可以担当谈判员的职务的。谈判工作涉及公司的很多商业机密，所以在选择谈判人员时要特别注意：

(1) 不能选用遇事相要挟的人。很多企业和公司的领导人，常以某人是否有客户、有关系为条件而选用商务人员，实际上这是短视和很片面的。这类人员确实能够在短期内给公司带来可观的收入，但这类人却常常居功自大，无限地向公司提条件，如果不能如愿，随时可能离开公司，并将他的客户带走。

(2) 不能选用缺乏集体精神和易于变节的人。由于商务谈判人员对企业的内外部情况了解甚多，工作性质比较特殊，因此容易产生个人主义。如果商务谈判人员发展到这种程度，对公司的损失是很大的。

思考题与案例分析

一、思考题

1. 请举例说明谈判思维在商务谈判中的作用。
2. 谈判人员在谈判中应遵循哪些伦理道德？
3. 商务谈判人员应具备哪些基本业务知识？
4. 举例说明优秀的谈判人员应该具有哪些业务能力。

二、案例分析

究竟选用什么样的谈判人员

某年，上海某从事文物进口贸易的单位与一位日本文物商谈判一批中国文物的出口贸易。这位日本商人带来一位中文翻译，他是一位上海去日本打工的男青年，而上海的这家外贸单位使用的日文翻译是一位上海籍的女青年。谈判进行得很艰苦，因为日本人开价低，几个回合下来，双方的差距仍然很大。

谈判过程中，这位日商在谈判中观察到中方女翻译的言谈举止，表明她对到日本打工而当日商翻译的男青年非常羡慕。于是日商心生奸计，要自己的男翻译在谈判休息时主动接近这位女翻译，表示他愿意将来为这位女翻译到日本学习提供担保以及路费、学费、生活费在内的所有费用，条件是这位女翻译必须把中方文物的底价全部透露给他。这位女翻译经不起出国的诱惑出卖了全部机密。

在接下来的谈判中，这位日商完全掌握了谈判的主动权，用中方内部开的底价买下了这一批文物，狠狠地赚了一大笔，而上海的这家单位则亏得很惨。当然，这位做着出国梦的女翻译好梦不长，当她刚拿到护照，就因事情败露而锒铛入狱，断送了自己的前程。

问题：这是一起典型的因谈判人员自身素质的问题而导致我方在谈判中受损的例子。那么，在国际商务谈判中，挑选怎样素质的谈判人员才是谈判成功的保证呢？

实 践 实 训

实训目的：掌握合格谈判者必备的心理素质。

按表 2-1 总结自己在谈判时经常会犯的错误。

表 2-1　谈判中错误总结

谈判中常犯的错误	你以前的做法	将如何改进
谈判前准备不充分		
不信任自己		
过分高估对手		
易受对方数字、先例和规则的蒙蔽		
易被对方的粗鲁或强硬态度吓倒		
谈判中急躁，情绪失控		
总想着自己要从谈判中得到什么，而忽视了对手的需要		

第三章　商务谈判相关理论

> 理论是思考的根本，也就是说，是实践的精髓。
>
> ——波尔茨曼

本章要点：本章从商务谈判理论出发，重点介绍需要层次理论、谈判需要理论、谈判结构理论和博弈论。掌握这些基本理论及其应用，有助于指导商务谈判人员谈判方案的策划和谈判水平的提升。

导入案例：所罗门断案

两个女性争一个孩子，都说自己是那孩子的亲娘。那个时候科技发展的水平没有今天那么高，现在我们可以做一个亲子鉴定，就可以裁定了。于是她们就吵闹着来到了所罗门审案的地方。所罗门王是这样解决问题的：① 让两个女人各拽一只胳膊，像拔河一样，谁拉走孩子就归谁。结果孩子的亲娘心疼孩子，先松手，所罗门王就把孩子判给了先松手的那位。② 第二天，又来了那么一桩同样的官司，如果所罗门王还用同样的方法判案，结果两人都会主动松手。因为第一天判案的故事早已传遍民间，孩子的假母亲也长了心眼。于是所罗门王又把二人关在一个墙上刚刚用油漆写有"假母"字样的黑屋里，告诉二人，一刻钟之内，万能的神灵就会在假母亲的背上写上"假母"二字。真正的假母心中有鬼，怕背上被写字，就故意靠墙而立，结果正好被标出了假身份。③ 第三天又遇到同一宗案子，所罗门王就当场宣布，谁让出孩子的所有权，可得到 100 两黄金的补尝，假母亲又由于贪婪的本性，主动让出所有权。④……

这个故事说明，作为管理者，要深谙人性，而不是背记原理；要不断创新，而不是千锁一匙；要重点掌握智慧，而不是单纯掌握知识。商务谈判也是一样，要随机应变，灵活博弈。

第一节　马斯洛需要层次理论

马斯洛需要层次理论把需要分成生理需要(Physiological needs)、安全需要(Safety needs)、情感和归属感需要(Love and belonging needs)、尊重需要(Esteem needs)和自我实现需要(Self-actualization needs)五类，依次由较低层次到较高层次排列。在自我实现需求之后，还有自我超越需要(Self-transcendence needs)，但通常不作为马斯洛需要层次理论中必要的层次，大多数会将自我超越合并至自我实现需要当中。

一、需要的含义

第一层次：生理的需要，包括呼吸、水、食物、睡眠和性的需要。如果这些需要(除性以外)任何一项得不到满足，人类个人的生理机能就无法正常运转。换而言之，人类的生命就会因此受到威胁。在这个意义上说，生理需要是推动人们行动最首要的动力。马斯洛认为，只有这些最基本的需要满足到维持生存所必需的程度后，其他的需要才能成为新的激励因素，而到了此时，这些已相对满足的需要也就不再成为激励因素了。

第二层次：安全的需要，包括人身安全、健康保障、资源所有性、财产所有性、工作职位保障、家庭安全。马斯洛认为，整个有机体是一个追求安全的机制，人的感受器官、效应器官、智能和其他能量主要是寻求安全的工具，甚至可以把科学和人生观都看成是满足安全需要的一部分。当然，当这种需要一旦相对满足后，也就不再成为激励因素了。

第三层次：情感和归属感的需要，包括友情、爱情、性亲密。人人都希望得到相互的关心和照顾。感情上的需要比生理上的需要来的细致，它和一个人的生理特性、经历、教育、宗教信仰都有关系。

第四层次：尊重的需要，包括自我尊重、信心、成就、对他人尊重、被他人尊重。人人都希望自己有稳定的社会地位，要求个人的能力和成就得到社会的承认。尊重的需要又可分为内部尊重和外部尊重，内部尊重是指一个人希望在各种不同情境中有实力、能胜任、充满信心、能独立自主，总之，内部尊重就是人的自尊；外部尊重是指一个人希望有地位、有威信，受到别人的尊重、信赖和高度评价。马斯洛认为，尊重需要得到满足，能使人对自己充满信心，对社会满腔热情，体验到自己活着的用处价值。

第五层次：自我实现的需要，包括道德、创造力、自觉性、问题解决能力、公正度、接受现实能力。自我实现的需要是最高层次的需要，是指实现个人理想、抱负，发挥个人的能力到最大程度，达到自我实现境界的人，接受自己也接受他人，解决问题能力增强，自觉性提高，善于独立处事，要求不受打扰的独处，完成与自己能力相称的一切事情的需要。也就是说，人必须干称职的工作，这样才会使他们感到最大的快乐。马斯洛提出，为满足自我实现需要所采取的途径是因人而异的。自我实现的需要是在努力实现自己的潜力，使自己越来越成为自己所期望的人物。

二、理论解析

(1) 五种需要像阶梯一样从低到高，按层次逐级递升。但这样的次序不是完全固定的，可以变化，也有种种例外情况。

(2) 需求层次理论有两个基本出发点，一是人人都有需要，某层需要获得满足后，另一层需要才出现；二是在多种需要未获满足前，首先满足迫切需要；该需要满足后，后面的需要才显示出其激励作用。

(3) 一般来说，某一层次的需要相对满足了，就会向高一层次发展，追求更高一层次的需要就成为驱使行为的动力。相应的，获得基本满足的需要就不再是一股激励力量。

(4) 五种需要可以分为两级，其中生理的需要、安全的需要、情感和归属感的需要都属于低一级的需要，这些需要通过外部条件就可以满足；而尊重的需要和自我实现的需要是高级需要，它们是通过内部因素才能满足的，而且一个人对尊重和自我实现的需要是无止境的。同一时期，一个人可能有几种需要，但每一时期总有一种需要占支配地位，对行为起决定作用。任何一种需要都不会因为更高层次需要的发展而消失。各层次的需要相互依赖和重叠，高层次的需要发展后，低层次的需要仍然存在，只是对行为影响的程度大大减小。

（5）马斯洛和其他的行为心理学家都认为，一个国家多数人的需要层次结构，是同这个国家的经济发展水平、科技发展水平、文化和人民受教育的程度直接相关的。在发展中国家，生理需要和安全需要占主导的人数比例较大，而高级需要占主导的人数比例较小；而在发达国家，则刚好相反。

三、需要层次理论在商务谈判中的运用

需要层次理论对商务谈判的意义表现在以下四个方面：

（1）为摸清对方的动机提供了理论基础。从需要层次理论出发有助于找出对方的行为动机。

（2）为多种谈判方案的制定提供理论依据。搞清各自"需要"是制定谈判方案的前提，满足需要有不同的途径，不能只制定唯一方案而使谈判陷入僵局。

（3）为商务谈判的方案选择提出了原则。提出了"非零和"原则，即双赢原则。

（4）为弥补未满足的需要提供了可能。以需要层次理论为基础探寻对方可能存在的需要。

需要层次理论在商务谈判中的运用分析：

（1）满足谈判者的各种基本需求是达到自我实现最高需求的前提。只有较低层次的需要得到基本满足后，较高层次的需要才会出现并要求得到满足。因此，只有满足谈判者的基本需要后才可能实现更高层次的需要。

（2）满足谈判者对尊严的需求，以达到在利他过程中实现利己。对尊严的需求从三方面可以得到：得到本企业的尊重、得到谈判对手的尊重和得到自尊的实现，这样就容易使谈判在利己又利他的情况下取得成功。

第二节　谈判需要理论

谈判活动是由人来进行的，如果谈判者仅注意到谈判内容的重要性，而忽视了对于参与谈判的人的研究，就很难全面把握谈判的主动权。心理学的一些基本理论和观点常常被谈判学家们引入到谈判理论的研究领域，作为某些谈判理论的基础。尼尔伯伦格以马斯洛的需要层次理论为基础，又总结了"相互性原则"、"交往学习理论"等心理学原理，在他的著作《谈判的艺术》中系统地提出了"谈判需要理论"，并成为该理论的代表人物。

人类每一种有目的的行为都是为了满足某种需要，但就"需要"本身而言，有些是显现出来或直接表达的，而有些则是潜意识的或隐藏的。不论谈判主体在表达需要时以什么方式描述，如果不存在某种未满足的需要和满足这种需要的可能性，人们就不会走到一起进行谈判了。"谈判需要理论"认为：谈判的前提是谈判各方都希望从谈判中得到某些东西，否则各方会彼此对另一方的要求充耳不闻、熟视无睹，各方当然不会再有必要进行什么谈判了。即使谈判仅是为了维持现状的需求，亦当如此。

"谈判需要理论"将适合于不同需要的谈判方法分为以下六种：

（1）谈判者顺从对方的需要；

(2) 谈判者使对方顺从己方的需要；

(3) 谈判者同时服从对方和己方的需要；

(4) 谈判者违背己方的需要；

(5) 谈判者违背对方的需要；

(6) 谈判者同时违背对方和己方的需要。

"谈判需要理论"的作用在于它能促使谈判者主动地去发现与谈判各方相联系的需要；引导谈判者对驱动着对方的需要加以重视，以便选择不同的方法去顺势、改变或对抗对方的动机；在此基础上去估计每一种谈判方法的响应效果。一般来说，谈判者对第一种谈判方法(顺从对方的需要)比对第二种谈判方法(使对方服从其己方的需要)更能加以控制，依此类推，第六种谈判方法最难控制。

在这些谈判方法之间，彼此又存在着某种有机的联系。尼尔伦伯格强调，依照人的需要层次的高低，谈判者能抓住的需要越是基本，在谈判中获得成功的可能性也越大。实际上，在谈判活动中没有一种策略是绝对单纯地起作用的，在谈判中往往涉及多种需要、多种方法和多个层次，采用什么方法以及这种方法如何与其他方法配合，关键在于谈判者对问题的判断。

第三节　谈判结构理论

英国谈判学家 P·D·V·马什长期以来从事谈判策略以及谈判的数学与经济分析方法的研究，早在 20 世纪 70 年代初他便注意到谈判过程各阶段的特点及其对谈判结果的影响。他对谈判过程的深入研究奠定了他成为"谈判结构理论"代表人物的基础。马什更愿意从动态的角度去研究谈判，因为他认为谈判乃是指有关各方为了自身的目的，在一项涉及各方利益的事务中进行磋商并通过调整各自提出的条件，最终达成一项各方较为满意的协议的这样一个不断协调的过程。按照马什的观点，整个谈判是一个循序渐进的"过程"，他特别强调在这一过程中"调整各自提出的条件"的重要性，除非你不想达成协议。谈判是交流的过程，其结果必然是走向某种程度的折中。

马什提出的谈判结构模式具有相当强的实际操作性，因而具有很好的实践指导意义。他将谈判过程从结构上划分为六个阶段。

(1) 谈判计划准备阶段。准备是行动的基础，古人云"凡事预则立"就是这个道理。通过准备解决好两个问题：一是"知己知彼"；二是"从头至尾"。所谓知己知彼，就是说谈判者在着手准备谈判时，不是仅仅局限于对谈判议题本身的研究和资料的分析，而是要对谈判对手的情况进行充分的调查分析。对手所代表的组织其背景如何？该组织的实力怎样？谈判对手在其组织中的地位、权力、影响如何？谈判对手在技术上的专业性如何？他熟悉谈判标的的特征吗？我们的优势和劣势在哪里？相关的社会、政治、经济因素和人际关系对我们处理彼此关系有影响吗？我们的计划是否考虑到了意外因素的影响？有没有应变计划或方案等等。所谓从头至尾，就是要设身处地站在谈判当事人的角度，让我们"经历"一次这样的谈判过程，以便发现方案在实施过程中可能的缺陷和漏洞。准备得越充分，谈判过程中占据主动的机会就越大。

在这种谈判计划准备工作中，马什引入了美国学者戴明博士的 PDCA 循环的方法。P 表示计划(PLAN)，即根据占有的资料和需要解决的问题，有重点、有步骤地制定出实施的计划，并对解决问题的方式、方法与时机做出安排；D 表示行动(DO)，即依照事先的计划和安排进行"预演"，包括在与对方的初期接触中试探性地实施该计划；C 表示检查(CHECK)，即根据执行的效果与事先计划的比较，找出差异，发现问题，并对执行情况进行评估；A 表示总结(ASSESS)，即巩固已取得的成就，并将其典型化，作为经验加以推广，同时纠正在执行中的某些偏差，有针对性地对这些偏差制定出改进措施，将其纳入下一个计划中。通过不断地重复这些过程，工作中的问题逐步得到解决，便会使整个工作水平获得提高。

　　(2) 谈判开始阶段。谈判者在与对方正式接触之后，假定谈判的计划准备工作已经做好，并且根据谈判的计划已制定出谈判的初始方案，这时可以确认谈判已经开始。谈判开始阶段是谈判计划准备阶段的一种自然过渡。谈判开始后，谈判者可以依照本方的谈判方案向对方提出交易条件，或根据本方的谈判方案对于对方的交易条件做出相应的反应。

　　(3) 谈判过渡阶段。这是一个对后续谈判过程至关重要的阶段，谈判过渡阶段要解决几个问题：一是对谈判开始阶段的成果及教训进行回顾、总结；二是对下一步谈判的形势进行预测并确定出相应的对策；三是确定出中止谈判或继续谈判的原则。

　　因此可以说，这是一个承上启下的关键阶段。如果在谈判开始阶段是由对方先提出交易条件的，而且本方未就此交易条件提出相应的新建议，只是围绕着对方的交易条件展开讨论，那么，对于这个交易条件被本方接不接受，其被接受后的后果如何，本方是心中有数的。也就是说，对本方而言，这种情况不是谈判过渡阶段的关键性问题。

　　(4) 实质性谈判阶段。实质性谈判阶段是整个谈判过程的关键阶段，谈判各方在这之前所进行的初始接触，更多的是试探性的，是为开出交易条件做准备的。可以说，在实质性谈判阶段之前，各方的行为几乎都是姿态性的，并不是决定性的。只有进入到实质性谈判阶段以后，双方才正式地以决定性的态度来调整各自的谈判策略和要求。

　　实质性谈判阶段的许多策略，是对前期制定的谈判策略的进一步调整。在这个过程中，谈判者的思维活动形式会产生一些微妙的变化。马什指出，为了使对方的行为尽可能地与本方的期望保持一致，谈判人员在制定决策时，应遵循下列原则：第一，谈判人员不要轻易改变策略，除非这样做对自己确实非常有利，而且不会引起对方改变对策，特别是在将来也不会对本方产生不利影响。第二，如果本方已经决定保持原定方案，就应该及时暗示对方也保持原定方案，否则本方将会采取更强硬的措施。

　　(5) 交易明确阶段。当有如下情况出现时，谈判者可以认为是交易明确阶段：谈判者开始用承诺性的语言阐明自己的立场；谈判一方开始就交易条件的讨论转移到对具体成交细节的讨论，如询问交货期、售后服务方式、结算办法等；谈判者所提的建议越来越具体、明确；谈判者不再讨论交易破裂的后果，或回避进行这方面的讨论。

　　(6) 谈判结束阶段。在谈判者认为谈判即将结束并将达成交易之前，应当最后对谈判的全过程进行一次总的回顾，以便于清理看看还有哪些问题需要得到解决。对已解决的问题在谈判形成结果之后，应着手根据交易记录安排协议的草拟与审定。

　　如何进行总的回顾，应当以最后可能达成的协议给谈判者带来的总体价值为根据。有了这种总体价值的概念，谈判者就可决断是否最后接受这一协议，或是宁肯失去这笔交易也不做让步。对总体价值的评估，应当从近期和远期两个方面来进行。近期的评估主要侧重于协议能够带来的直接利益及这些利益的大小上；远期的评估主要侧重于协议可能产生的间接利益及这些利益的大小上。

第四节　博　弈　论

博弈论是二人在平等的对局中各自利用对方的策略变换自己的对抗策略，达到取胜的目的。博弈论思想古已有之，我国古代的《孙子兵法》就不仅是一部军事著作，而且算是最早的一部博弈论著作。

一、博弈论的基本内容

1928 年，冯·诺依曼证明了博弈论的基本原理，从而宣告了博弈论的正式诞生。1944年，冯·诺依曼和摩根斯坦共著的划时代巨著《博弈论与经济行为》，将二人博弈推广到 n 人博弈结构并将博弈论系统地应用于经济领域，从而奠定了这一学科的基础和理论体系。

一般认为，博弈主要可以分为合作博弈和非合作博弈。合作博弈和非合作博弈的区别在于相互发生作用的当事人之间有没有一个具有约束力的协议，如果有，就是合作博弈；如果没有，就是非合作博弈。

博弈论的本义是在下棋等休闲娱乐活动中，双方在遵守游戏规则的基础上，通过分析对手可能采用的方法有针对性地选择相应的策略或计谋，以制胜对方的理论。博弈思想最早产生于我国古代的军事活动和游戏活动，众所周知的田忌赛马就是典型的博弈论例子。现在博弈论广泛应用于军事、政治竞选、系统控制、企业经营管理和商务谈判等多个领域。

博弈的要素包括：

(1) 局中人(players)。在一场竞赛或博弈中，每一个有决策权的参与者成为一个局中人。只有两个局中人的博弈现象称为"两人博弈"，而多于两个局中人的博弈称为"多人博弈"。

(2) 策略(strategies)。一局博弈中，每个局中人都有选择实际可行的完整的行动方案，即方案不是某阶段的行动方案，而是指导整个行动的一个方案。一个局中人的一个可行的自始至终全局筹划的一个行动方案，称为这个局中人的一个策略。如果在一个博弈中局中人都总共有有限个策略，则称为"有限博弈"，否则称为"无限博弈"。

(3) 得失(payoffs)。一局博弈结局时的结果称为得失。每个局中人在一局博弈结束时的得失，不仅与该局中人自身所选择的策略有关，而且与全局中人所取定的一组策略有关。所以，一局博弈结束时每个局中人的"得失"是全体局中人所取定的一组策略的函数，通常称为支付函数。

(4) 次序(orders)。各博弈方的决策有先后之分，且一个博弈方要做不止一次的决策选择，就出现了次序问题；其他要素相同次序不同，博弈就不同。

(5) 均衡(equilibrium)。均衡是平衡的意思，在经济学中，均衡意即相关量处于稳定值。在供求关系中，某一商品市场如果在某一价格下，想以此价格买此商品的人均能买到，而想卖的人均能卖出，此时我们就说，该商品的供求达到了均衡。所谓纳什均衡，它是一种稳定的博弈结果。

纳什均衡(Nash Equilibrium)：在一策略组合中，所有的参与者面临这样一种情况，当其他人不改变策略时，他此时的策略是最好的。也就是说，此时如果他改变策略他的支付将会降低。在纳什均衡点上，每一个理性的参与者都不会有单独改变策略的冲动。纳什均衡点存在性证明的前提是"博弈均衡偶"概念的提出。所谓"均衡偶"是在二人零和博弈中，当局中人 A 采取其最优策略 a*，局中人 B 也采取其最优策略 b*。而如果局中人 B 仍采取其最优策略 b*，但局中人 A 却采取另一种策略 a，那么局中人 A 的支付不会超过他采取原来的策略 a*的支付。这一结果对局中人 B 亦是如此。

对于"均衡偶"有如下定义：一对策略 a*(属于策略集 A)和策略 b*(属于策略集 B)称之为均衡偶，对任一策略 a(属于策略集 A)和策略 b(属于策略集 B)，总有：偶对(a，b*)≤偶对(a*，b*)≥偶对(a*，b)。

对于非零和博弈也有如下定义：一对策略 a*(属于策略集 A)和策略 b*(属于策略集 B)称为非零和博弈的均衡偶，对任一策略 a(属于策略集 A)和策略 b(属于策略集 B)，总有：对局中人 A 的偶对(a，b*)≤偶对(a*，b*)；对局中人 B 的偶对(a*，b)≤偶对(a*，b*)。

有了上述定义，就可立即得到纳什定理：任何具有有限纯策略的二人博弈至少有一个均衡偶，这一均衡偶就称为纳什均衡点。

纳什定理的严格证明要用到不动点理论，不动点理论是经济均衡研究的主要工具。通俗地说，寻找均衡点的存在性等价于找到博弈的不动点。

纳什均衡点概念提供了一种非常重要的分析手段，使博弈论研究可以在一个博弈结构里寻找比较有意义的结果。但纳什均衡点定义只局限于任何局中人不想单方面变换策略，而忽视了其他局中人改变策略的可能性。因此，在很多情况下，纳什均衡点的结论缺乏说服力，研究者们形象地称之为"天真可爱的纳什均衡点"。

在博弈论中，含有占优战略均衡的一个著名例子是由塔克给出的"囚徒困境"(prisoner's dilemma)博弈模型。该模型用一种特别的方式为我们讲述了一个警察与小偷的故事。假设有两个小偷 A 和 B 联合犯事，私入民宅被警察抓住。警方将两人分别置于不同的两个房间内进行审讯，对每一个犯罪嫌疑人，警方给出的政策是：如果两个犯罪嫌疑人都坦白了罪行，交出了赃物，于是证据确凿，两人都被判有罪，各被判刑 8 年；如果只有一个犯罪嫌疑人坦白，另一个人没有坦白而是抵赖，则以妨碍公务罪(因已有证据表明其有罪)再加刑 2 年，而坦白者有功被减刑 8 年，立即释放；如果两人都抵赖，则警方因证据不足不能判两人的偷窃罪，但可以私入民宅的罪名将两人各判入狱 1 年。表 3-1 给出了这个博弈的支付矩阵。

表 3-1　囚徒困境博弈支付矩阵

A ＼ B	坦　　白	抵　　赖
坦白	8，8	0，10
抵赖	10，0	1，1

对 A 来说，尽管他不知道 B 做何选择，但他知道无论 B 选择什么，他选择"坦白"总是最优的。显然，根据对称性，B 也会选择"坦白"，结果是两人都被判刑 8 年。但是，倘若他们都选择"抵赖"，则每人只被判刑 1 年。在表 3-1 中的四种行动选择组合中，(抵赖、

抵赖)是帕累托最优，因为偏离这个行动选择组合的任何其他行动选择组合都至少会使一个人的境况变差。但是，"坦白"是任一犯罪嫌疑人的占优战略，而(坦白，坦白)是一个占优战略均衡，即纳什均衡。不难看出，此处纳什均衡与帕累托存在冲突。

单从数学角度讲，这个理论是合理的，也就是都选择坦白，但在这样多维信息共同作用的社会学领域显然是不合适的。比如，从心理学角度讲，选择坦白的成本会更大，一方坦白害得另一方加罪，那么事后的报复行为以及在周围知情人当中的"出卖"角色将会使他损失更多。我们正处于大数据时代，向更接近事实的处理一件事就要尽可能多地掌握相关资料并合理地加以分析。人的活动影像动因复杂，所以囚徒困境只能作为简化模型参考，具体决策还得具体分析。

二、博弈论在谈判中的应用

采用博弈方法是商务谈判的重要策略之一，将复杂的、不确定的谈判通过简洁明了的博弈分析，使研究进一步科学化、规范化、系统化，寻找某些规律性的东西，建立某种分析模式，从而构建谈判理论分析的基础框架。

商务谈判具有一般博弈论运用领域的共同特征。它与竞技比赛、军事战争同样具有竞争性和利益冲突性，谈判双方或多方都希望对方多让步而己方少让步；但是，商务谈判又具有相互合作性，是"合作的利己主义"。双方合作是以双方互利为前提的。互利来源于合作新产生的利益，争取最大限度地满足己方利益，一般不以损害双方合作为前提。

博弈论在商务谈判中的要素包括：

(1) 博弈参加者。博弈参加者有法人、自然人和社会团体、组织等，各方都有各种策略，形形色色，增加了谈判的难度，所以在谈判时，首先必须清楚博弈方的实力，把不完全信息博弈转化为完全信息博弈，才能有希望在谈判中取得胜利和双赢。

(2) 策略空间。在商务谈判中，随着博弈方的不同，所采取的策略和方法也会有所区别。就是说，应用同一策略，在实施时人所使用的方法会有所不同，即没有完全相同的策略空间。应用适当的策略空间，对谈判进程有时起到了决定性的作用，所以在博弈开始时，应该在各种情况中注意对方采取的策略，从而针对其策略做出反应，使零和博弈变为变和博弈。

(3) 博弈次序。博弈次序对博弈双方来说是至关重要的，主要是看在什么时机采取的什么策略。

(4) 博弈得益。所有可能的对局结果，用局中人在相应对局下的博弈所得来表示。这个博弈所得，叫做赢利、赢得、得益或支付。

(一) 非合作博弈在商务谈判中的应用

非合作博弈是研究人们在利益相互影响的局势中如何选择策略使自己的收益最大化，而商务谈判的显著特点是商业性和对抗性，可以说商务谈判过程的本质是各方当事人的博弈过程，谈判中各方充分利用谈判技巧、策略，在追求自身最佳利益的前提下获得最有利的交易条件。

以谈判僵局为例对谈判中非合作博弈进行简单分析：在商务谈判过程中，当双方对所谈问题的利益要求差距较大，各方又都不肯做出让步，导致双方因暂时不可调和的矛盾而形成对峙，一般把这种谈判搁浅的情况称之为"谈判僵局"。在商务谈判中，虽然谈判双方都不希望出现僵局，但是实际上谈判僵局却是经常发生的。僵局产生以后，如果得不到及时有效的解决，会对谈判进程产生不利影响，甚至导致谈判破裂。

在此借助非合作博弈论中著名的"囚徒困境"理论，建立相关的模型来描述陷入谈判僵局的谈判双方所面对的基本选择。根据博弈需要的四个方面：博弈的参与者、博弈方各自可选择的全部策略(策略空间)、博弈的次序以及博弈的得益等，对该模型做出如下假设：

(1) 博弈的参与者——陷入僵局的谈判双方甲和乙；

(2) 博弈方的策略选择——谈判双方接受或不接受对方提出的破除僵局的交易条件；

(3) 博弈的次序——谈判双方同时进行选择；

(4) 博弈的得益——不同的策略选择所得收益不同：若双方接受对方的条件，交易达成，则僵局化解，各自获得收益 20 单位；若双方都不接受交易条件，双方不能达成交易条件，则僵局继续，可能导致谈判破裂，双方收益为 0 单位；若谈判僵局中的一方主动与对方接触并接受交易条件，但对方不愿意接受，则僵局继续，同时主动接洽的一方可能要耗费 5 单位的费用，另一方则没有损失，收益仍为 0 单位。

根据以上假设，可以得到如图 3-1 所示的模型图。

参与者		乙方	
	策略选择	接受	不接受
甲方	接受	20, 20	−5, 0
	不接受	0, −5	0, 0

图 3-1　谈判僵局策略选择模型图

由图 3-1 可以看到，甲乙双方的策略选择会导致 4 种组合收益，根据个人理性的行为准则，谈判各方都期望自己能够获得最大收益，同时，双方选择策略的时候必须要考虑对方可能产生的策略，最终，策略的集合会是 {(接受，接受)，(不接受，不接受)}，即双方要么同时接受对方提出的交易条件，破除僵局，同时各自获得 20 个单位的最大收益；要么同时拒绝对方提出的交易条件，僵局继续甚至谈判破裂，各自获得 0 个单位的收益。这样的话，就出现了两种策略下的纳什均衡。作为理性的谈判双方，他们进行选择的根本是利益，如此看来，似乎选择(接受，接受)比(不接受，不接受)这种策略更符合双方追求利益的行为，因为这样的双方都能获得收益，而这总比没有收益强。如果真能如此，那么僵局也就不会出现，这显然是一个悖论，原因在于：双方选择接受所获得的利益分配上，虽然双方通过合作能够实现共同利益，但以什么样的交易条件分配共同利益也同样重要；任何一方都希望分配的结果对自己更有利，因此不会心甘情愿接受平均分配的交易条件(各自获得 20 收益)，而总是会试图取得更利于己方的交易条件；但如果某一方不接受现有交易条件，而另一方为了避免损失也选择不接受，从而使(不接受，不接受)策略出现，也就是双方都不愿为破解僵局做出让步，因为让步意味着损失，如果一方认为所做出的让步没有获得足够的收益，谈判必然陷入僵局。所以说，僵局是个体利益与集体利益相悖的必然结果。集体利益需要个人通过合作来实现，而合作又会破坏个体利益的获得；但如果集体利益最大化要求与个人利益最大化要求不能有效结合的话，合作协议就是不稳定的。非合作博弈过程强调谈判双方的利益冲突性和对抗性，他们坚信双方利益互相冲突，拒绝在关键问题上让步从而使己方获得更大收益，却忽略了去寻找能最大程度地满足双方需要的解决方案，结果往往由于不能满足对方的利益，反而使双方的利益都难以满足，出现僵局。

(二) 合作博弈在商务谈判中的应用[①]

除了冲突与对抗，合作也是商务谈判中一个非常突出的特性。商务谈判是一个互惠的过程，如果其中一方只顾本方利益，丝毫不做让步，则其结果是，要么对方被迫接受；要么导致对方退出谈判，宣告谈判破裂。而无论哪一种都不能算真正意义上成功的商务谈判。一场成功的商务谈判应当是谈判各方在实现双方利益的过程中不断化解冲突，实现谈判者的预期目标，就其结果来说每一方都是胜者。也就是要到达双赢，谈判双方必然需要进行一定程度的合作，在合作的基础上进行讨价还价，以达到让双方满意的利益分配，这一过程实际也是非完全合作博弈的过程。之所以是非完全合作，是因为谈判利益的冲突性，即双方都有合作底线，一旦交易条件低于底线，触犯了对方的基本利益，合作就不再存在，则双方会从合作演变成对抗。

假设将谈判中双方获得的总利益分为两部分(见图 3-2)，即双方各自的基本利益与共同利益。基本利益是谈判双方的底线，是双方必须达成的目标。如果双方基本利益发生冲突，则会增加谈判的难度，甚至谈判破裂。所以维护双方的基本利益是合作博弈必须达到的基本目标，它是影响谈判成败的关键因素。共同利益是双方尽力争取的部分，但并不是必须达成的目标，在换取一些关键利益时可以对共同利益部分做出让步和妥协。

如图 3-2 所示，在商务谈判中，双方合作所带来的利益总量为 $A + B_1 + B_2 + C$，各自的基本利益甲方为 A、乙方为 C，只有双方基本利益满足，谈判才能继续，故而 A 和 C 不是双方的争夺范围。在合作博弈的情况下，甲乙双方的共同利益为 $B_1 + B_2$，也是双方尽力争取的部分。即甲、乙双方利益争夺空间分别为 $A \leqslant 甲 \leqslant A + B_1 + B_2$，$C \leqslant 乙 \leqslant C + B_1 + B_2$，实际上谈判一方并不可能将共同利益 $B_1 + B_2$ 全部囊括，总要给对方留一些余地，因此最终各自获得的利益分别为 $A + B_1$、$C + B_2$。至于 B_1、B_2 哪个大，则要取决于谈判双方的谈判能力以及对谈判的主导地位等因素。

图 3-2　甲乙双方利益空间图

合作博弈追求的最高目标是寻找能满足双方需要并增大双方利益总量的理想方案，即尽量增加弹性空间 $B_1 + B_2$。如果谈判双方都将谈判重点放在寻找合适的方式对共同利益的分配上，则一般来说能产生较好的谈判结果。

① 曾晓红.《浅析博弈论在商务谈判中的应用》，职业时空，2012.3

思考题与案例分析

一、思考题

1. 阐述掌握一定的谈判理论对于谈判的成果有何价值，并举例说明。
2. 简述囚徒困境的含义，分析其在商务谈判中的应用。
3. 简述博弈理论的内涵与特点。
4. 除了本章中提到的适用于商务谈判的理论之外，你还能举出其他的理论吗？

二、案例分析

我国某冶金公司要向美国购买一套先进的组合炉，于是派高级工程师与美商谈判。为了不负使命，这位高工做了充分地准备工作，他查找了大量有关冶炼组合炉的资料，花了很大的精力将国际市场上组合炉的行情及美国这家公司的历史、现状和经营情况等了解的一清二楚。谈判开始，美商对组合炉开口要价就是 150 万美元。中方工程师列举各国的成交价格，使美商目瞪口呆，终于以 80 万美元达成协议。当谈判购买冶炼自动设备时，美商报价 230 万美元，经过讨价还价压到 130 万美元，中方仍然不同意，坚持出价 100 万美元。美商表示不愿继续谈下去了，把合同往中方工程师面前一扔，说："我们已经做了这么大的让步，贵公司仍不能合作，看来你们没有诚意，这笔生意就算了，明天我们回国了"，中方工程师闻言轻轻一笑，把手一伸，做了一个优雅的请的动作。美商真的走了，冶金公司的其他人有些着急，甚至埋怨工程师不该抠得这么紧。工程师说："放心吧，他们会回来的。同样的设备，去年他们卖给法国只有 95 万美元，国际市场上这种设备的价格 100 万美元是正常的。"果然不出所料，一个星期后美方又回来继续谈判了。工程师向美商点明了他们与法国的成交价格，美商又愣住了，没有想到眼前这位中国商人如此精明，于是不敢再报虚价，只得说："现在物价上涨的利害，比不了去年。"工程师说："每年物价上涨指数没有超过 6%。1 年时间，你们算算，该涨多少？"美商被问得哑口无言，在事实面前不得不让步，最终以 101 万美元达成了这笔交易。

问题：

(1) 分析中方在谈判中取得成功的原因。

(2) 从谈判需要理论出发，分析谈判双方的需要是什么。

第二篇　商务谈判实务

细节的最高境界是追求完美，在这个过程中你要做的就是比对手多走一步。

——余世维

第四章　商务谈判准备

多数谈判在会谈开始前，就已经决出胜负了，而这完全取决于事前准备质量的好坏。

——哈佛大学威廉姆·尤瑞博士

本章要点：理解商务谈判准备对谈判进程和谈判结果的影响；了解谈判信息的概念、作用和谈判信息收集的内容；掌握谈判信息收集的途径和方法；掌握商务谈判的组织准备、时间和地点的选择以及谈判方案的制定。

导入案例：比三个商人还要精明的人

美国有位谈判专家想在家中建个游泳池，建筑设计的要求非常简单：长30英尺、宽15英尺，有温水过滤设备，并且在6月1日之前做好。谈判专家对游泳池的造价及建筑质量方面是个外行，但这难不倒他。在极短的时间内，他不仅使自己从外行变成了内行，而且还找到了质量好价钱便宜的建造者。

谈判专家先在报纸上登了个想要建造游泳池的广告，具体写明了建造要求，结果有A、B、C三位承包商来投标，他们都拿给他承包的标单，里面有各项工程的费用及总费用。谈判专家仔细地看了这三张标单，发现所提供的温水设备、过滤网、抽水设备、设计和付款条件都不一样，总费用也有差距。

接下来的事情就是约这三位承包商来他家里商谈，第一个约在早上9点钟，第二个约在9点15分，第三个则约在9点30分。第二天，三位承包商如约而来，他们都没有得到主人的马上接见，只得坐在客厅里彼此交谈着等候。

10点种的时候，主人出来请第一个承包商A先生进到书房去商谈。A先生一进门就宣称他的游泳池一向是造得最好的，好的游泳池的设计标准和建造要求他都符合，顺便还告诉主人B先生通常使用陈旧的过滤网，而C先生曾经丢下许多未完的工程，并且他现在正处于破产的边缘。接着又换了B先生进行，从他那里又了解到其他人所提供的水管都是塑胶管，他所提供的才是真正的铜管。C先生告诉主人的是，其他人所使用的过滤网都是品质低劣的，并且往往不能彻底做完，拿到钱之后就不管了，而他则是绝对做到保质保量。

谈判专家通过静静的倾听和旁敲侧击的提问，基本上弄清楚了游泳池的建筑设计要求及三位承包商的基本情况，发现C先生的价格最低，而B先生的建筑设计质量最好。最后他选中了B先生来建造游泳池，而只出C先生提供的价钱。经过一番讨价还价之后，谈判终于达成一致。

思考：美国这位谈判专家是如何在很短的时间内收集到有价值的信息并取得谈判成果的？

第一节 商务谈判的组织准备

组织结构决定系统的效率，高效的谈判团队是谈判成功的有力保障。作为一个商务谈判团队，其准备工作主要来自两个方面：团队成员的结构与规模。商务谈判的组织准备工作贯穿于商务谈判整个过程，目的是使资源成本最小化，使团队功能最大化。

首先，管理者需要明确谈判团队的人员构成原则：一方面，管理者需要选择具有良好的专业基础知识，并且能迅速有效的解决随后可能出现问题的人；另一方面，参加的谈判人员必须关系融洽、能求同存异。再者，要对谈判团队的规模进行有效控制。控制谈判团队的规模实质上就是如何搭建一个高效的谈判班子。

一、谈判组织的构成原则

(1) 知识能力互补。知识能力互补包含两层意思：一是谈判人员各具备自己专长的知识和能力，都是处理不同问题的专家，在知识能力方面相互补充，形成整体的优势。例如，谈判人员分别精通商务、外贸、金融、法律、专业技术等知识和能力，就会组成一支知识与能力全面而又各自精通一门专业的谈判队伍。二是谈判人员知识与工作经验的知识互补。例如，谈判队伍中既有高学历的知识型学者，也有身经百战具有丰富实践经验的谈判老手。高学历学者专家可以发挥理论知识和专业技术特长，有实践经验的人可以发挥见多识广、成熟老练的优势，这样将知识与经验互补，才能提高谈判队伍整体战斗力。

(2) 性格协调。谈判队伍中的谈判人员性格要互补协调，将不同性格人的优势发挥出来，互相弥补其不足，才能发挥出整体队伍的最大优势。性格活泼开朗的人，善于表达、反应敏捷、处事果断，但是性情可能比较急躁，看待问题也可能不够深刻，甚至会疏忽大意；性格稳重沉静的人，办事认真细致，说话比较谨慎，原则性较强，看问题比较深刻，善于观察和思考，理性思维比较明显，但是他们不够热情，不善于表达，反应相对比较迟钝，处理问题不够果断，灵活性较差。如果这两类性格的人组合在一起，分别担任不同的角色，就可以发挥出各自的性格特长，优势互补、协调合作。

(3) 层次分明、分工明确。谈判人员的构成应层次分明、分工明确。谈判班子每一个人都要有明确的分工，担任不同的角色；每个人都有自己特殊的任务，不能工作越位，角色混淆。遇到争论不能七嘴八舌争先恐后发言，该谁讲谁讲，要有主角和配角，要有中心和外围，要有台上和台下。谈判队伍要分工明确、纪律严明。当然，分工明确的同时要注意大家都要为一个共同的目标而通力合作，协同作战。

(4) 赋予谈判人员法人或法人代表资格。商务谈判是一种手段，目的是要达成协议，签订符合双方利益要求的合同或协议。整个谈判和协议签订的过程，都是依据一定的法律程序进行的。因此，谈判队伍中应有能够代表法人或法人代表资格的人员，拥有法人代表所具有的权利能力和行为能力，有权处理经济谈判活动中的相关事务。但作为法人或法人代表的代表，只能行使其权限范围以内的权力，如有越权行为，应由本人负完全责任。如谈判代表可以由作为法人代表的厂长、经理直接担任；也可委托本企业熟悉某项业务的业务人员代理或委托律师进行某项经济法律活动，但事先应有委托书，并注明代理人所负经济法律责任的内容、目的、要求和期限，也就是作为代表的法人身份证明书。

(5) 节约原则。一支谈判队伍，从参加谈判直到协议达成的整个过程，必然要支出一定的费用，其中很多费用甚至需要支付外汇。对外谈判费用的支出越多，负担越重，在组织谈判小组时，要充分考虑到这一点，以节省谈判费用的支出。值得注意的是，由于某些不正之风，在有些贸易谈判中，行政人员多于业务人员的现象还比较普遍，从而造成问题不能及时解决，谈判时间延长，谈判费用增加。

(6) 团队式规模。谈判队伍的具体人数如何确定，并没有统一的模式。一般商品的买卖谈判只需三四个人就行。如果谈判涉及的项目多、内容较复杂，则可分为若干项目小组进行谈判，适当增加人员，但最多不超过 8 人。国内外专家普遍认为，一个有效的谈判团队一般由 6 人构成，即主要由谈判管理者、经济人员、技术人员、法律人员、翻译人员、记录人员这六大人员构成。人员数量的搭配必须要适当，并适时做出修整，比如说在国内商务谈判中一般不需要翻译人员。总之，谈判人员的搭配必须与公司人力资源、谈判的目标、谈判的规模、谈判内容相适应，尽量避免多余的人员设置，力求成本最小化。在一些重要的招商引资谈判中，还会涉及更多、更广的专业知识，不仅要有商品知识、金融知识、运输知识，还必须懂得国际法律知识、国外的民族特点、风土人情等，有时还需要某些方面的国际问题专家，这种谈判组织不仅规格要高，人数也比较多，甚至超过 10 人，但是，这并不意味着谈判需要吸收所有相关专业的专家同时参加。为了控制人员规模，有时采取人员轮换的方法，当某几个人完成谈判任务，而又要转变谈判内容时，可以有准备地调换一个或几个谈判人员，而使总人数没有太大变化。同时，也可发挥"外脑"的作用，聘请专家作为顾问，或接受谈判班子的咨询，或为谈判人员献计献策。

二、谈判组织的构成

谈判队伍，也称谈判班子，是指参加一场商务谈判的全体人员组成的群体。组建好一支谈判队伍，是一场成功谈判的根本保证。做好谈判队伍的组建工作，要注意解决好两个基本问题。

(一) 谈判人员配备

一场商务谈判应配备多少人员才合适，应视谈判内容的繁简、技术性的强弱、时间的长短、我方人员谈判能力的高低以及对方谈判人员的多少来具体确定。每一个谈判成员不仅要精通自己专业方面的知识，对其他领域的知识也比较熟悉，这样才能彼此密切配合。如商务人员懂得一些法律、金融方面的知识；法律人员懂得一些技术方面的知识；技术人员懂得一些商务和贸易方面的知识等。

(1) 谈判队伍的领导。谈判队伍的领导负责整个谈判工作，领导谈判队伍，有领导权和决策权。有时谈判领导人也是主谈人。

(2) 商务人员。商务人员由熟悉商业贸易、市场行情和价格形势的业务专家担任。

(3) 技术人员。技术人员由熟悉生产技术、产品标准和科技发展动态的工程师担任，在谈判中负责对有关生产技术、产品性能、质量标准、产品验收、技术服务等问题的谈判，也可为商务谈判中价格决策做技术顾问。

(4) 财务人员。财务人员由熟悉财务会计业务和金融知识，具有较强财务核算能力的财会人员担任；职责是对谈判中的价格核算、支付条件、支付方式、结算货币等与财务相关的问题把关。

(5) 法律人员。法律人员由精通经济贸易各种法律条款，以及法律执行事宜的专职律师、法律顾问或本企业熟悉法律的人员担任；职责是做好合同条款合法性、完整性、严谨性的把关工作，也负责涉及法律方面的谈判。

(6) 翻译。翻译由精通外语、熟悉业务的专职或兼职翻译担任，主要负责口头与文字翻译工作，沟通双方意图，配合谈判运用语言策略。在涉外商务谈判中，翻译的水平将直接影响到谈判双方的有效沟通和磋商。

除以上几类人员之外，还可配备其他一些辅助人员，但是人员数量要适当，要与谈判规模、谈判内容相适应，尽量避免不必要的人员设置。

阅读：谈判队伍的金字塔阵形

第一层次：主谈人，一般为有一定身份和权力的负责人。

第二层次：懂行的专业人员，包括专业工程师、会计师、律师、商务人员等。

第三层次：翻译、速记员和打字员等。

(二) 谈判人员的分工与配合

谈判人员的分工是指每一个谈判者都有明确的分工，都有自己适当的角色，各司其职。谈判人员的配合是指谈判人员之间思路、语言、策略的互相协调，步调一致，要确定各类人员之间的主从关系、呼应关系和配合关系。

(1) 主谈与辅谈的分工与配合。所谓主谈是指在谈判的某一阶段，或针对某些方面的议题时的主要发言人，或称谈判首席代表；除主谈以外的小组其他成员处于辅助配合的位置上，故称之为辅谈或副谈。

主谈是谈判工作能否达到预期目标的关键性人物，其主要职责是将已确定的谈判目标和谈判策略在谈判中得以实现。主谈的地位和作用对其提出了较高的要求：深刻理解各项方针政策和法律规范，深刻理解本企业的战略目标和商贸策略，具备熟练的专业技术知识和较广泛的相关知识，有较丰富的商务谈判经验，思维敏捷，善于分析和决断，有较强的表达能力和驾驭谈判进程能力；有权威气度和大将胸怀，并能与谈判组织其他成员团结协作，默契配合，统领谈判队伍共同为实现谈判目标而努力。

主谈必须与辅谈密切配合才能真正发挥主谈的作用。在谈判中己方一切重要的观点和意见都应主要由主谈表达，尤其是一些关键的评价和结论更得由主谈表述，辅谈决不能随意谈个人观点或下与主谈不一致的结论。辅谈要配合主谈起到参谋和支持作用。例如，在主谈发言时，自始至终都应得到辅谈的支持，可以通过口头语言或人体语言做出赞同的表示，并随时拿出相关证据证明主谈观点的正确性。当对方集中火力，多人多角度刁难主谈时，辅谈要善于使主谈摆脱困境，从不同角度反驳对方的攻击，加强主谈的谈判实力。当主谈谈到涉及辅谈所熟知的专业问题时，辅谈应给予主谈更详尽、更充足的证据支持。例如在商务条款谈判时，商务人员为主谈，其他人员处于辅谈地位。但是进行合同商务条款谈判时，专业技术人员和法律人员应从技术的角度和法律的角度对谈判问题进行论证提供依据，给予主谈有力的支持。当然在谈判合同的商务条款时，有关商务条件的提出和对方条件的接受与否都应以商务主谈为主。主谈与辅谈的身份、地位、职能，不能发生角色越位，否则谈判就会因为己方乱了阵脚而陷于被动。

（2）"台上"和"台下"的分工与配合。在比较复杂的谈判中，为了提高谈判的效果，可组织"台上"和"台下"两套班子。台上人员是直接在谈判桌上谈判的人员，台下人员是为台上谈判人员出谋划策或准备各种必需资料和证据的人员。一种台下人员可以是负责该项谈判业务的主管领导，指导和监督台上人员按既定目标和准则行事，维护企业利益；也可以是台上人员的幕后操纵者，台上人员在大的原则和总体目标上接受台下班子的指挥，敲定谈判成交时也必须征得台下人员认可，但是台上人员在谈判过程中仍然具有随机应变的战术权力。另一种台下人员是具有专业水平的各种参谋，如法律专家、贸易专家、技术专家等，他们主要起参谋职能，向台上人员提供专业方面的参谋建议，台上人员有权对其意见进行取舍或选择。当然，台下人员不能过多、过滥，也不能过多地干预台上人员，要充分发挥台上人员的职责权力和主观能动性，及时地创造性地处理好一些问题，争取实现谈判目标。

三、谈判组织的管理

谈判组织，不仅要组建一支优秀的谈判队伍，还要通过有效的管理，使整个队伍朝着正确的方向有效地工作，实现谈判的最终目标。谈判组织的管理包括谈判组织负责人对谈判组织的直接管理和高层领导对谈判过程的宏观管理。

（一）谈判组织负责人对谈判组织的管理

（1）谈判组织负责人的挑选和要求。谈判组织负责人应当根据谈判的具体内容、参与谈判人员的数量和级别，从企业内部中挑选，可以是某一个部门的主管，也可以是企业最高领导。谈判组织负责人并不一定是己方主谈人员，但他是直接领导和管理谈判队伍的人。在选择组织负责人时要考虑以下几点：

① 具备较全面的知识和经验。谈判负责人本身除应具有较高的思想政治素质和业务素质之外，还必须掌握整个谈判涉及的多方面知识和相关经验。只有这样才能针对谈判中出现的问题提出正确的见解，制定正确的策略，使谈判朝着正确的方向发展。

② 具备果断的决策能力。当谈判遇到机遇或是遇到障碍时，能够敏锐地利用机遇，解决问题化解障碍，做出果断的判断和正确的决策。

③ 具备较强的管理能力。谈判负责人必须具备较强的沟通技能、授权技能、协调技能、激励技能等素质，使谈判队伍成为具备高度凝聚力和战斗力的集体。

④ 具备一定的权威地位。谈判负责人要具备权威性，有较大的权力，如决策权、用人权、否决权、签字权等；要有丰富的管理经验和领导威信，能胜任对谈判队伍的管理。谈判负责人一般由高层管理人员或某方面的专家担任，最好与对方谈判负责人具有相对应的地位。

（2）谈判组织负责人管理职责。其管理职责主要表现为以下几个方面：

① 负责挑选谈判人员，组建谈判班子，并就谈判过程中的人员变动与上层领导取得沟通和协调。

② 管理谈判队伍，协调谈判队伍各成员的心理状态和精神状态，处理好成员间的人际关系，增强队伍凝聚力，团结一致，共同努力，实现谈判目标。

③ 领导制定谈判执行计划，确定谈判各阶段目标和战略策略，并根据谈判过程中的实际情况灵活调整。

④ 主管己方谈判策略的实施，对具体的让步时间、幅度，谈判节奏的掌握，决策的时机和方案做出决策安排。

⑤ 负责向上级或者有关利益方汇报谈判进展情况，获得上级指示，贯彻执行上级的决策方案，圆满完成谈判使命。

(二) 高层领导对谈判过程的宏观管理

(1) 确定谈判的基本方针和要求。在谈判开始前，高层领导人应向谈判负责人和其他成员指出明确的谈判方针和要求，使谈判人员有明确的方向和工作目标。包括：谈判的使命和责任是什么？谈判的成功或失败将会给企业带来怎样的影响？谈判的必达目标是什么？满意目标是什么？谈判的期限是多长？谈判中哪些是可以由谈判班子根据实际情况自行裁决的，哪些问题是必须请示上级才可以决定的？以上诸问题都要明确，使得每个谈判者心中有数、目标明确。

(2) 进行谈判的过程管理。高层领导应与谈判者保持密切联系，随时给予谈判人员指导和调控。谈判内外的情况在不断发展变化，有时谈判桌上有些重要决策需要高层领导批准；有时谈判外部形势发生变化、企业决策有重大调整，高层领导要给予谈判者及时指导或建议，发挥出指挥谈判队伍的作用。一般来说，在遇到下述情况时，就有关问题与谈判人员进行联系是十分必要的。

① 谈判桌上出现重大变化，与预料的情况差异很大，交易条件变化已超出授权界限时，需要高层领导做出策略调整，确定新的目标和策略。

② 企业本部或谈判班子获得某些重要的新信息，需要对谈判目标、策略做重大调整时，高层领导应及时根据新信息做出决定，授权谈判班子执行。

③ 谈判队伍人员发生变动时，尤其是主谈发生变动时，要任命新的主谈，并明确调整后的分工职责。

(3) 适当干预谈判。当谈判陷入僵局时，高层领导可以主动出面干预，可以会见谈判对方高层领导或谈判班子，表达友好合作意愿，调解矛盾，创造条件使谈判走出僵局，顺利实现理想目标。

第二节　谈判前的调查研究

英国著名哲学家弗朗西斯·培根在《谈判论》一文中所说："与人谋事，则须知其习性，以引导之；明其目的，以劝诱之；谙其弱点，以威吓之；察其优势，以钳制之。与奸猾之人谋事，唯一刻不忘其所图，方能知其所言；说话寡少，且须出其最不当意之际。于一切艰难的谈判之中，不可存一蹴而就之想，唯徐而图之，以待瓜熟蒂落。"在谈判中也是一样，只有收集可靠、全面的有关情报(信息和资料)，才能采用相应的谈判策略、方法，才能有针对性地制定相应的谈判方案和计划。

导入案例：一场没有硝烟的交战

日商举办的农业加工机械展销会上展出的正是国内几家工厂急需的关键性设备，于是某公司代表与日方代表开始谈判。

按惯例，卖方首先报价：1000 万日元。我方马上判断出其价格的"水分"，并且对这类产品的性能、成本及在国际市场上销售行情了如指掌，暗示生产厂家并非你独此一家。最终中方主动提出休会，给对方一个台阶。当双方重又坐在谈判桌旁时，日方主动削价 10%，我方据该产品近期在其他国家行情，认为 750 万日元较合适，日商不同意，最后我方根据掌握的信息及准备的一些资料，让对方清楚，除他外还有其他一些合作伙伴。在我方坦诚、有理有据的说服下，双方最终握手成交。

思考：我方取得谈判成功的秘密是什么？

一、商务谈判信息的作用

(1) 有助于制定谈判战略。通过谈判前的调查研究，掌握与本次谈判有关的各种客观环境因素的状况和变动趋势，并对这些情况进行分析，有助于制定谈判的战略，为制定谈判方案提供依据。

(2) 有助于加强谈判沟通。沟通是人与人之间、人与群体之间思想、感情与信息的传递和反馈的过程，以求思想达成一致和感情的通畅。人与人的沟通过程包括输出者、接受者、信息、渠道等四个主要因素。信息的采集、传送、整理、交换，无一不是沟通的过程。通过沟通，交换有意义、有价值的各种信息，生活中的大小事务才得以开展。因此，在商务谈判中，了解充分的信息，有效地传递这些信息，能提高人的沟通质量，而积极地获得这些信息更会提高谈判的竞争优势。

(3) 有助于控制谈判过程。通过调查研究，可以对对方的资信情况、合作意愿、谈判作风、谈判期限等情况有所了解，做到"知彼"；对己方的谈判实力做客观的评价，理清自己的思想，做到"知己"。对于谈判人员来说，高估或低估自己的谈判实力，都是有害的。因为过高地估计自己的实力，容易产生轻敌情绪；而过低估计自己的实力，则易于怯场，不敢去争取自己可能得到的利益。通过谈判前的调查研究，能客观地评价己方的谈判实力，分析己方在谈判中的优势和薄弱环节，使己方谈判人员在谈判中能够目标明确，思路清晰。在商务谈判中，如果谈判信息不真实，就会误导谈判过程；如果谈判信息传递迟缓，就会延误时机；如果谈判信息反馈不足，就会造成谈判过程的失控。

二、谈判前调查研究的要求

(1) 调查研究要有明确的目的性，不可漫无边际。
(2) 资料的搜集要全面，要能反映经济活动的全貌，不能支离破碎。
(3) 对资料的分析要科学、客观，不能主观随意，乱下结论。
(4) 根据不同的情况，选择不同的调查方法。

三、调查研究的基本内容

在开始谈判前，要应对哪些方面进行调查，是由这次谈判的具体内容和要求决定的，换言之，不同内容的商务谈判，其调查研究的内容也应有所不同。比如：如果要进行货物买卖谈判，一般要调查该商品的质量、性能、价格、销售、竞争、需求、对方资信以及有关法规等方面的情况；如果要进行合资、合作企业谈判，则应对合营对方的资信、产品的原料来源、销售情况、技术设备和性能、国内能源、运输、基础设施、环境保护、投资效益等方面进行调查。这里很难把各类商务谈判所应调查研究的内容一一加以详述，只能对一些共性的内容加以说明。

(1) 收集政策导向等环境信息。这里所说的环境信息主要包括国家、地方的各种政策、法律、法规，政治状况，宗教信仰，社会习俗等内容。

要了解政治、经济形势的变动情况。在进行谈判前，应对影响本次交易的政治、经济形势，尤其是双方国家的政治、经济形势的变动情况进行详细的调查。比如：会不会发生政局动荡；两国关系是否紧张；国际经济形势的变动趋势；政府有没有采取一些新的贸易管理措施等。

要了解与本次谈判内容有关的国际惯例。在谈判前应对与谈判内容有关的国际惯例、国际公约的内容及修改变动的情况进行掌握，以便双方在对合同的有关条款进行谈判时，能参照有关的国际惯例和国际公约，简化双方的讨论，而且在签约以后，比较容易获得双方政府的批准。

要了解双方国家与本次谈判内容有关的法律规定。例如：对谈判标的的税收，进口配额、最低限价，许可证管理等方面的法律规定，这些都会对合同产生法律约束力。在商务谈判前，应对与本次交易有关的法律规定的具体内容和变动情况进行掌握，以便供谈判时参考。

要了解国内的有关政策法规。改革开放以来，我国在健全法制方面取得了很大的成绩，各项经济法规正在配套完善。有的地区和部门根据国家的有关法律规定，结合本地区、本部门的实际，还制定了相应的法令或条例。这些政策法规都是规范当事人行为的依据，因此，在谈判以前也应做必要的了解。

要了解当地的宗教信仰和社会习俗。在人与人的交往中，熟悉和了解交往对象的宗教信仰、习俗礼仪是非常有必要的，这能让你在与客户交往以及后续的感情深入中，可以投其所好、避其禁忌。这是商务活动人员必须要学会的知识和行为。详细内容后面章节将予以介绍。

(2) 市场信息。这里所说的市场信息，主要是调查谈判标的在市场上的需求情况、销售情况和竞争情况等方面的内容。

第一、需求情况。包含市场上该产品的市场需求总量、需求结构、需求的满足程度以及潜在的需要量等方面的情况。通过调查摸清市场上消费者的消费心理和消费需求，掌握消费者对该产品或服务的消费意向，客观估计该产品或服务的竞争力，以利于和谈判对手讨价还价，取得更好的经济效益。

第二、销售情况。包括该类产品在过去几年的销售量、销售总额以及价格变动情况；该类产品在当地生产和输入的变动趋势等。通过对销售情况的调查，可以使谈判者大体上掌握市场容量，确定产品的销售数量或购进数量。

第三、竞争情况。包含市场上竞争对手的数目、生产规模、产品性能、价格水平等；竞争对手所使用的销售组织形式、所提供的售后服务、竞争产品的市场占有率等。通过调查，谈判者能够掌握竞争对手的基本情况，寻找他们的弱点，预测己方产品的竞争能力，在谈判中灵活掌握价格水平。

(3) 对手信息。

第一、资信情况。调查谈判对手的资信情况，一是要调查对方是否具有签订合同的合法资格；二是要调查对方的资本、信用和履约能力。

在对对方的合法资格进行调查时，我们可以要求对方提供有关的证明文件，比如：成立地注册证明、法人资格证明等；也可以通过其他的途径去进行了解和验证。

对对方的资本、信用和履约能力的调查，资料来源可以是公共会计组织对该企业的年度审计报告，也可以是银行、资信征询机构出具的证明文件或其他渠道提供的资料。

第二、对方的谈判作风。谈判作风是指谈判者在多次谈判中所表现出来的一贯风格。了解谈判对手的谈判作风，对预测谈判的发展趋势和对方可能采取的策略，以及制定己方的谈判策略，可提供重要的依据。

谈判作风因人而异，千差万别。按谈判者在谈判中所采取的态度不同可以划分为三种类型：强硬型、温和型、原则型。我们可以通过对谈判对手的年龄、职务、性格特征、谈判双方的实力对比等方面进行分析，通过在谈判中的接触观察或通过向与对方打过交道的人进行了解等途径，对对手的谈判作风进行分析。

第三、对手对己方的信任程度。这主要是了解对方对己方的经营能力、财务状况、付款能力、谈判能力、商业信誉等方面的评价。通过对这些情况的了解，可以更好地设计谈判方案，争取主动。

(4) 己方条件。即对本次交易中己方的各项条件进行客观的分析。例如：本次交易对我方的重要性，竞争对手及其情况，己方在竞争中所处的地位，己方对有关商业行情的了解程度，对谈判对手的了解程度，己方谈判人员的经验等。

通过对己方的各方面条件进行客观的分析，有助于我们弄清己方在谈判中的优势和薄弱环节，从而有针对性地制定谈判策略，以便在谈判时能扬长避短。

四、调查方式选择

(1) 大众传播媒介。作为资料的来源，利用率最高的是报纸杂志。各种报纸杂志上都可能有你所需要的信息。因此，平时应尽可能多地订阅有关报纸杂志，并分工由专人保管、收集、剪辑和汇总。

(2) 专门机构。比如：公共关系公司、咨询公司等。如果是有关国际方面的情况，可向我国驻外使馆商务处、各大公司驻外商务机构等团体了解，他们那里存有许多所在国大企业的赠阅资料及他们所收集的各种情报。

(3) 各类专门会议。比如：各类商品交易会、展览会、订货会、博览会等。这类会议都是某方面、某组织的信息密集之处。

(4) 知情人员。比如：采购员、推销员、老客户、出国考察人员、驻外人员等，这些人所获得的大量感性材料是非常珍贵的。尤其值得一提的是，要善于从对方的雇员中，从对方的伙伴中获取、收集信息。

(5) 自己建立的情报网。本组织或本单位可以专门设立调查员，或由推销员兼任。这些人有强烈的信息情报意识，反应较为灵敏，可以及时搜集到各种信息。

(6) 网络。通过经济、技术网站收集信息；利用搜索引擎检索信息；在相关网站查看信息；在专业网站查找信息；从相关的论坛、社区、BBS 收集信息；通过在线问卷调查收集原始信息。

总之，在谈判之前，应通过各种渠道、方式，尽可能多地搜集到情报，并经过科学的分析、整理、筛选，为科学地制定谈判计划，提供可靠的依据。

第三节　谈判方案的制定

谈判方案是指在谈判开始前对谈判主题、目标、议程、对策等预先所做的谈判计划。谈判方案的制定可根据谈判的规模、重要程度的不同而定，内容可多可少、可简可繁。谈判方案是指导谈判人员行动的纲领，在整个谈判过程中起着重要的作用。

一个好的谈判方案必须要做到简明、具体、灵活。谈判方案简明，目的是便于谈判人员记住其主要内容与基本原则，以使他们能根据方案的要求与对方周旋；不过，这里的简明必须与谈判的具体内容相结合，以谈判的具体内容为基础，否则，将会使谈判方案显得空洞和含糊；此外，谈判方案还必须有弹性，以使谈判人员能在谈判过程中根据具体情况采取灵活措施。一般说来，一个谈判方案应包括以下主要内容。

导入案例：谈判的目标

日商举办的农业加工机械展销会上展出的正是国内几家工厂急需的关键性设备，于是某公司代表与日方代表开始谈判。

按惯例，卖方首先报价：1000 万日元。我方马上判断出其价格的"水分"，并且对这类产品的性能、成本及在国际市场上销售行情了如指掌，暗示生产厂家并非你独此一家。最终中方主动提出休会，给对方一个台阶。当双方重又坐在谈判桌旁时，日方主动削价 10%，我方据该产品近期在其他国家行情，认为 750 万日元较合适，日商不同意，最后我方根据掌握的信息及准备的一些资料，让对方清楚，除他外还有其他一些合作伙伴。在我方坦诚、有理有据的说服下，双方最终握手成交。

思考：日方的三个目标层次是什么？

一、谈判主题和目标的确定

谈判主题即谈判的内容概要，是谈判活动的中心，整个谈判过程都应紧紧地围绕这个主题进行。谈判目标是谈判本身内容的具体要求，就是谈判主题的具体化，它是对谈判所要达到结果的设定，是指导谈判的核心。比如：商品贸易谈判的谈判目标包括：商品品质目标、商品数量目标、商品价格目标、支付方式目标、保证期目标、交货期目标、商品检验目标等方面。

任何一场谈判都应以目标的实现为导向，因而，谈判准备工作的关键是确立目标。谈判目标一般可以分为三个层次：

第一、必须达到的目标，也叫最低目标或基本目标。它是己方在商务谈判中的最低目标，没有讨价还价的余地，宁可谈判破裂，也不能放弃这一目标。

第二、争取的目标，也称为可以接受的目标。它是谈判中可以努力争取或者可以做出让步的范围(可变区间)，双方的讨价还价多在这一层次里展开。只有在万不得已时方可考虑放弃。

第三、期望目标，也叫最高目标。它是己方在谈判中追求的最理想的目标，谈判者应该追求，当然，必要时是允许放弃的。

二、谈判议程的安排

谈判议程即谈判的议事日程，它主要是说明谈判时间的安排和双方就哪些内容展开谈判。议程包括通则议程和细则议程，通则议程由谈判双方共同使用，细则议程供己方使用。谈判之初，一般应首先将谈判议程确定下来。谈判议程的商定，实质上也是谈判的内容，因为议程本身如何将会决定谈判者在以后的工作中是否有主动性，将会决定谈判的最终成果。

(一) 谈判的时间安排

谈判总是在一定的时间内进行的。这里所讲的谈判时间是指一场谈判从正式开始到签订合同时所花费的时间。在一场谈判中，时间有三个关键变数。

(1) 开局时间。也就是说，选择什么时候来进行这场谈判。它的得当与否，有时会对谈判结果产生很大影响。如果谈判小组在经过了长途跋涉，喘息未定之时，马上就投入紧张的谈判之中，这就很容易因为车马劳顿而导致精神难以集中，记忆和思维能力下降而误入对方圈套。所以，我们应该注重选择适当的开局时间。

一般说来，谈判在选择开局时间时，要考虑以下几个方面的因素：

首先，准备的充分程度。俗话说："不打无准备之仗"，在安排谈判开局时间时也要注意给谈判人员留有充分的准备时间，避免仓促上阵。

其次，谈判人员的身体和情绪状况。谈判是一项精神高度集中，体力和脑力消耗都比较大的工作，要尽量避免在身体不适、情绪不佳时进行谈判。

再者，谈判的紧迫程度。尽量不要在自己急于买进或卖出某种商品时才进行谈判，如避免不了，应采取适当的方法隐蔽这种紧迫性。

最后，考虑谈判对手的情况。不要把谈判安排在让对方明显不利的时间进行，因为这样会招致对方的反对，引起对方的反感。

(2) 间隔时间。一场谈判极少是一次磋商就能完成的，大多数的谈判都要经历过数次的磋商洽谈才能达成协议。这样，在经过多次磋商没有结果但双方又都不想中止谈判的时候，一般都会安排一段暂停时间，让双方谈判人员暂作休息，这就是谈判的间隔时间。

谈判间隔时间的安排，往往对舒缓紧张气氛、打破僵局具有很明显的作用。比如：在谈判双方出现了互不相让，紧张对峙的时候，双方宣布暂停谈判两天，由东道主安排旅游、娱乐节目，在友好、轻松的气氛中，双方的态度、主张都会有所改变，结果，在重新开始谈判以后，就容易互相让步，达成协议了。当然，也有谈判的某一方经过慎重的审时度势，利用对方要达成协议的迫切愿望，有意拖延间隔时间，迫使对方主动让步。

(3) 截止时间。截止时间是指一场谈判的最后限期。一般来说，一场谈判总不可能没完没了地进行下去，总有一个结束谈判的具体时间。而谈判的结果却又往往是在结束谈判前的那一点点时间里才出现的。因此，如何把握这截止时间去获取谈判的成果，是谈判中一种绝妙的艺术。

截止时间是谈判的一个重要因素，它往往决定着谈判的战略。首先，谈判时间的长短，往往迫使谈判者决定选择克制性策略还是速战速决策略。同时，截止时间还构成对谈判者本身的压力。由于必须在一个规定的期限内做出决定，因此这将给谈判者本身带来一定的压力。而谈判中处于劣势的一方，往往在限期到来之前，对达成协议承担着较大的压力，他往往必须在限期到来之前，在做出让步、达成协议、中止谈判、交易不成之间做出选择，一般说来，大多数的谈判者总是想达成协议的，为此，往往他们唯有做出让步的可能了。

(二) 谈判议程的步骤设计

1．确定谈判议题

确定议题就是根据谈判目标，将与之相关的问题罗列出来，尽量不要遗漏，以免在以后的进程中留下不必要的遗憾。在确定议题时，应尽可能将己方议题列入议程。对方也会提出相应的谈判议题，如果双方议题吻合，基本上就可以将议题确定下来，如果双方差距较大，则需要对哪些议题可列入议程进行讨论，具体操作步骤有三：第一步是把与本谈判有关的所有问题罗列出来，尽可能不遗漏；第二步是根据对本方利益是否有利的标准，将所列出的问题进行分类；第三步是尽可能将对本方有利和对本方危害不大的问题列入谈判的议题，而将对本方不利或危害大的问题排除在谈判的议题之外。

2．确定谈判的原则框架

谈判议题确定以后，还应确定谈判中双方解决问题的原则框架。所谓原则框架，就是在整个谈判过程中遵守的解决问题的准则和框架性方案，它可以为以后问题的解决提供大方向和制约条件。

3．确定议题的先后顺序

原则框架确定以后，双方就应着手讨论各个细节议题的先后顺序。一般情况下，议题顺序的商定有三个基本原则，即逻辑原则、捆绑原则和先易后难原则。所谓逻辑原则是指如果议题间存在逻辑关系的话，排序应该按照逻辑关系的先后进行。由于议题太多，则如果部分议题间存在非常强的相关性或类似性，就可以将这几个相关的议题放在一起谈，这就是相关捆绑原则。先易后难原则是在议题间不存在上述关系的情况下，先从容易的议题开始谈，待双方进入状态以后再讨论比较难的议题，这一原则强调与议题的重要程度无关，可能先谈重要的议题，也可能先谈不重要的议题。需要注意的是，议题先后顺序的三个原则也是有逻辑性的，即三个原则发生矛盾的时候，第二个原则服从于第一个原则，第三个原则服从于前两个原则。

4．议题的时间安排

每个谈判议题需要多少时间进行谈判是议程商定中的又一个问题。至于每个问题安排多少时间来讨论才合适，应视问题的重要性、复杂程度和双方分歧的大小来确定。一般来说，对重要的问题、较复杂的问题、双方意见分歧较大的问题占用的时间应该多一些，以便让双方能有充分的时间对这些问题展开讨论。谈判议程的安排与谈判策略、谈判技巧的运用有着密切的联系，从某种意义上来讲，安排谈判议程本身就是一种谈判技巧。因此，我们要认真检查议程的安排是否公平合理，如果发现不当之处，就应该提出异议，要求修改。

议程本身只是双方共同商定的计划，不是固定不变的，在谈判开始以后，如果我方意识到议程中存在缺陷以后，应及时提出来，要求更改议程。

(三) 己方拟定谈判议程时应注意的几个问题

(1) 谈判的议程安排要依据己方的具体情况，在程序安排上能扬长避短，也就是在谈判的程序安排上，保证己方的优势能得到充分的发挥。

(2) 议程的安排和布局要为自己出其不意地运用谈判策略埋下契机。对一个谈判老手来说，是决不会放过利用拟定谈判议程的机会来运筹谋略的。

(3) 谈判议程内容要能够体现己方谈判的总体方案，统筹兼顾，引导或控制谈判的速度，以及己方让步的限度和步骤等。

(4) 在议程的安排上，不要过分伤害对方的自尊和利益，以免导致谈判的过早破裂。

(5) 不要将己方的谈判目标，特别是最终谈判目标通过议程和盘托出，使己方处于不利地位。

当然，议程由自己安排也有短处。己方准备的议程往往透露了自己的某些意图，使对方可分析猜出，从而在谈判前拟定对策，使己方处于不利地位。同时，对方如果不在谈判前对议程提出异议而掩盖其真实意图，或者在谈判中提出修改某些议程，容易导致己方被动甚至谈判破裂。

(四) 对方拟定谈判议程时己方应注意的几个问题

(1) 未经详细考虑后果之前，不要轻易接受对方提出的议程。

(2) 在安排问题之前，要给自己充分的思考时间。

(3) 详细研究对方所提出的议程，以便发现是否有什么问题被对方故意摒弃在议程之外，或者作为用来拟定对策的参考。

(4) 千万不要显出你的要求是可以妥协的，应尽早表示你的决定。

(5) 对议程不满意，要有勇气去修改，决不要被对方编排的议程束缚住手脚。

(6) 要注意利用对方议程中可能暴露的对方谈判意图，后发制人。

一个好的谈判议程，应该能够驾驭谈判，就好像双方作战一样，成为己方纵马驰骋的缰绳。当然，议程只是一个事前计划，并不代表一个合同。如果任何一方在谈判开始之后对它的形式不满意，那么就必须有勇气去修改，否则双方都负担不起因为忽视议程而导致的损失。

三、谈判对策的选择

谈判桌上风云变幻，任何情形都会发生，而谈判又是有时间限制的，不容许无限期地拖延谈判日程。这就要求我们在谈判之前，对整个谈判过程中双方可能做出的一切行动给出正确的估计，并选择相应的对策。

为了使我们的估计更接近实际情况，在谈判开始前，我们可组织有关人员根据本次谈判的外部环境(如政治、经济、法律、技术、时间、空间等)、双方的具体情况(如谈判能力、经济实力、谈判目标等),对谈判中双方的需要、观点以及对对方某项建议的反应等问题进行讨论,并针对不同的情况选择相应的对策。

　　当然,任何一种估计都可能是错误的,这就要求我们不仅在分析、讨论问题时必须要以事实为依据,按照正确的逻辑思维来进行,而且在谈判过程中,也要注意对谈判对手的观察和对谈判形势进行分析判断,对原定的对策进行验证和修改,结合具体情况灵活运用,才能收到理想的效果。

第四节　谈判的地点选择和现场布置

一、谈判地点的选择

　　谈判地点的选择会对谈判中的战术运用产生影响。选择地点时,要考虑许多因素,包括便利程度、中立性、会议设施等。一般而言,谈判地点可以选择在己方根据地(主场),对方根据地(客场),或者是两者之外的中立地(中立场)。这三种选择各有利弊。

(一) 主场谈判的优缺点

优点:

(1) 谈判时可以自由使用各种场所;

(2) 以逸待劳,无需分心去熟悉或适应环境;

(3) 可以充分利用资料,如果需要深入研究某个问题时,还可随时搜集和查询有关资料;

(4) 谈判遇到意外时,可以直接向上级或专家请示。

缺点:

(1) 谈判可能要受到其他事务的干扰;

(2) 要承担繁琐的接待工作;

(3) 对方对他们的责任和义务容易找借口逃避。

(二) 客场谈判的优缺点

优点:

(1) 己方可以全心全意投入谈判,不受或少受干扰;

(2) 能越级同对方的上司直接谈判,避免对方节外生枝;

(3) 现场观察对方的经营情况,易于取得第一手资料;

(4) 必要时可以推说资料不全而拒绝提供情报资料。

缺点:

(1) 在谈判中遇到意外时和上级沟通比较困难;

(2) 临时需要有关资料不如主场方便;

(3) 不容易做好保密工作。

(三) 中立场评价

在中立场谈判可使双方心理上感觉更为公平，有利于缓和双方的关系。但由于双方都远离自己的根据地，会给谈判的物质准备、资料收集、与上级的信息沟通等方面带来诸多不便，因而在商务谈判中较少使用。

二、谈判现场的布置

谈判的环境影响人的感知和注意力，谈判现场的布置，会影响谈判的气氛。选择谈判环境，一般看自己是否感到有压力，如果有，说明环境是不利的。不利的谈判场合包括：嘈杂的声音、极不舒适的座位、谈判房间的温度过高或过低、不时地有外人搅扰、环境陌生而引起的心力交瘁感以及没有与同事私下交谈的机会等。这些环境因素会影响谈判者的注意力，从而影响谈判。

从礼仪角度讲，为合作方或谈判者布置好谈判环境，使之有利于双方谈判的顺利进行。一般来说，应考虑到以下几个因素：

(1) 光线。可利用自然光源，也可使用人造光源。利用自然光源即阳光，应备有窗纱，以防强光刺目；使用人造光源时，要合理配置灯具，使光线尽量柔和一些。

(2) 声响。室内应保持宁静，使谈判能顺利进行。房间不应临街，不在施工场地附近，门窗应能隔音，周围没有电话铃声、脚步声等噪音干扰。

(3) 温度和湿度。室内最好能使用空调机和加湿器，以使空气的温度与湿度保持在适宜的水平上。温度在 20℃，相对湿度在 40%～60% 之间最合适。一般情况下，也至少要保证空气的清新和流通。

(4) 色彩。室内的家具、门窗、墙壁的色彩应力求和谐一致，陈设安排应实用美观，留有较大的空间，以利于人的活动。

(5) 装饰。谈判活动的场所应洁净、典雅、庄重、大方。宽大整洁的桌子，简单舒适的座椅、沙发，墙上可挂几幅风格协调的书画，室内也可装饰有适当的工艺品、花卉、标志物，但不宜过多过杂，以求简洁实用。

在谈判中要想获得对方的合作意向，座位的安排也有学问。谈判双方应该是面对面坐着，还是采取某种随意的座次安排，反映着不同的意义。

在商务谈判中，双方的主谈者应该居中坐在平等而相对的位子上，谈判桌应该是长而宽绰、明镜而考究的，其他谈判人员一般分裂两侧而坐。这种座位的安排通常显示出正式、礼貌、尊重、平等。

如果是多边谈判，则各方的主谈者应该围坐于圆桌相应的位子，圆桌通常较大，也可分段而置，翻译人员及其他谈判工作人员一般围绕各自的主谈者分列两侧而坐，也可坐于主谈者的身后。

无论是双边谈判还是多边谈判，桌子和椅子的大小应该与环境和谈判级别相适应，会议厅越大或谈判级别越高，桌子和椅子通常也应相应较大、较宽绰。反之，就会对谈判者心理带来压抑感或不适。

与长方形谈判桌不同，圆形谈判桌通常给人以轻松自在感。因此，在一些轻松友好的会见场所一般采用圆桌。

不论是方桌还是圆桌，都应该注意座位的朝向。一般习惯认为面对门口的座位最具影响力，西方人往往习惯认为这个座位具有权力感，中国人习惯称此座位为"上座"，而背朝门口的座位最不具影响力，西方人一般认为这个座位具有从属感，中国人习惯称此座位为"下座"。

如果在谈判中想通过座位的安排暗示权力的高下，较好的办法是在座位上摆名牌，指明某人应当就座于某处，这样就可对每个人形成某种影响力。按照双方在各自团体中地位高低的顺序来排座，也是比较符合社交礼仪规范的。

座位编排与会议成效的高低具有密切的关系。除了座位的安排之外，在布置场地时，你仍须注意以下几项：

(1) 应先决定准不准在会场吸烟。倘若准予吸烟，则应准备烟灰缸。倘若不准吸烟，则不能让烟灰缸在会场中出现，此外，最好能在会场中张贴不准吸烟的标志或文字。当与会人数众多时，也可以按实际需要，将座位区分为吸烟区及非吸烟区。

(2) 如与会者之间彼此并不熟悉，则应考虑是否事先准备姓名卡片。

(3) 准备视听器材。黑板(白板)、白报纸、幻灯机、投影机与放映机等应该被视为一般会议可借用的基本工具。但要特别注意的是，幻灯机、投射机与放映机所投射出来的文字或图形，应让全部与会者都能看清楚，而且它们应准备就绪以便随时启用。

(4) 除非是较长的会议(超过一个半小时的会议)，否则尽量不要提供茶点，以防与会者分心。

(5) 当议程甚短且无需做记录时，可考虑采取站立的方式开会。

不论对会议的规划有多详尽，不论对会议的准备工作有多周全，倘若在开会前对会场不做最后的审视，都可能会功亏一篑。墨飞法则之中有一则很具警惕性，假如有任何事情可能出纰漏，则一定会出纰漏，而且就在最不应该出纰漏的时候出纰漏。基于此，在开会前的半个小时至一个小时，最好是亲自或是派人到会场审视以下四件事是否做好：座位是否按原定计划编排？视听器材是否准备妥当？会议有关的资料是否齐全？必要的时候，再致电与会者，提醒他们开会时间及地点。特别是在会议通知已发出去很久的情况下，开会前的提醒颇能产生实效。

最后，谈判是艰苦复杂，耗费体力、精力的一种交际活动。因此，用膳、住宿安排也是会谈的内容。东道国一方对来访人员的食宿安排应周到细致、方便舒适，但不一定要豪华、阔气，可以按照国内或当地的标准条件招待即可。许多外国商人，特别是发达国家的客商，十分讲究时间、效率，反而不喜欢繁琐冗长的招待仪式，但适当组织客人参观游览，参加文体娱乐活动也是十分有益的，它不仅很好地调节了客人的旅行生活，也增进了双方的私下接触。双方关系融洽的这一有利形式，有助于谈判的进行。

第五节　模　拟　谈　判

所谓模拟谈判，也就是正式谈判前的"彩排"。它是商务谈判准备工作中的最后一项内容。它是从己方人员中选出某些人扮演谈判对手的角色，提出各种假设和臆测，从对手的谈判立场、观点、风格等出发，和己方主谈人员进行谈判的想象练习和实际表演。

一、必要性分析

在谈判准备工作的最后阶段，企业有必要为即将开始的谈判举行一次模拟谈判，以检验自己的谈判方案，而且也能使谈判人员提早进入实战状态。模拟谈判的必要性表现在以下几个方面：

(一) 提高应对困难的能力

模拟谈判可以使谈判者获得实际性的经验，提高应对各种困难的能力。很多成功谈判的实例和心理学研究成果都表明，正确的想象练习不仅能够提高谈判者的独立分析能力，而且在心理准备、心理承受、临场发挥等方面都是很有益处的。在模拟谈判中，谈判者可以一次又一次地扮演自己，甚至扮演对手，从而熟悉实际谈判中的各个环节。这对初次参加谈判的人来说尤为重要。

(二) 检验谈判方案是否周密可行

谈判方案是在谈判小组负责人的主持下，由谈判小组成员具体制定的。它是对未来将要发生的正式谈判的预计，这本身就不可能完全地反映出正式谈判中出现的一些意外事情。同时，谈判人员受到知识、经验、思维方式、考虑问题的立场、角度等因素的局限，使得谈判方案的制定难免会有不足之处和漏洞。事实上，谈判方案是否完善，只有在正式谈判中方能得到真正检验，但这毕竟是一种事后检验，发现问题往往为时已晚。模拟谈判是对实际正式谈判的模拟，与正式谈判比较接近，因此，能够较为全面严格地检验谈判方案是否切实可行，检查出谈判方案存在的问题和不足，从而及时修正和调整谈判方案。

(三) 训练和提高谈判能力

模拟谈判的对手是自己的人员，对自己的情况十分了解，这时站在对手的立场上提问题，有利于发现谈判方案中的错误，并且能预测对方可能从哪些方面提出问题，以便事先拟定出相应的对策。对于谈判人员来说，能有机会站在对方的立场上进行换位思索，是大有好处的。正如美国著名企业家维克多金姆说的那样："任何成功的谈判，从一开始就必须站在对方的立场来看问题。"这样角色扮演的技术不但能使谈判人员了解对方，也能使谈判人员了解自己，因为它给谈判人员提供了客观分析自我的机会，注意到一些容易忽视的失误。例如，在与外国人谈判时，使用过多的本国俚语、缺乏涵养的面部表情、争辩的观点含糊不清等。

二、内容

模拟谈判的内容就是实际谈判中的内容，但为了更多地发现问题，模拟谈判的内容往往更具有针对性。根据模拟谈判的内容的选择与确定，不同类型的谈判也有所不同。如果这项谈判对企业很重要，谈判人员面对的又是一些新的问题，以前从未接触过对方谈判人员的风格特点，并且时间又允许，那么，模拟谈判的内容应尽量全面一些。相反，模拟谈判的内容也可少一些。

(一) 拟定假设

要使模拟谈判做到真正有效，还有赖于拟定正确的假设条件。拟定假设是指根据某些既定的事实或常识，将某些事物承认为事实，不管这些事物现在(及将来)是否发生，仍视其为事实进行推理。依照假设的内容，可以把假设条件分为三类，即对客观世界的假设、对谈判对手的假设和对己方的假设。

在谈判中，常常由于双方误解事实真相而浪费大量的时间，也许曲解事实的原因就在于一方或双方假设的错误。因此，谈判者必须牢记，自己所做的假设只是一种推测，如果把假设奉为必然去谈判，将是非常危险的。

拟定假设的关键在于提高假设的精确度，使之更接近事实。为此，在拟定假设条件时要注意：让具有丰富谈判经验的人做假设，这些人身经百战，提出假设的可靠度高；按照正确的逻辑思维进行推理，遵守思维的一般规律；以事实为基准，所拟定的事实越多、越全面，假设的准确度就越高；正确区分事实与经验、事实与主观臆断，只有事实才是靠得住的。

(二) 方式

1. 组成代表对手的谈判小组

如果时间允许，可以将自己的谈判人员分成两组，一组作为己方的谈判代表，一组作为对方的谈判代表；也可以从企业内部的有关部门抽出一些职员组成另一谈判小组。但是，无论用哪种办法，两个小组都应不断地互换角色。这是正规的模拟谈判，此方式可以全面检查谈判计划，并使谈判人员对每个环节和问题都有一个事先的了解。

2. 让一位谈判成员扮演对手

如果时间、费用和人员等因素不允许安排一次较正式的模拟谈判，那么小组负责人也应坚持让一位人员来扮演对方，对企业的交易条件进行磋商、盘问。这样做也有可能使谈判小组负责人意识到是否需要修改某些条件或者增加一部分论据等，而且也会使企业人员提前认识到谈判中可能出现的问题。

(三) 总结

模拟谈判的目的在于总结经验、发现问题、提出对策、完善谈判方案。因此，模拟谈判的总结是必不可少的。模拟谈判的总结应包括以下内容：

(1) 对方的观点、风格、精神。

(2) 对方的反对意见及解决办法。

(3) 自己的有利条件及运用状况。

(4) 自己的不足及改进措施。

(5) 谈判所需情报资料是否完善。

(6) 双方各自的妥协条件及可共同接受的条件。

(7) 谈判破裂与否的界限。

思考题与案例分析

一、思考题

1. 谈判前调查研究的目的是什么？有哪些要求？
2. 简述谈判前调查研究的主要内容。
3. 如何制定谈判方案？
4. 如何配备小型商务谈判的人员？

二、案例分析

案例一　商务谈判目标的估量

商务谈判目标的估量，是指谈判人员对所确立的谈判目标在客观上对企业经济利益和其他利益(如：新市场区域的开拓，知名度等)的影响，及所谈交易在企业经营活动中的地位等所做的分析、估价和衡量。谈判目标的质量案例分析表如表 4-1 所示。

表 4-1　谈判目标的估量案例分析表

谈判目标影响企业利益的因素	项目估量分	估　分	评　议
该谈判项目是否与本企业经营目标一致	10	10	一致
该项谈判的交易是否是企业业务活动的主流	10	8	属于企业目前的主要业务活动
该项谈判的交易对本企业现有市场占有率的影响	10	7	这笔交易的达成在一定程度上扩大了企业现有市场占有率
该项谈判的交易机会是否是目前最有利的	10	5	经调查,近期做这笔交易的有利机会还有一个
该项谈判目标的达成对降低企业经营成本的影响	10	8	有利于降低企业经营成本
预计价格目标的达成其利润率是否符合经营目标利润率	10	10	利润率符合经营目标利润率
达成谈判的交易是否会提高企业的知名度	10	6	能在一定范围内提高企业知名度
总计	70	54	
估分占项目估量总分的比率	54/70*100%=77.14%		

判断：估分占项目质量总分的比率大于 50%，则这一谈判目标的确立有利于增加本企业利益，反之，则必须修正，重新制定谈判目标或放弃谈判目标。

案例二 中美知识产权中方谈判方案
背景简介

改革开放以来，我国经济持续健康快速发展，现在我国已经成为世界上最有活力的市场。为了更好地与世界接轨，在短短十几年里，我国建立了比较完善的知识产权保护体系。同时，中国政府也不断加强法律完善，通过司法和行政两个方面坚决打击侵犯知识产权的行为。由于我国是个发展中国家，相对西方发达资本主义国家，在知识产权保护方面还存在着诸多不完善之处。但是，美国在这个问题上对我国的压力不断升级，在入世问题上，关于知识产权问题不断向我国施加压力，双方贸易战一触即发。

中美关于知识产权谈判的主要目的，除了解决关于两国知识产权领域的问题之外，更重要的是，这次谈判在中国加入世界贸易组织过程中，关于中美双边的谈判结果有关键影响。同时，造成美方在知识产权谈判上强硬的背后，实质上是中美贸易的不平衡问题。因而，此次谈判是关于两国知识产权问题的谈判。但是在谈判本身的背后，实际上是解决两国贸易不平衡和中国加入世界贸易组织所做的努力。

在此背景环境下，我方在既定的谈判目标、谈判原则和对策的基础上，制定了三套方案。

方案一：主动出击，谋求双赢

谈判主题：以适当条件就中美知识产权问题达成协议。

谈判策略：积极主动约见对方，表明我方立场，阐述双方合作利益前景。

谈判目标：

(1) 最优目标：在维持现状条件下达成协议，扩大美国市场，顺利加入世界贸易组织。

(2) 可接受目标：我方同意扩大美国商品的市场准入，加强政府工作的透明度，并且承诺严厉打击侵犯知识产权的行为，并进一步制定扩大内需的相关政策，以缓解两国贸易间的不平衡。我方在上两项工作上的努力，必须换来美方在我方加入世界贸易组织问题上的支持和配合。

(3) 最低目标：解决贸易报复问题，避免贸易战的发生。

谈判原则：

(1) 把握我方立场，积极而有诚意的解决问题。

(2) 在维护自身利益的前提下，考虑对方利益，力争达到真正意义上的双赢。

(3) 在焦点和重点问题上，求同存异的解决问题，对一时难以解决的问题可以从长计议，不可以为了达成协议而损失我方的利益。对于双方都认同的问题，要抓住时机加快解决问题。

谈判程序：

(1) 阐述我国为改善知识产权保护所做出的努力，反驳其指责我方侵权的不客观性。

(2) 在维持我国知识产权保护现状的情况下，提出希望美方支持我国加入世界贸易组织的目标。

谈判时间：

2月10日～2月15日　　　第一阶段

2月18日～2月25日　　　第二阶段

如若陷入谈判僵局，2月16日和17日进入休会阶段。

方案二：以退为进，见机行事

谈判主题：以适当条件就中美知识产权问题达成协议。

谈判策略：先让对方提出要求和条件。针对对方提出的要求和条件制定我方相应的对策。

谈判目标：

(1) 最优目标：在不做出妥协即维持现状的条件下，双方达成协议，扩大美国市场，加入世界贸易组织。

(2) 可接受目标：以加强知识产权保护并向美方进一步开放市场为条件，换取美国支持中国加入世界贸易组织。

(3) 最低目标：解决贸易报复问题，避免贸易战的发生。

谈判原则：

(1) 等待对方提出问题，根据对方的态度和实际进展来解决问题。

(2) 力争达到真正意义上的双赢。但是对于对方提出的我方无法接受的条件，绝不接受。

(3) 避免在焦点问题上做过多的纠缠，对一时难以解决的而对方又咄咄逼人的问题，坚持我方立场，不可以为了达成协议而损失我方的利益。

谈判程序：

(1) 听取美方关于我方侵犯知识产权的申述和提出的要求。

(2) 应对美方提出的要求和条件，原则问题上不妥协，运用迂回等谈判战术，积极维护我方利益，争取做出最小的牺牲。

谈判时间：

2 月 10 日～2 月 15 日　　　第一阶段

2 月 18 日～2 月 25 日　　　第二阶段

如若陷入谈判僵局，2 月 16 日和 17 日进入休会阶段。

方案三：终止谈判，以静制动

谈判主题：以适当条件就中美知识产权问题达成协议。

谈判策略：在谈判无法取得实质性进展或美方咄咄逼人的情况下，我方选择终止谈判，并且不再主动提出谈判。

谈判目标：

(1) 最优目标：在不做出妥协即维持现状的条件下，双方达成协议，扩大美国市场，加入世界贸易组织。

(2) 可接受目标：以加强知识产权保护并向美方进一步开放市场为条件，换取美国支持中国加入世界贸易组织。

(3) 最低目标：解决贸易报复问题，避免贸易战的发生。

谈判程序：

(1) 听取美方关于我方侵犯知识产权的申述和提出的要求。

(2) 应对美方提出的要求和条件，原则问题上不妥协，运用迂回等谈判战术，积极维护我方利益，争取做出最小的牺牲。

谈判时间：

2月10日～2月15日　　　第一阶段

2月18日～2月25日　　　第二阶段

如若陷入谈判僵局，2月16日和17日进入休会阶段。

问题：分析以上三套谈判方案的优劣。

实　训　题

实训内容：模拟谈判方案的撰写。

实训目标：根据开学初组建的谈判小组，选择自己感兴趣的谈判项目，进行前期的市场调查、谈判内容的商定与准备工作，起草谈判思路和提纲，随着课程进度不断细化自身的方案，达到可以指导谈判的目的。

关于引进 K 公司矿用汽车的谈判方案

5 年前我公司曾经引进 K 公司的矿用汽车，经使用，性能良好。为适应我公司矿山技术改造的需要，打算通过谈判再次引进 K 公司矿用汽车及有关部件的生产技术。K 公司代表于 4 月 3 日应邀来京洽谈。

具体内容：

(一) 谈判主题

以适当价格谈成 29 台矿用汽车及有关部件生产的技术引进。

(二) 目标设定

1．技术要求

(1) 矿用汽车车架运行 15000 h(小时)不准开裂；

(2) 在气温为 40℃条件下，矿用汽车发动机停止运转 8 h 以上，在接入 220 V 电源后，发动机能在 30 min 内启动。

(3) 矿用汽车的出动率在 85%以上。

2．试用期考核指标

(1) 一台矿用汽车使用 10 个月(包括一个严寒的冬天)。

(2) 出动率达 85%以上。

(3) 车辆运行 3750 h，行程 3125 km。

(4) 车辆装载达 31255 m^3。

3．技术转让内容和技术转让深度

(1) 利用购买 29 台车为筹码，K 公司无偿(不作价)地转让车架、厢斗、举升缸、转向缸、总装调试等技术。

(2) 技术文件包括：图纸、工艺卡片、技术标准、零件目录手册、专用工具、专用工装、维修手册等。

4．价格

(1) 20xx 年购买 W 公司矿用汽车，每台 FOB(离岸价)单价为 23 万美元；5 年后的今天如果仍能以每台 23 万美元成交，那么可定为价格下限。

(2) 5 年时间按国际市场价格浮动 10%计算，今年成交的可能性价格为 25 万美元，此价格为上限。

(三) 谈判程序

第一阶段：就车架、厢斗、举升缸、转向缸、总装调试等技术附件展开洽谈。

第二阶段：商订合同条文。

第三阶段：价格洽谈。

(四) 日程安排(进度)

第一阶段：4 月 5 日上午 9:00～12:00，内容(略)；下午 3：00～6：00，内容(略)。

第二阶段：4 月 6 日上午 9:00～12:00，内容(略)。

第三阶段：4 月 6 日下午 7:00～9:00，内容(略)。

(五) 谈判地点

第一、二阶段的谈判安排在公司 12 楼洽谈室。

第三阶段的谈判安排在 XX 饭店二楼咖啡厅。

(六) 谈判小组分工

主谈：李某，谈判代表。

副主谈：张某，为主谈提供建议或者伺机而动。

财务：蒋某，负责财务方面的工作。

法律：孙某，负责法律方面的工作。

翻译：陈某，为主谈、副主谈担任翻译，留心观察对方的反应，适时起到补充作用。

记录：王某，谈判记录。

(七) 落款

(1) 计划书制定者的名称：中国 X X 公司 X X 分公司。

(2) 计划书完成时间：2015 年 4 月 1 日。

(3) 加盖公章。

第五章 商务谈判过程

细节的最高境界是追求完美，在这个过程中你要做的就是比对手多走一步。

——余世维

本章要点：了解营造谈判气氛的重要性，掌握谈判开始阶段的主要任务；掌握报价、磋商的含义和基本策略、妥善处理僵局、促成交易的一些关键问题。通过本章的学习，帮助学生对于谈判过程有一个完整性的了解。

导入案例

一对夫妻在浏览杂志时看到一幅广告中当背景的老式座钟非常喜欢。经讨论之后，他们决定要寻那座钟，并且商定能出 500 元的价格购买它。经过三个月的找寻后，终于在一家古董的橱窗里看到那座钟，他们走近那座钟，妻子说道："时钟上的标价是 750 元，太贵了。"夫妻私下商，由丈夫作为谈判者，争取 500 元买下。随后丈夫对售货员说："我注意到你们有座钟要卖，定价就贴在座钟上，而且蒙了不少灰，显得有些旧了。"之后又说："告诉我的打算吧，我给你出一个价，只出一次价，就这么说定，想你可能会吓一跳。"他停了一下以增加效果，"你听着——250 元。"那位营业员连眼睛都没眨一下，说道："卖了，这钟就是你们的了。"

那一对夫妻的第一反应是什么呢？得意洋洋吗？不，绝不！他的第一反应是："我真蠢！我该出 150 元才对！"。他的第二反应可能是"怎么这么便宜？一定有什么问题！"。然而他们还是把那座老式钟放在客厅里，看起来非常美丽，好像也没什么毛病。但是，夫妻俩却始终不安，那晚他们睡觉后，半夜曾三度起来，因为他们没有听到时钟的声响。这种情景持续了无数个晚上，他们的健康迅速的恶化，开始感到紧张过度并且患有高血压的毛病。随后，他们退掉了这个他们曾经非常喜欢的老式座钟。

分析：价格是商务谈判的核心。谈判双方都要针对价格等因素进行讨价还价，通过该案例思考商务谈判的基本程序包括哪些环节？本案在交易中存在什么问题？如果你是本案中的售货员应怎样与顾客进行谈判？

谈判双方在做了各种准备工作之后，就要开始面对面地进行实质性的谈判工作了。谈判过程可能是多轮次的，双方要经过几轮谈判；也可能要经过多次的反复，才能达成一致。不论谈判过程时间长短，谈判双方都要各自提出自己的交易条件和意愿，然后就各自希望实现的目标和相互间的分歧进行磋商，最后消除分歧达成一致。这个过程依次是谈判开局阶段、谈判报价与磋商阶段、谈判成交与签约阶段。掌握各个阶段的策略，完成每一个环节的任务，顺利实现双方满意的结果是谈判过程的重要任务。

第一节　开局阶段

商务谈判的开局，就是谈判双方初次见面后，涉及实质具体的谈判内容之前的阶段。开局是谈判的起点，它起着引导谈判的作用，关系到能否取得谈判的控制权和主动权。从双方的态度、诚意、情绪和行为，都能影响，甚至决定在未来谈判中双方的力量对比。谈判开局对整个谈判过程起着至关重要的作用，它往往关系到双方谈判的诚意和积极性，关系到谈判的格调和发展趋势，一个良好的开局将为谈判成功奠定良好基础。这一阶段的目标主要是双方人员互相交流，创造友好合作的谈判气氛；对谈判程序和相关问题达成共识；分别表明己方的意愿和交易条件，摸清对方的情况和态度，为实质性磋商阶段打下基础。

为达到以上目标，开局阶段主要有三项基本任务：① 具体问题的说明。包括：谈判成员的介绍；双方进一步明确谈判要达到的目标；双方磋商，确定谈判的大体议程和进度，以及需要共同遵守的纪律和共同履行的义务等问题。② 营造适宜的谈判气氛。谈判气氛会影响谈判者的情绪和行为方式，进而影响到谈判的进展。③ 开场陈述。陈述己方的观点和愿望，并提出倡议陈述己方对问题的理解，即己方认为谈判应涉及的问题及问题的性质、地位；陈述己方希望取得的利益和谈判的立场。陈述的目的是使对方理解己方的意愿，既要体现一定的原则性，又要体现合作性和灵活性。然后，双方各自提出各种设想和解决问题的方案，并观察双方合作的可靠程度，设想在符合商业准则的基础上寻求实现双方共同利益的最佳途径。

阅读：17.8 度

前日本首相田中角荣 20 世纪 70 年代为恢复中日邦交正常化到达北京，他怀着等待中日间最高首脑会谈的紧张心情，在迎宾馆休息。迎宾馆内气温舒适，田中角荣的心情也十分舒畅，与随从的陪同人员谈笑风生。他的秘书仔细看了一下房间的温度计，是"17.8 度"。正是这个田中角荣习惯的"17.8 度"使得他心情舒畅，也为谈判的顺利进行创造了条件。

一、建立谈判气氛

谈判气氛会影响谈判者的情绪和行为方式，进而影响到谈判的发展。谈判气氛受多种因素的影响，谈判的客观环境对谈判的气氛有重要影响，谈判人员主观因素对谈判气氛的影响是直接的，在谈判开局阶段，一项重要任务就是发挥谈判人的主观能动性，营造良好的谈判气氛。谈判气氛一般是通过双方相互介绍、寒暄，以及双方接触时的表情、姿态、动作，说话的语气等方面形成的。谈判气氛的营造既表达出双方谈判者对谈判的期望，也表达出谈判的策略特点，因此也是双方互相摸底的重要信息。

（一）建立谈判气氛应考虑的因素

1. 双方企业之间的关系

如果双方有过业务往来，关系很好，则把这种友好关系作为谈判基础，在热情、真诚的畅谈中将话题较快转入实质性谈判。

如果有过业务往来，但关系一般，则尽可能争取创造比较友好、随和的气氛，在适当的时候，将话题转入实质性谈判。

如果有过业务往来，但对对方的印象不佳，则在比较严肃的气氛中，可对双方过去的业务合作关系表现出不满和遗憾，并希望通过此次谈判改变这种状况。

如果双方过去没有过业务往来，则力争创造比较友好、真诚的气氛，淡化双方的陌生感，以轻松的话题为主，并选择适当的时候，将话题转入实质性谈判。

2. 谈判双方个人之间的关系

谈判是人们相互之间交流思想的一种行为，谈判人员个人之间的感情会对交流的过程和效果产生很大的影响。如果双方谈判人员过去有过接触，并且还结下了一定的友谊，那么，在开局阶段即可畅谈友谊地久天长。同时，也可回忆过去交往的情景，或讲述离别后的经历，还可以询问对方家庭的情况，以增进双方之间的个人感情。实践证明，一旦双方谈判人员之间发展了良好的私人感情，那么，提出要求、做出让步、达成协议就不是一件太困难的事。通常还可降低成本，提高谈判效率。

(二) 创造和谐谈判气氛的方法

谈判气氛的营造应该服务于谈判的方针和策略，服务于谈判各阶段的任务，面临的政治形势、经济形势、市场变化、文化氛围、实力差距，以及谈判时的场所、天气、时间、突发事件等。对于客观环境对气氛的影响，在谈判准备阶段进行分析则有利于谈判目标的实现。谈判气氛在不同特点的谈判中是不一样的，即使在一个谈判的过程中，影响谈判气氛的因素发生变化，也会使谈判气氛发生微妙的变化。谈判气氛多种多样，有热烈的、积极的、友好的；也有冷淡的、对立的、紧张的；有平静的、严肃的，也有松懈的、懒散的；还有介于以上几种谈判气氛之间的自然气氛。而谈判开局阶段气氛的营造更为关键，因为这一阶段的气氛会直接影响到双方是否有一个良好的开端。一般来说，开局气氛如果是冷淡的、对立的、紧张的，或者是松懈的，都将不利于谈判的成功。谈判开局气氛也不大可能一下子就变成热烈的、积极的、友好的。什么样的开局气氛是比较合理的呢？根据开局阶段的性质、地位，根据进一步磋商的需要，开局气氛应该有以下几个特点：

(1) 礼貌、尊重的气氛。谈判双方在开局阶段要营造出一种尊重对方，彬彬有礼的气氛。出席开局阶段谈判可以有高层领导参加，以示对对方的尊重。谈判人员服饰仪表要整洁大方，无论是表情、动作还是说话语气都应该表现出尊重、礼貌。不能流露出轻视对方，以势压人的态度，不能以武断、蔑视、指责的语气讲话。

(2) 自然、轻松的气氛。开局初期常被称为"破冰"期。谈判双方抱着各自的立场和目标坐到一起谈判，极易出现冲突和僵持。如果一开局气氛就非常紧张、僵硬，可能会过早地造成情绪激动和对立，使谈判陷入泥坑。过分的紧张和僵硬还会使谈判者的思维偏激、固执和僵化，则不利于细心分析对方的观点，不利于灵活地运用谈判策略。因此，谈判人员在开局阶段首先要营造一种平和、自然、轻松的气氛。例如，随意谈一些题外的轻松话题，松弛一下紧绷着的神经，不要过早与对方发生争论，语气要自然平和，表情要轻松亲切，尽量谈论中性话题，不要过早刺激对方。

(3) 友好、合作的气氛。开局阶段要使双方有一种"有缘相知"的感觉，双方都愿意友好合作，都愿意在合作中共同受益。所以说，谈判双方实质上不是"对手"，而是"伙伴"。基于这一点，营造友好合作的气氛并不仅仅是出于谈判策略的需要，更重要的是双方长期合作的需要。尽管随着谈判的进行会出现激烈的争辩或者矛盾冲突，但是双方是在友好合作的气氛中去争辩，不是越辩越远，而是越辩越近，因此，要求谈判者真诚地表达对对方的友好愿望和对合作成功的期望。此外，热情的握手、热烈的掌声、信任的目光、自然的微笑都是营造友好合作气氛的手段。

(4) 积极进取的气氛。谈判毕竟不是社交沙龙，谈判者都肩负着重要的使命，要付出巨大的努力去完成各项重要任务，双方都应该在积极进取的气氛中认真工作。谈判者要准时到达谈判场所，仪表端庄整洁，精力要充沛，充满自信，坐姿要端正，发言要响亮有力，要表现出追求进取、追求效率、追求成功的决心，不论有多大分歧，有多少困难，相信一定会获得双方都满意的结果。谈判就在这样一种积极进取、紧张有序、追求效率的气氛中开始。

为此，谈判者可以通过在服装仪表上塑造符合自己的形象；注意利用正式谈判前的场外非正式接触，了解对方的生活习性，营造舒适的环境；谈感兴趣的话题、中性话题，加强沟通，形成和谐气氛；以开诚布公、友好的态度出现在对方面前，交换看法，获取共识等方法赢得良好的开局气氛。

案例：松下在寒暄中失去先机

日本松下电器公司创始人松下幸之助先生刚"出道"时，曾被对手以寒暄的形式探测了自己的底细，因而使自己产品的销售大受损失。

当他第一次到东京找批发商谈判时，刚一见面，批发商就友善地对他寒暄说："我们第一次打交道吧？以前我好像没见过你。"批发商想用寒暄托词，来探测对手究竟是生意场上的老手还是新手。松下先生缺乏经验，恭敬地回答："我是第一次来东京，什么都不懂，请多关照。"正是这番极为平常的寒暄答复却使批发商获得了重要的信息：对方原来只是个新手。批发商问："你打算以什么价格卖出你的产品？"松下又如实地告知对方："我的产品每件成本是 20 元，我准备卖 25 元。"

批发商了解到松下在东京，人地两生、又暴露出急于要为产品打开销路的愿望，因此趁机杀价，"你首次来东京做生意，刚开张应该卖的更便宜些。每件 20 元，如何？"结果没有经验的松下先生在这次交易中吃了亏。

点评：一个有经验的谈判者，能透过相互寒暄时的那些应酬话去掌握谈判对象的背景材料：性格爱好、处事方式，谈判经验及作风等。

二、交换意见确定谈判议程

谈判议程的安排对谈判双方非常重要，必须高度重视，因为议程本身就是一种谈判策略。谈判议程一般要说明谈判时间的安排和谈判议题的确定。谈判议程可由一方准备，也可由双方协商确定。议程包括通则议程和细则议程，通则议程由谈判双方共同使用，细则议程供己方使用。

(一) 时间安排

时间的安排即确定在什么时间举行谈判、多长时间、各个阶段时间如何分配、议题出现的时间顺序等。谈判时间的安排是议程中的重要环节。如果时间安排得很仓促，准备不充分，匆忙上阵，心浮气躁，就很难沉着冷静地在谈判中实施各种策略；如果时间安排得很拖延，不仅会耗费大量的时间和精力，而且随着时间的推延，各种环境因素都会发生变化，还可能会错过一些重要的机遇。

(二) 确定谈判议题

所谓谈判议题就是谈判双方提出和讨论的各种问题。确定谈判议题首先需明确己方要提出哪些问题，要讨论哪些问题。要把所有问题全盘进行比较和分析：哪些问题是主要议题，要列入重点讨论范围；哪些问题是非重点问题；哪些问题可以忽略。这些问题之间是什么关系，在逻辑上有什么联系；还要预测对方会提出什么问题，哪些问题是己方必须认真对待、全力以赴去解决的；哪些问题可以根据情况做出让步；哪些问题可以不予讨论。

(三) 拟定通则议程和细则议程

(1) 通则议程。通则议程是谈判双方共同遵守使用的日程安排，一般要经过双方协商同意后方能正式生效。在通则议程中，通常应确定以下内容：
- 谈判总体时间及分段时间安排；
- 双方谈判讨论的中心议题，问题讨论的顺序；
- 谈判中各种人员的安排；
- 谈判地点及招待事宜。

(2) 细则议程。细则议程是己方参加谈判的策略的具体安排，只供己方人员使用，具有保密性。其内容一般包括以下几个方面：
- 谈判中统一口径，如发言的观点、文件资料的说明等；
- 对谈判过程中可能出现的各种情况的对策安排；
- 己方发言的策略，如何时提出问题？提什么问题？向何人提问？谁来提出问题？谁来补充？谁来回答对方问题？谁来反驳对方提问？什么情况下要求暂时停止谈判等；
- 谈判人员更换的预先安排；
- 己方谈判时间的策略安排、谈判时间期限。

三、开场陈述

(一) 陈述的内容

(1) 根据己方理解，阐明应涉及的问题。
(2) 说明己方通过谈判应取得的利益。
(3) 陈述己方首要利益。
(4) 陈述己方事先考虑的某些问题。
(5) 陈述己方的其他立场。

(二) 陈述时的注意事项

(1) 己方陈述时注意的问题有:

- 只阐述己方立场,不必阐述双方的共同利益。
- 只表明己方的利益,不猜测对方的目的。
- 只是原则性陈述,不具体详细陈述。
- 简明扼要,使对方能够很快提问。

(2) 对方陈述时的注意事项有:

- 细心倾所。
- 发问弄清楚不明白的。
- 综合归纳。

双方分别陈述后,需要做出一种能把双方引向寻求共同利益的陈述,即倡议。

知识链接: 谈判开始应注意的事项

在谈判开始阶段:

➢ 调整、确定合适的语速。
➢ 避免谈判开头的慌张和混乱。
➢ 时刻牢记自己所要达到的目的,做到有的放矢。
➢ 要善于察言观色,尤其是谈判对手的眼睛、身体语言。
➢ 尽可能地洞悉对方的思考模式。

谈判者应该避讳的:

➢ 不能居高临下,出言不逊。
➢ 不能一味迁就忍让,一味迎合。
➢ 不能东拉西扯,言不对题。

第二节　报价与磋商阶段

导入案例: 出价的高低

一位工会职员为造酒厂的会员要求增加工资一事向厂方提出了一份书面要求,一周后,厂方约他谈判新的劳资合同。令他吃惊的是,一开始厂方就花很长时间向他详细介绍销售及成本情况,反常的开头叫他措手不及。为了争取时间考虑对策,他便拿起会议材料看了起来。最上面一份是他的书面要求。一看他才明白,原来是在打字时出了差错,将要求增加工资12%打成了21%。难怪厂方小题大做了。他心里有了底,谈判下来,最后以增资15%达成协议,比自己的期望值高了3个百分点。看来,他原来的要求太低了。

分析: 出价的高低需要很多技巧和策略在背后起支持作用,从而影响着彼此的心理及认可的变化度。价格是谈判中不可回避的内容,而且是影响谈判成功或失败的重要内容。

磋商阶段谈判是指开局后到谈判终局前，双方就实质事项进行磋商的全过程，也是谈判的实质性阶段，它是指谈判双方在原先报价的基础上进行讨价还价的行为过程，它既是双方求同存异、协商确定交易条件的过程，也是双方斗智斗勇，在谈判实力、经验和勇气等方面展开全面较量的过程。此阶段是全部谈判活动中最为重要的阶段，其投入精力最多、占用时间最长、涉及问题最多。磋商阶段是商务谈判的核心环节，磋商的过程及其结果将直接关系到谈判的双方所获利益的大小，决定着双方各自需要的满足程度。因此，选择恰当的策略来规划这一阶段的谈判行为，无疑有着特殊重要的意义。

一、报价在商务谈判中的含义

报价分为证券报价、投标报价、产品报价。证券报价是，证券市场上交易者在某一时间内对某种证券报出的最高进价或最低出价。投标报价，是商家竞投某项目时愿意出的价格。产品报价，是指卖方通过考虑自己产品的成本、利润、市场竞争力等因素，公开报出的可行的价格。

商务谈判中的报价指的是广义的"报价"，泛指谈判一方向对方提出自己所有条件和要求的统称，包括质量、数量、包装、价格、保险、运输、支付方式和手段、交货地点、技术支持与服务、交货期限、付款期限、索赔、仲裁等。当然，价格是核心内容。

怎样报价才有效呢？报价太高，容易吓跑客户；报价太低，客户一看就知道你不是行家里手，不敢冒险与你做生意。对老客户报价也不容易，他会自恃其实力而将价压得厉害，以至在你接到他的询盘时，不知该如何报价：报得太低，没有钱赚；报得太高，又怕他把订单给了别人。

有经验的出口商首先会在报价前进行充分的准备，在报价中选择适当的价格术语，利用合同里的付款方式、交货期、装运条款、保险条款等要件与买家讨价还价，也可以凭借自己的综合优势，在报价中掌握主动。

(一) 报价前充分准备

首先，认真分析客户的购买意愿，了解他们的真正需求，才能拟就出一份有的放矢的好报价单。有些客户将价格低作为最重要的因素，则一开始就报给他接近你底线的价格，那么赢得订单的可能性就大。其次，做好市场跟踪调研，清楚市场的最新动态。由于市场信息透明度高，市场价格变化更加迅速，因此，出口商必须依据最新的行情报出价格——"随行就市"，买卖才有成交的可能。

(二) 选择合适的价格术语

在一份报价中，价格术语是核心部分之一。因为采用哪一种价格术语实际上就决定了买卖双方的责权、利润的划分，所以，出口商在拟就一份报价前，除要尽量满足客户的要求外，自己也要充分了解各种价格术语的真正内涵并认真选择，然后根据已选择的价格术语进行报价。选择以 FOB 价成交，在运费和保险费波动不稳的市场条件下于自己有利，但也有许多被动的方面，比如：由于进口商延迟派船，或因各种情况导致装船期延迟，船名变更，就会使出口商增加仓储等费用的支出，或因此而迟收货款造成利息损失。出口商对出口货物的控制方面，在 FOB 价条件下，由于是进口商与承运人联系派船的，货物一旦装船，出口商即使想要在运输途中或目的地转卖货物，或采取其他补救措施，也会颇费一些周折。在 CIF 价(到岸价)出口的条件下，船货衔接问题可以得到较好的解决，使得出口商有了更多的灵活性和机动性。在一般情况下，只要出口商保证所交运的货物符合合同规定，所交的单据齐全、正确，进口商就必须付款。货物过船舷后，即使在进口商付款时货物遭受损坏或灭失，进口商也不得因货损而拒付货款。就是说，以 CIF 价成交的出口合同是一种特定类型的"单据买卖"合同。

一个精明的出口商，不但要能够把握自己所出售货物的品质、数量，而且应该把握货物运抵目的地及货款收取过程中的每一个环节。对于货物的装载、运输、货物的风险控制都应该尽量取得一定的控制权，这样贸易的盈利才有保障。一些大的跨国公司，以自己可以在运输、保险方面得到优惠条件而要求中国出口商以 FOB 价成交，就是在保证自己的控制权。再如，出口日本的货物大部分都是 FOB 价，即使出口商提供很优惠的条件，也很难将价格条件改过来。所以到底是迎合买家的需要，还是坚持自己的原则，出口商在报价时多加斟酌十分必要。在出口利润普遍不是很高的情况下，对于贸易全过程的每个环节精打细算比以往任何时候更显重要。国内有些出口企业的外销利润不错，他们的做法是，对外报价时先报 FOB 价，使客户对本企业的商品价格有个比较，再报 CIF 价，并坚持在国内市场安排运输和保险。他们很坦诚地说，这样做，不但可以给买家更多选择，而且有时在运保费上还可以赚一点差价。

(三) 利用合同其他要件

合同其他要件主要包括：付款方式、交货期、装运条款、保险条款等。在影响成交的因素中，价格只是其中之一，如果能结合其他要件和客户商谈，价格的灵活性就要大一些。例如，对于印度、巴基斯坦等国或地区的客户，有时候你给他 30 天或 60 天远期付款的信用证的条件，或许对他具有很大的吸引力。

同时，还可以根据出口的地域特点、买家实力和性格特点、商品特点来调整报价。有的客户特别在意价格的高低，订单会下给报价最便宜的卖家，那么报价时就直接报给他你所能提供的最低价格。有的客户习惯于讨价还价，你所报出的价格他如果没有砍一点下来就不太甘心，那么第一次报价时可以预留出他希望砍掉的幅度。而如果一种产品在一段时间里行情低迷，为了抢下订单，就不妨直接报出你的最低价。对于服装等季节性很强的商品，在你的报价中给客户承诺快速而又准时的交货期，无疑可以让客户垂注你的报价单。根据销售淡、旺季，或者订单大小，也可以调整自己的报价策略。

(四) 以综合实力取胜

对于自己的综合实力有信心，也就用不着一味地以低价来取悦客户了。报价要尽量专业一点，在报价前或报价中设法提一些专业性的问题，显示自己对产品或行业很熟悉、很内行。所以，报价前，一方面要考虑客户的信誉，另一方面对自己的产品和质量要有信心。在与新客户打交道时，让客户了解清楚自己的情况很重要，比如请他们去看工厂，让他们了解自己的运作程序，这样客户下单时就容易下决心得多。

同时，从你的报价中，非常了解和熟悉该行业的外商能够觉察到你是否也是该行业中的老手，并判断你的可信度。过低的价格反而让客户觉得你不可信，不专业。

最后，在对新客户报价前，一定要尽量让他了解你公司的实力和业务运作模式。只有对你和你的公司具有充分的信心时，客户才有可能考虑你的交易条件。这一点很多没有经验的出口商常常会忽略。

(五) 选择合适的报价渠道

在进行网上贸易时，可直接进行报价。阿里巴巴网上报价功能只提供给"诚信通会员"使用。当你有感兴趣的求购信息，直接填写完"报价单"发送后，为了让采购商迅速收到你的反馈，可以使用以下方式：

(1) 在"报价单"中选择"手机短信"，将你的报价内容发送到对方手机上，或短信提醒对方查看你的报价。最快速地将你的报价信息传达给采购商来取得进一步的意向商谈，从而避免报价的不及时，失去潜在客户。

(2) 当你是通过 E-MAIL 或系统留言收到客户的询价单时，可选择直接通过 E-MAIL 或回复留言进行报价。

(3) 可以利用贸易通及时进行网上报价，把握商机。如果向你询价的采购商正在线上时，则可以马上与他洽谈，详细了解对方的采购需求和进一步核实对方身份及意向程度。可随时向对方进行报价，并获得对方对价格的反馈。如果采购商召开网上会议谈生意，你还可通过贸易通进行多方商务洽谈，了解同行的报价，并结合公司实际情况和利润空间，及时调整策略进行报价。

(4) 根据采购商的联系方式，直接打电话与对方进行交流，判断对方的合作意向、询价的真实性，以及把握客户的需求和预算。

二、报价的顺序

关于谈判双方谁先报价是个微妙的问题。依据国际惯例，发起谈判者应该先报价；投标者与招标者之间应该由投标者先报价；卖方与买方之间应由卖方先报价。报价的先后在某种程度上会对谈判结果产生实质性的影响。就一般情况而言，先报价有利也有弊。

阅读：谁先报价有利？

有个跨国公司的高级工程师，他的某项发明获得了发明的专利权。一天，公司总经理派人把他找来，表示愿意购买他的发明专利，并问他愿意以多少的价格转让。他对自己的发明到底值多少钱心中没数，心想只要能卖 10 万美元就不错了，可他的家人却事先告诉他至少要卖 30 万美元。到了公司总经理的办公室，因为一怕老婆，二怕经理不接受，所以胆怯，一直不愿正面说出自己的报价，而是说："我的发明专利在社会上有多大作用，能给公司带来多少价值，我并不十分清楚，还是先请您说一说吧！"这样无形中把球踢给了对方，让总经理先报价。

总经理只好先报价，"50 万美元，怎么样？"工程师简直不相信自己的耳朵，直到总经理又说了几遍，这才认识到这是真的，经过一番装模作样的讨价还价，最后以这一价格达成了协议。

可见，这位工程师就是靠了这位经理的先报价，才及时修改了自己的报价，得到了他意想不到的收获。

　　美国著名发明家爱迪生在某公司当电气技师时，他的一项发明获得了专利。公司经理向他表示愿意购买这项专利权，并问他要多少钱。当时，爱迪生想：只要能卖到5000 美元就很不错了，但他没有说出来，只是督促经理说："您一定知道我的这项发明专利权对公司的价值了，所以，价钱还是请您自己说一说吧！"经理报价道："40 万元，怎么样？"还能怎么样呢？谈判当然是没费周折就顺利结束了。爱迪生因此而获得了意想不到的巨款，为日后的发明创造提供了资金。

　　先报价的好处在于能先行影响、制约对方，把谈判限定在一定的框架范围之内，在此基础上最终达到双方都能接受的协议。很显然，你报价一万元，对方是很难奢望还价到一千元的。现在商界不少商人已经搞懂了这一点，特别是街头的小贩们，比如，一件他准备10 元出手的东西，他能喊到 80 元，考虑到很少有人好意思还价到 10 元，所以，一天中只要有一个人愿意跟他在 80 元的基础上讨价还价，则商贩就能大赚一笔。当然了，卖方报价也要有个"度"，不能漫天要价、狮子大开口，使对方不屑于跟你谈判下去，特别是那些人们熟悉价格的商品，比如鸡蛋、大肉等，相信没有人会愚蠢到喊出百元的天价吧。就是这个道理。

　　话说回来，先报价虽有好处，但它也易泄露一些信息，使对方听了以后可以把心中隐而不报的价格与之比较，然后进行调整：合适就拍板成交，不合适就利用各种手段进行杀价。如果你的价喊得离了谱，也许谈判的必要就值得怀疑了，对手可能会马上拂袖而去，这时就会使谈判还没有开始就结束了。

　　既然先报价有利也有弊，那么己方究竟应先于对方报价，还是让对方先报价呢？一般来说，通过分析比较谈判双方的谈判实力，可以采取不同的策略。具体来讲，有以下几种情况：

　　(1) 本方的谈判实力强于对方，或本方在谈判中相对处于有利地位，应争取先报价。

　　(2) 预先了解到双方的谈判实力相当，谈判将面临激烈的竞争，应争取先报价。

　　(3) 如果本方的谈判实力明显弱于对方，尤其在缺乏谈判经验的情况下，应让对方先报价。

　　(4) 货物买卖业务的谈判，一般让卖方先报价。

三、报价的技巧

　　好的开始是成功的一半，在你第一次向客户报价时的确需要花费一些时间来进行全盘思考。开价高可能导致一场不成功的交易；开价低对方也不会因此停止价格还盘，因为他们并不知道你的价格底线，也猜不出你的谈判策略，所以依然会认定你是在漫天要价，一定会在价格上与你针锋相对，直到接近或者低于你的价格底线为止，这当然是一次不折不扣失败的谈判，很遗憾，此类谈判还在不断地发生。

　　价格虽然不是谈判的全部，但毫无疑问，有关价格的讨论依然是谈判的主要组成部分，在任何一次商务谈判中，价格的协商通常会占据 70%以上的时间，很多没有结局的谈判也是因为双方价格上的分歧而最终导致不欢而散的。

　　简单来说，作为卖方希望以较高的价格成交，而作为买方则期盼以较低的价格合作，这是一个普遍规律，它存在于任何领域的谈判中。虽然听起来很容易，但在实际的谈判中做到双方都满意，最终达到双赢的局面却是一件不简单的事情，这需要谈判技巧和胆略，尤其在第一次报价时尤为关键。

那么究竟要如何掌握好第一次开价呢？一条黄金法则是：开价一定要高于实际想要的价格。

在生活中每个人都是消费者，在每一次购物中商品的价格都会左右你的购买意愿。能够以较高的报价成交并不是没有可能，因为你并不是了解每一位客户的接受能力。而且，报价并不是一成不变的，我们可以根据不同的客户或渠道采取不同的报价。另外，低价格一定是低价值吗？肯定不是。商品的定价是由生产成本、人力成本、企业战略、销售渠道等诸多因素决定的，价格低的商品同样可以成为名牌，在产品质量和售后服务也不会逊色。当你选购商品时，会花费大量的时间和精力去分析该企业的生产成本、人力成本吗？恐怕大多数人都不会，判断产品价值的第一指标恐怕还是售价。高价会给人一种产品更好的第一感觉，人们会相信高价一定会有高价的理由，正所谓国人崇尚的"一分钱一分货。"

通过运用开价一定要高于实际价格的原则，在谈判的开局可以起到压缩对方谈判空间的作用。当然，报价一定要维持在合理的范围之内，要想将一台普通电脑以十万元的价格销售出去，我想只有等待奇迹的出现了。另外，较高的报价需要有令人信服的理由支持，如增加其附加价值。也许你的报价会超出客户的心理承受范围，如果你态度强硬，对方随时会终止谈判。建议在报价的言语上暗示一些伸缩性，但一定要强调回报，比如"如果你能够现款提货，我可以在价格上给予5%的优惠"、"如果你提供特殊陈列面，并免费提供促销场地，我会在价格上有所考虑"。

谈判由四个主要因素组成：你的报价和对方的还价，你的底牌与对方的底牌。报价和还价随着谈判的深入会逐渐清晰，而整个谈判过程中双方都会揣摩、推测、试探对方的底牌，这是心理、智慧、技巧的综合较量。所以，无论出现何等情况，都不要轻易亮出你的底价。

在谈判过程中，双方都会试图不断地扩大自己的谈判空间，报价越高意味着你的谈判空间越大，也会有更多的回报。谈判是一项妥协的艺术，成功的谈判是在你让步的过程中得到你所需要的。一个较高的报价会使你在价格让步中保持较大的回旋余地。

无论以何种条件成交，最重要的是要让对方感觉自己赢得了谈判。很多谈判者习惯于在第一次报价时给客户最优惠的价格，希望能够尽早成交，由于价格已接近最低底线，在价格上则无法让步。还有一些企业管理者比较急功近利，订单量是绩效考核的唯一指标，导致销售代表谈判初期就把价格降至最低，只顾数量而不顾质量，忘记了企业最终目的是赢利而不是报表上的数字。这好比只有一个回合的乒乓球比赛，无论输赢对手都会感到很无趣。其实谈判的过程同结果一样重要。对方只有通过自己的努力把价格谈下来，才会相信这是你能承受的最低价格，否则即使你有三寸不烂之舌，对方也不会相信。再小的生意也要做长线，只有在对方心理平衡的前提下，你才会有下次交易的机会，倘若你寸土不让，这次也许可以成交，但下次就会十分困难了。谈判桌上没有绝对的信任，即使你有极佳的客情。请记住，当对方猜不到你的底牌，而你又不能让价时，你很有可能错失下一次的交易机会。

阅读：报价的技巧——报价起点的确定

一个优秀的推销员，见到顾客时很少直接逼问："你想出什么价?"相反，他会不动声色地说："我知道您是个行家，经验丰富，根本不会出 20 元的价钱，但你也不可能以 15 元的价钱买到。"这些话似乎是顺口说来，实际上却是报价，片言只语就把价格限制在 15 至 20 元的范围之内。这种报价方法，既报高限，又报低限，"抓两头，议中间"，传达出这样的信息：讨价还价是允许的，但必须在某个范围之内。这个例子无形中就将讨价还价的范围规定在 15 至 20 元之间。

报价起点的确定一般要根据外部环境和内部条件，结合谈判意图和谈判的目标，拟定出价格掌握幅度，确定报价的上限、下限，即最优期望目标和临界目标。原则就是要采取高报价(卖方)或低报价(买方)的方式。

案例：报价的技巧——要求上下限的标价

一位承包商说"我的收费在 600～700 元之间"，买主认为价格是 600 元，卖主则以 700 元标价。他们彼此想的就是达成协议的基础。有时买主虽然满怀希望，但仍会预算高些，他的预算可能早定在 700 元了，所以最后确定为 690 元，买主会高兴的，甚至觉得省了 10 元钱。若卖主进一步向买主说明本来价格是 750 元，那么买主便会更相信他做成了一笔好买卖，甚至会慷慨而爽快地付出其他额外的费用。

分析：该案例说明了什么?

谈判双方有时出于各自的打算，都不先报价，这时，就有必要采取"激将法"让对方先报价。激将的办法有很多，这里仅仅提供一个怪招——故意说错话，以此来套出对方的消息情报。假如双方绕来绕去都不肯先报价，这时，你不妨突然说一句："噢! 我知道，你一定是想付 30 元!"对方此时可能会争辩："你凭什么这样说? 我只愿付 20 元。"他这么一辩解，实际上就先报了价，你尽可以在此基础上讨价还价了。

从以上的叙述可以看出：商务谈判中的报价与商品的定价是有些雷同的，从某些方面也可以说，谈判中的报价就是一种变相的商品定价，因此在谈判中的报价技法就可以借鉴一下商品定价的方法与策略。

知识链接：报价时要注意的问题

· 坚定、果断、严肃——给对方一种认真、诚实、正确的好印象。

· 明确、清晰而完整——不使对方产生异议与误会。

· 不做过多的解释、说明和评论——以免对方发现你真正的意图或弱点。

知识链接：价格解释必须遵循的原则

· 不问不答

· 有问必答

· 避虚就实

· 能言不书

四、讨价还价

讨，即索取的意思。讨价，即要价的含义，是指在一方报价之后，另一方根据报价方的解释，对所报价格进行评论，当评论结果是否定态度时，要求对方重新报价。讨价包含总体讨价和具体讨价，总体讨价(宏观角度)常常用于谈判的一方对其对手报价评论之后的第一次要价，或者在较复杂的交易的第一次要价时用。具体讨价(微观角度)常常用于对方第一次改善价格之后不易采用总体讨价方式的报价。

案例：姐妹分橘

　　有一个橘子，姐姐和妹妹都想要，争抢的结果是从正中间切开，一人一半。这样的分配结果是否是最佳办法？结论是双方都没有获得最大的需要满足。原来，姐姐争橘子的目的是想用橘子皮蒸蛋糕，而妹妹的目的是想吃橘子肉，将橘子从中间切开，看似圆满，实质双方都白白丧失了一部分利益。引入到谈判上，特别强调谈判前了解对手需要的重要性，避免在谈判中出现"自己花了很大代价却瞄准的是对方无关紧要的需要"。

　　点评：作为卖方的谈判者，在谈判中可能存在哪几种需要呢？了解这些内容就是你讨价还价的基础。

(一) 讨价还价的含义

　　在日常的买卖活动中，人们习惯于把讨价还价连起来说，但在谈判学上，讨价和还价是两个不同的概念。以买方为例，讨价是指卖方报价后，买方不同意卖方的报价，要求卖方重新报价。还价是指卖方报价后，要求买方报价，买方报出自己希望成交的价格。同样卖方也可以向买方讨价还价。买方讨价是要求卖方降低价格，卖方讨价是要求买方提高价格。讨价还价就是指在买卖东西或谈判时双方对所提条件斤斤计较，反复争论或接受任务时讲条件。讨价还价的本质就是交易双方对利益分配进行的谈判过程。

(二) 讨价还价的方法

　　讨价还价首先要尊重对方，把对方看成是合作者。没有对方的配合，己方的利益也无从获取。在某些交易市场上，买卖双方相互谩骂甚至攻击的行为时有所见。这种谩骂、攻击对方的做法毫无疑问是愚蠢的行为，只能导致谈判的彻底破裂。另外，讨价还价只能采取说理的方式，诱导对方接受己方的条件。你为自己的价格准备的理由越多，就越有说服力，对方就越有可能接受你的价格。

(三) 讨价还价的步骤

1. 先要求对方进行价格解释

　　让对方对他的价格进行解释有助我们获得对方价格的构成、有没有水分、哪些地方水分大、哪些地方水分小、对方的准备是否充分等重要的信息，以使后面的讨价还价更有针对性。

2. 先逐项讨价，再做总体讨价

　　如果你要购买很多东西，那么应该先逐项讨价还价，逐项去掉水分，然后要求对方在总价上再给一定的优惠。

3．逐项讨价时应先讨对方报价中水分最多或金额最大的部分

这是谈判的核心问题，决定着整个谈判的成败。核心问题谈赢了，谈判就对己方有利了。所以，谈判的"赢家"一定会先设法在核心问题上取得优势，然后再进行其他问题的谈判。核心问题谈不好，其他地方斤斤计较是谈判者抓不住重点和缺乏洞察力的表现。

4．讨几次价再还价

先讨后还是讨价还价阶段很重要的谈判技巧。讨价的过程就是让对方自己挤去水分的过程。讨价多少次为宜，要看你的谈判对手。只要对方还肯让步，你就可以一直讨下去，讨到对方不肯再让步为止。

还价的过程就是你帮对方挤去水分的过程。经过数次讨价，对方不肯再让步、自己挤水分的时候，就需要你来帮他挤水分。你应该狠狠地往下一还，这一还一定要让对方不肯卖给你。如果对方只是象征性地讨价一下就卖给你，说明你的还价还不够狠，水分还没挤干。只有对方在这个价位不肯卖给你的时候，才能说明水分挤干了。如果你还有别的卖方可以选择，则可以在这个价格的基础上慢慢往上加，直到有人愿意卖给你为止。

知识链接：讨价应注意的问题

- 讨价前尽量避免用文字或数字回答对方的问题
- 讨价要持平静信赖的态度，给对方下"台阶"的机会
- 讨价要适可而止

知识链接：还价三种情形

- 由还价方重新报价
- 建议报价方撤回原报价，重新考虑比较实际的报价
- 对原报价暂时不做变动，但调整部分交易条件

阅读：讨价还价

假如你看上了一件喜欢的大衣，琢磨来琢磨去，觉得值 280 块钱，这个时候你开始准备问老板，"这个多少钱"。老板一看你，再一看标签，"550"。你心里咯噔一下，这么贵，试试还还价吧，"还能便宜点？""看你喜欢，500 吧"老板头也不抬，你傻眼了，还是超出预算啊(买方估价)，怎么办？要不要继续呢？这个时候非常关键，你可能开始会出价了，"刚才那家才卖 200，太贵了吧"(如果你出价超过 280 的话，或者接近 280 的话，请打住。其实更聪明的是一个劲的说贵、贵、贵，但从不告诉老板自己愿意出多少，只有等几个回合下来，老板的要价低于 280 即买方估价的时候，你就可以出一个价格了，当然这个价格也是越低越好，首次出价一下达到老板的成本以下，你就是高手了)。"算了吧，450，能拿就拿，不行就算了"老板一副满不在乎的样子，好像赔了一样。这个时候双方可能会僵持下来，你再多说说，"老板，怎么会赔呢，最多少赚一些而已，这样吧，再便宜便宜，我就不去其他地方转了，220 吧"(每次加价的台阶不要迈的太大，至少不要比老板的台阶大，老板 10 块你 5 块，老板 2 块你就 1 块，别头脑一热和老板一样，老板一百一百的下，你一百一百的升，当然当你加到自己的估价金额时，就不要再加了，一直保持这个数字，开始给老板套热乎，

摆道理，讲事实。当然你在每一次还价的过程中都必须摆事实，讲道理，只是不如这个时候重要，原来你是用钱来表明诚意，现在是用嘴表明诚意)。 "400 了，再不能少了""230 吧"……"300""260 了，行了行了""好吧好吧，260 就 260，下次多来照顾生意，这次亏大了"(记住，永远让老板成为最后一个说"OK"的人，这样总会被你最后一次出价获得更多的好处)。

五、让步磋商

谈判也是妥协的艺术，没有让步就不会成功。无论买方还是卖方，让步都是其达成有效协议所必须采取的策略。因此，让步技巧在商务谈判中的运用显得尤为重要，它影响着谈判发展的方向，关系到谈判的最终结果。

从某种意义上说，让步是谈判双方为达成协议而必须承担的义务。商务谈判各方要明确己方所追求的最终目标，以及为达该目标可以或愿意做出哪些让步。让步本身就是一种谈判策略，它体现了谈判人员通过主动满足对方需要的方式来换取自己需要满足的精神实质。可以说，没有让步，也就没有谈判的成功。所以，何时让步、如何让步、让步到何种程度，是一个需要仔细研究的问题。

(一) 让步的一般原则

(1) 有效适度的让步。在商务谈判中一般不要做无谓的让步。有时让步是为了表达一种诚意；有时让步是为了谋取主动权；有时让步是为了迫使对方做相应的让步。

(2) 让步要谨慎有序。让步要选择适当的时机，力争做到恰到好处，同时要谨防对方摸出我方的虚实和策略组合。

(3) 双方共同做出让步。在商务谈判中让步应该是双方共同的行为，一般应由双方共同努力，才会达到理想的效果。任何一方先行让步，在对方未做相应的让步之前，一般不应做继续让步。

(4) 坚持让步的艰难性。每做出一项让步，都必须使对方明白，本方的让步是不容易的，而对对方来说这种让步是可以接受的。

(5) 对对方的让步，要期望得高些。只有保持较高的期望，在让步中才有耐心和勇气。

(二) 让步的实施步骤与方式

商务谈判中的让步应该是有计划的，即在谈判的准备阶段让步应成为谈判方案的组成部分。让步应该是可控的，即在谈判中的让步必须为谋取或把握谈判主动权服务，注意步骤与方式。

让步的实施步骤。明智的让步是一种非常有力的谈判工具。让步的基本哲理是"以小换大"。谈判人员必须以局部利益换取整体利益作为让步的出发点，所以，把握让步的实施步骤是必不可少的。

(1) 确定谈判的整体利益。该步骤在准备阶段就应完成。谈判人员可从两方面确定整体利益：一是确定此次谈判对谈判各方的重要程度。可以说，谈判对哪一方的重要程度越高，那么，这一方在谈判中的实力越弱。二是确定己方可接受的最低条件。也就是己方能做出的最大限度的让步。

(2) 确定让步方式。不同的让步方式可传递不同的信息，产生不同的效果。在商务谈判中，由于交易的性质不同，让步没有固定的模式，通常表现为多种让步方式的组合，并且这种组合还要在谈判过程中依具体情况不断进行调整。

(3) 选择让步时机。让步的时机与谈判的顺利进行有着密切的关系，根据当时的需要，既可我方先于对方让步，也可后于对方让步，甚至双方同时做出让步。让步时机选择的关键在于应使己方的小让步给对方造成大满足的感受。

(4) 衡量让步结果。它可以通过己方在让步后具体的利益得失与己方在做出让步后所取得的谈判地位，以及讨价还价力量的变化来进行衡量。

在做出让步之前，要先考虑我方的让步究竟是要满足对方哪一方面的需要。让步前的选择主要包括：

(1) 时间的选择。根据对方当时的心理需求，让步的时间应掌握在当我方一做出让步，对方立即就能够接受、没有犹豫猜测的余地的时候。

(2) 利益对象的选择。让步可以给予对方公司、公司中的某个部门、某个第三者或谈判者本人某些利益。最好的是将利益让给最容易引起积极反应或回报的一方。

(3) 成本的选择。由公司、公司中的某个部门、某个第三者或由谈判者本人负担成本的亏损。

(4) 内容的选择。让步的内容可以使对方满足或者增加对方的满足感，人们可以从讨论中的问题、与问题有关的事情或与问题不相关的其他人那里得到满足或增加满足感。

(5) 环境的选择。应当在对方可以感受到让步的价值的场合做出让步，如进行现场比较、媒介宣传的比较等。

让步的实质要比表面看来微妙得多，它牵涉到谁是受益人、用什么方法让步、什么时候让步，以及让步的来源等问题，唯有通盘考虑，才能更有效地运用。

案例：促使谈判对方让步的策略

20世纪80年代，蛇口招商局负责人袁庚，同美国PPC集团签订合资生产浮法玻璃的协议。谈判时，在蛇口方面每年付给美方知识产权费用占销售总额的比例上，双方产生了较大的分歧。美方要价是6%，而蛇口方面还价是4%，经过一番讨价还价的争论，美方被迫降下来一个百分点，要价为5%，而蛇口方面还价是4.5%。这时，双方都不肯再让步了，于是谈判出现了僵局。怎么办呢? 休会期间，袁庚出席美方的午餐会，在应邀发表演讲时，他念念不忘台下的PPC集团的谈判对手，于是故意将话题转向谈论中国文化上。他充满豪情地说："早在千年以前，我们民族的祖先就将四大发明——指南针、造纸术、印刷术和火药无条件地贡献给了全人类，而他们的后代子孙却从未埋怨过不要专利权是愚蠢的；恰恰相反，他们盛赞祖先具有伟大的风格和远见。"一席豪情奔放的讲话，把会场的气氛激活了。接下去，袁庚转到正题上，说："我们招商局在同PPC集团的合作中，并不是要求你们也无条件地让出专利，不，我们只要求你们要价合理——只要价格合理，我们一个钱也不会少给!"这番话，虽然是在谈判桌外说的，却深深触动了在座的PPC集团的谈判者。回到谈判桌以后，PPC集团很快做出了让步，同意以4.75%达成协议，为期10年。蛇口的这个协议，比其他城市的同类协议开价低出了一大截。从达成的协议上不难看出，与最初的要价相对比，美方让步是 1.25 个百分点，而我方让步为 0.75 个百分点。

　　点评：谈判中除了必不可少的"火力侦察"以外，有时候可辅以某种自傲之情，即让自己的语言流露出一定的豪气和胆气，借以攻破对方的心理底线，迫使其做出最大限度的让步。

　　让步的方式。在谈判的过程中，赢者总是比输者能控制自己的让步程度，特别是在谈判快形成僵局时更为显著。谈判里的输者，往往是无法控制让步的程度；赢者则是不停地改变自己的让步方式，令人难以揣测。那么，让步方式有几种呢？

1．最后一次到位

　　这是一种较坚定的让步方式。它的特点是在谈判的前期阶段，无论对方做何表示，己方始终坚持初始报价，不愿做出丝毫的退让；而到了谈判后期或迫不得已的时候，却做出大步的退让，当对方还想要求让步时，己方又拒不让步了。这种让步方式往往让对方觉得己方缺乏诚意，容易使谈判形成僵局，甚至可能因此导致谈判的失败。因此，可把这种让步方式概括为"冒险型"。

2．均衡

　　这是一种以相等或近似相等的幅度逐轮让步的方式。这种方式的缺点在于让对方每次的要求和努力都得到满意的结果，因此很可能会刺激对方要求无休止让步的欲望，并坚持不懈地继续努力以取得进一步让步，而一旦让步停止就很难说服对方，从而有可能造成谈判的中止或破裂。但是，如果双方价格谈判轮数比较多、时间比较长，这种"刺激型"的让步方式也可以显出优越性，每一轮都做出微小的但又带有刺激性的让步，把谈判时间拖得很长，往往会使谈判对手厌烦不堪、不攻自退。因此，可把这种让步方式称为"刺激型"。

3．递增

　　这是一种让步幅度逐轮增大的方式。在实际的价格谈判中应尽力避免采取这种让步方式，因为这样做的结果会使对方的期望值越来越大，每次让步之后，对方不但感到不满足，并且会认为己方软弱可欺，从而助长对方的谈判气势，诱发对方要求更大让步的欲望，使己方很有可能遭受重大损失。这种让步方式可以概括为"诱发型"。

4．递减

　　这是一种让步幅度逐轮递减的方式。这种方式的优点在于：一方面让步幅度越来越小，使对方感觉己方是在竭尽全力满足其要求，也显示出己方的立场越来越强硬，同时暗示对方虽然己方仍愿妥协，但让步已经到了极限，不会再轻易做出让步；另一方面让对方看来仍留有余地，使对方始终抱着把交易继续进行下去的希望。因此，可以把这种让步方式称为"希望型"。

5．有限让步

　　这种让步方式的特点是：开始先做出一次巨大的退让，然后让步幅度逐轮减少。这种方式的优点在于，它既向对方显示出谈判的诚意和己方强烈的妥协意愿，同时又向对方巧妙地暗示出己方已尽了最大的努力，做出了最大的牺牲，因此进一步的退让已近乎不可能。

从而显示出己方的坚定立场。这种方式可称为"妥协型"。

6．快速让步

这是一种巧妙而又危险的让步方式。开始做出的让步幅度巨大，但在接下来的谈判中则坚持己方的立场，丝毫不做出让步，使己方的态度由骤软转为骤硬，同时也会使对方由喜变忧，又由忧变喜，具有很强的迷惑性。开始的巨大让步将会大幅度地提高买方的期望，不过接下来的毫不退让和最后一轮的小小让步会很快抵消这一对立情绪。这是一种很有技巧的方法，它向对方暗示，即使进一步的讨价还价也是徒劳的。但是，这种方式本身也存在一定的风险性，首先，它把对方的巨大期望在短时间内化为泡影，可能会使对方难以适应，影响谈判的顺利进行；其次，开始做出的巨大让步可能会使卖主丧失在高价位成交的机会。这种方式可称为"危险型"。

7．退中有进

这种让步方式代表一种更为奇特和巧妙的让步策略，因为它更加有力地、巧妙地操纵了对方的心理。第一轮先做出一个很大的让步，第二轮让步已经到了极限，但在第三轮却安排小小的回升(对方一般情况下当然不会接受)，然后在第四轮里再假装被迫做出让步。这一升一降，实际上让步的总幅度并未发生变化，却使对方得到一种心理上的满足。这种方式可称为"欺骗型"。

8．一次性

这是一种比较低劣的让步方式。在谈判一开始就把己方所能做出的让步和盘托出，这不仅会大大提高对方的期望值，而且会使己方没有丝毫的余地。接下来的完全拒绝让步显得既缺乏灵活性，又容易使谈判陷入僵局。这种让步方式只能称为"缴枪型"。

谈判是具有一定艺术性的。人们对自己争取某个事物的行为的评价并不完全取决于最终的行为结果，还取决于人们在争取过程中的感受，有时感受比结果还重要。在这里，己方认真倾听对方的意见，肯定其要求的合理性，满足了对方受人尊敬的要求；保证对方的条件待遇不低于其他客户，进一步强化了这种受人尊敬需求的效果，迎合了人们普遍存在互相攀比、横向比较的心理。

莎士比亚曾经说过："人们满意时，就会付出高价。"以下的每个让步都会提高对方的满意程度，而己方又丝毫无损：

- 注意倾听对方所说的话。
- 尽量给他最圆满的解释，使他满意。
- 如果你说了某些话，就证明给他看。
- 即使是相同的理由，也要一再地说给他听。
- 对待他温和而有礼貌。
- 向他保证其他顾客的待遇都没有他好。
- 尽量重复指出这次交易将会提供给他完美的售后服务。
- 向他说明其他有能力及受尊敬的人也做了相同的选择。
- 让他亲自去调查某些事情。
- 如果可能，向他保证未来交易的优待。
- 让公司中高级主管亲自出马，使对方更满意而有信心。

· 让他了解商品的优点及市场的情况。

(三) 阻止对方进攻的技巧

1．极限控制策略

(1) 权力极限策略。这是利用控制本方谈判人员的权力来限制对方的自由，防止其进攻的一种策略。

(2) 政策极限策略。这是本方以企业在政策方面的有关规定作为无法退让的理由，阻止对方进攻的一种策略。

(3) 财政极限策略。这是利用本方在财政方面所受的限制，向对方施加影响，达到防止其进攻目的的一种策略。

2．先例控制策略

引用先例来处理同类的事物，不仅可以为我们节省大量的时间和精力，缩短决策过程，而且还会在一定程度上给我们带来安全感。先例的引用一般采取两种形式，一是引用以前与同一个对手谈判时的例子，二是引用与他人谈判的例子。

3．以攻为守策略

以上策略都是以防御来阻滞对方进攻的。实际上，主动的进攻才是最好的防御。以攻为守的具体方法十分多样，比如可以通过不断的质询或提问，迫使对方做出回答或解释，从而中断对方意图，也可以断然拒绝对方的要求。谈判者需要根据情况灵活地做出决策。

(四) 对付谈判威胁的技巧

在商务谈判过程中，如果谈判双方在所谈问题上存在严重的意见分歧，一方就可能采取行动逼迫另一方，造成一个不利于对方的结果，从而形成威胁的局面。依据谈判一方实施威胁后的相对损失程度，可将谈判中的威胁概括为三类，即压迫式威胁、胁迫式威胁与自残式威胁。

对付谈判中的威胁，最关键是必须了解可能产生威胁的条件，然后对症下药，予以击破。针对构成产生威胁的要素来考虑对付谈判威胁的技巧。以下便是几种解除对方威胁的技巧。

1．先斩后奏

通过分析，在对方的威胁发出之前将该行为完成或做到无法收手的地步，造成一种"既成现实"使对方的潜在威胁失去目标，从而无法实施威胁。

2．上告

这种方法是针对威胁者权力而采取的措施。在谈判中，威胁者借以实施威胁的权力通常是由其上级赋予的，因此，使上级对威胁失去兴趣或反感，威胁就会因失去威胁的权力而自动解除。

3．逆流而上

这是一种对付威胁的强硬方式，它适用于胁迫式威胁和自残式威胁。采用这种方法要做到以下几点：

第一，全面分析利益得失。

第二，要做最坏的打算，事先安排好各种方案，以应付可能出现的后果。

第三，向对方反复表明本方的强硬姿态。

第四，向对方晓以利害，陈述威胁给对方造成的压力。

4. 分散风险

这种方法是针对威胁可能造成损失而采用的技巧。采用这种方法一定要向对方表明：对方的威胁根本无法对我方造成实际损害，反而会涉及其他企业，从而对对方造成不利。

5. 假装糊涂

这是针对威胁赖以形成的沟通渠道因素而实施的技巧。如果威胁方认为目的没有达到，比如，没有给对手造成压力，那么，威胁方可能会自动撤回威胁。

6. 晓以利害

商务谈判中，绝大多数的威胁会对谈判双方形成压力。晓以利害这种方法一方面可以使威胁方更清楚自己威胁的利弊得失，另一方面也可以增加对手的心理压力。

第三节　谈判僵局的处理

在商务谈判过程中，经常会因各种各样的原因使谈判双方僵持不下、互不相让。应该说，这种现象是比较客观和正常的，诸如相互猜疑、意见分歧、激烈争论等现象，在争取利益的较量中也比较常见。但是，对这些现象如果处理不当，谈判双方无法缩短彼此的距离，就会形成僵局，直接影响谈判工作的进展。

一般来说，谈判僵局是指在谈判过程中，双方因暂时不可调和的矛盾而形成的对峙。出现僵局不等于谈判破裂，但它严重影响谈判的进程，如不能很好地解决，就会导致谈判破裂。当然，并不一定在每次谈判中都会出现僵局，但也可能一次谈判出现几次僵局。谈判僵局通常可以分为潜在僵局和现实僵局，它们的主要区别在于，谈判双方对谈判议题以及谈判态度的对立程度不同，前者是对立情绪还未爆发，后者是对立情绪已充分外露。为了有效地处理谈判僵局，首先要了解和分析陷入僵局的原因。

一、形成僵局的原因

(一) 谈判一方故意制造谈判僵局

这是一种带有高度冒险性和危险性的谈判战略，即谈判的一方为了试探出对方的决心和实力而有意给对方出难题，搅乱视听，甚至引起争吵，迫使对方放弃自己的谈判目标而向己方目标靠近，使谈判陷入僵局。其目的是使对方屈服，从而达成有利于己方的交易。故意制造谈判僵局的原因可能是：过去在商务谈判中上过当、吃过亏，现在要给对方报复；或者自己处在十分不利的地位，通过给对方制造麻烦可能改变自己的谈判地位。这样做就会导致商务谈判出现僵局。

通常情况下，谈判者往往不愿冒使谈判陷入僵局的风险，因为制造僵局往往会改变谈判者在谈判中的处境。如果运用得当会获得意外的成功，反之，若运用不当，其后果也是不堪设想的。因此，除非谈判人员有较大把握和能力控制僵局，否则，最好不要轻易采用。

(二) 一言堂导致僵局

谈判中的任何一方，不管出自何种欲望，如果过分地、滔滔不绝地论述自己的观点，而忽略了对方的反应和陈述的机会，必然会使对方感到不满与反感，造成潜在的僵局。

(三) 立场观点争执导致僵局

双方各自坚持自己的立场观点而排斥对方的立场观点，则会形成僵持不下的局面。在谈判过程中，如果双方对各自立场观点产生主观偏见，认为己方是正确合理的，而对方是错误的，并且谁也不肯放弃自己的立场观点，则往往会出现争执，陷入僵局。双方真正的利益需求被这种立场观点的争论所搅乱，而双方又为了维护自己的面子不但不愿做出让步，反而用否定的语气指责对方，迫使对方改变立场观点，则谈判就变成了不可相容的立场对立。谈判者出于对己方立场观点的维护心理，往往会产生偏见，不能冷静地尊重对方的观点和客观事实。双方都固执己见地排斥对方，而把利益忘在脑后，甚至会为了"捍卫"立场观点的正确而以退出谈判相要挟。

这种原因造成的僵局若处理不好，就会破坏谈判的合作气氛，浪费谈判时间，甚至伤害双方的感情，最终使谈判走向破裂的结局。立场观点争执所导致的僵局是比较常见的，因为人们很容易在谈判时陷入立场观点的争执不能自拔，而使谈判陷入僵局。

(四) 利益相争导致僵局

谈判的双方势均力敌，同时，双方各自的目的、利益都集中在某几个问题上。比如，一宗商品买卖交易，买卖的双方都非常关注商品价格、付款方式这两个条款，这样双方通融、协调的余地就比较小，很容易在此问题上互相讨价还价，互不让步，从而形成僵局。双方对交易内容的条款要求和想法差别较大，也容易形成僵局。例如，一桩进口机械设备买卖，卖方要价为 20 万元，而买方报价为 10 万元，卖方要一次性付款，买方则坚持二次付清。这样一来，要协调双方的要求就比较困难，通常的办法是双方各打 50 大板，都做同等让步，以 15 万元的价格成交，如有任何一方不妥协，僵局就会形成。

(五) 偏激的感情色彩导致僵局

在谈判中，由于一方言行不慎，伤害对方的感情或使对方丢面子，也会形成谈判的僵局，而且这种僵局最难处理。一些有经验的谈判专家认为，许多谈判人员维护个人的面子甚于维护公司的利益。如果在谈判中，一方感到丢了面子，他会奋起反击挽回面子，甚至不惜退出谈判。这时，这种人的心态处于一种激动不安的状况，态度也特别固执，语言也富于攻击性，明明是一个微不足道的小问题，也毫不妥协退让，自然，双方就很难继续交谈，从而陷入僵局。

(六) 谈判者行为的失误导致僵局

谈判者行为的失误常常会引起对方的不满，使其产生抵触情绪和强烈的对抗，会使谈判陷入僵局。例如，个别谈判人员的工作作风、礼节礼貌、言谈举止、谈判方法等方面出现严重失误，触犯了对方的尊严或利益，就会使对方产生对立情绪，令谈判很难顺利进行下去，造成很难堪的局面。

(七) 信息沟通障碍导致僵局

谈判过程是一个信息沟通的过程，只有双方的信息实现正确、全面、顺畅的沟通，才能使彼此相互深入了解，才能正确地把握和理解对方的利益和条件。但是实际上，双方的信息沟通会遇到种种障碍，造成信息沟通受阻或失真，使双方产生对立，从而陷入僵局。

信息沟通障碍指双方在交流信息过程中由于主客观原因所造成的理解障碍，其主要表现为：由于双方文化背景差异所造成的观念障碍、习俗障碍、语言障碍；由于知识结构、教育程度的差异所造成的问题理解差异；由于心理、性格差异所造成的情感障碍；由于表达能力、表达方式的差异所造成的传播障碍等。信息沟通障碍使谈判双方不能准确、真实、全面地进行信息、观念、情感的沟通，甚至会产生误解和对立情绪，使谈判不能顺利进行下去。

阅读：沟通的障碍

某跨国公司总裁访问一家中国著名的制造企业，商讨合作发展事宜。中方总经理很自豪地向客人介绍说："我公司是中国二级企业……"此时，翻译人员很自然地用"Second-Class Enterprise"来表述。不料，该跨国公司总裁闻此，原本很高的兴致突然冷淡下来，敷衍了几句立即起身告辞。在归途中，他抱怨道："我怎么能同一个中国的二流企业合作？"可见，一个小小的沟通障碍，会直接影响到合作的可能与否。美国商人谈及与日本人打交道的经历时说："日本人在会谈过程中不停地'Hi'、'Hi'，原以为日本人完全赞同我的观点，后来才知道日本人只不过表示听明白了我的意见而已，除此之外，别无他意。"

(八) 谈判人员的偏见或成见导致僵局

偏见或成见是指由感情原因所产生的对对方及谈判议题的一些不正确的看法。由于产生偏见或成见的原因是因为对问题认识的片面性，即用以偏概全的办法对待别人，因而很容易引起僵局。

由于谈判人员对信息的理解受其职业习惯、受教育的程度以及为某些领域内的专业知识所制约，所以表面上看来，谈判人员对对方所讲的内容似乎已完全理解了，但实际上这种理解却常常是主观、片面的，甚至往往与信息内容的实质情况完全相反。

(九) 面对强迫的反抗导致僵局

一方向另一方施加强迫条件，被强迫一方越是受到逼迫，就越不退让，从而形成僵局。一方占有一定的优势，他们以优势者自居向对方提出不合理的交易条件强迫对方接受，否则就威胁对方；被强迫一方出于维护自身利益或是维护尊严的需要，拒绝接受对方强加于己方的不合理条件，反抗对方强迫。这样双方僵持不下，使谈判陷入僵局。

(十) 外部环境变化导致僵局

在谈判期间外部环境发生突变，某一谈判方如果按原有条件谈判就会蒙受利益损失，于是他便推翻已做出的让步，从而引起对方的不满，使谈判陷入僵局。由于谈判不可能处于真空地带，谈判者随时都要根据外部环境的变化而调整自己的谈判策略和交易条件，因此这种僵局的出现也就不可避免。

以上是造成谈判僵局的几种因素。谈判中出现僵局是很自然的事情，虽然人人都不希望出现僵局，但是出现僵局也并不可怕。面对僵局不要惊慌失措或情绪沮丧，更不要一味指责对方没有诚意，要弄清楚僵局产生的真实原因是什么，分歧点究竟是什么，谈判的形势怎样，然后运用有效的策略技巧突破僵局，使谈判顺利进行下去。

二、僵局的处理方法

(一) 回避分歧，转移议题

当双方对某一议题产生严重分歧都不愿意让步而陷入僵局时，一味地争辩解决不了问题，可以采用回避有分歧的议题，换一个新的议题与对方谈判。这样做有两点好处：可以争取时间先进行其他问题的谈判，避免长时间的争辩耽误宝贵的时间；当其他议题经过谈判达成一致之后，对有分歧的问题产生正面影响，再回过头来谈陷入僵局的议题时，气氛会有所好转，思路会变得开阔，问题的解决便会比以前容易得多。

(二) 尊重客观，关注利益

由于谈判双方各自坚持己方的立场观点，或由于主观认识的差异而使谈判陷入僵局，这时候处于激烈争辩中的谈判者容易脱离客观实际，忘掉大家的共同利益是什么。所以，当谈判者陷入僵局时，首先要克服主观偏见，从尊重客观的角度看问题，关注企业的整体利益和长远目标，而不要一味追求论辩的胜负。如果是由于某些枝节问题争辩不休而导致僵局，这种争辩是没有多大意义的。即使争辩的是关键性问题，也要客观地评价双方的立场和条件，充分考虑对方的利益要求和实际情况，认真冷静地思索己方如何才能实现比较理想的目标。理智地克服一味地希望通过坚守自己的阵地来"赢"得谈判的做法，这样才能静下心来面对客观实际，为实现双方共同利益而设法打破僵局。

(三) 多种方案，选择替代

如果双方仅仅采用一种方案进行谈判，当这种方案不能为双方同时接受时，就会形成僵局。实际上，谈判中往往存在多种满足双方利益的方案。在谈判准备期间就应该准备出多种可供选择的方案。一旦一种方案遇到障碍，就可以提供其他的备用方案供对方选择，使"山重水复疑无路"的局面转变成"柳暗花明又一村"的好形势。谁能够创造性地提供可选择的方案，谁就能掌握谈判的主动权。当然这种替代方案要既能维护己方切身利益，又能兼顾对方的需求，才能使对方对替代方案感兴趣，进而从新的方案中寻找双方的共识。

(四) 尊重对方,有效退让

当谈判双方各持己见互不相让而陷入僵局时,谈判人员应该明白,坐到谈判桌上的目的是为了达成协议实现双方共同利益,如果促使合作成功所带来的利益要大于固守己方立场导致谈判破裂的收获,那么退让就是聪明有效的做法。

采取有效退让的方法打破僵局,基于三点认识:第一,己方用辩证的思考方法,明智地认识到在某些问题上稍做让步,而在其他问题上争取更好的条件;在眼前利益上做一点牺牲,而换取长远利益;在局部利益上稍做让步,而保证整体利益。第二,己方多站在对方的角度看问题,消除偏见和误解,对己方一些要求过高的条件做出一些让步。第三,这种主动退让姿态向对方传递了己方的合作诚意和尊重对方的宽容,促使对方在某些条件上做出相应的让步。如果对方仍然坚持原有的条件寸步不让,证明对方没有诚意,己方就可以变换新的策略,调整谈判方针。

(五) 冷调处理,暂时休会

当谈判出现僵局而一时无法用其他方法打破僵局时,可以采用冷调处理的方法,即暂时休会。由于双方争执不下,情绪对立,所以很难冷静下来进行周密的思考。休会以后,双方情绪平稳下来,可以净静地思考一下:双方的差距究竟是什么性质的;对前一阶段谈判进行总结;考虑一下僵局会给己方带来什么利益损害;环境因素有哪些发展变化;谈判的紧迫性如何等。另外,也可以在休会期间向上级领导做汇报,请示一下高层领导对处理僵局的指导意见,对某些让步策略的实施授权给谈判者,以便谈判者采取下一步的行动。

再有,可以在休会期间让双方高层领导进行接触,融洽一下双方僵持对立的关系;或者组织双方谈判人员参观游览,参加宴会、舞会和其他娱乐活动,在活动中双方在轻松愉快的气氛中进行无拘无束的交流,进一步交换意见,重新营造友好合作、积极进取的谈判气氛。经过一段时间的休会,当大家再一次坐到谈判桌上的时候,原来僵持对立的问题会比较容易沟通和解决,僵局也就随之被打破了。

(六) 以硬碰硬,据理力争

当对方提出不合理条件、制造僵局、给己方施加压力时,特别是在一些原则问题上表现得蛮横无理时,要以坚决的态度据理力争。因为这时如果做出损害原则的退让和妥协,不仅会损害己方的利益和尊严,而且会助长对方的气焰。所以,己方要明确表示拒绝接受对方的不合理要求,揭露对方故意制造僵局的不友好行为,使对方收敛起蛮横无理的态度,自动放弃不合理的要求。这种方法首先要体现出己方的自信和尊严,不惧怕任何压力,追求平等合作的原则;其次要注意表达的技巧性,用绵里藏针、软中有硬的方法回击对方,使其自知没趣,主动退让。

(七) 孤注一掷,背水一战

当谈判陷入僵局时,己方认为自己的条件是合理的,无法再做让步,而且又没有其他可以选择的方案,可以采用"孤注一掷,背水一战"的策略。将己方条件摆在谈判桌上,明确表示自己已无退路,希望对方能做出让步,否则情愿接受谈判破裂的结局。当谈判陷入僵局而又没有其他方法解决的情况下，这个策略往往是最后一个可供选择的策略。

在做出这一选择时，己方必须做好最坏的打算，做好承受谈判破裂的心理准备。因为一旦对方不能接受己方条件，就有可能导致谈判破裂。在己方没有做出充分的准备时，在己方没有多次努力尝试其他方法打破僵局时，不能贸然采用这一方法。

这种策略使用的前提条件是己方的要求是合理的，而且也没有退让的余地，因为再退让就损害己方的根本利益。另一前提条件是己方不怕谈判破裂，不会用牺牲企业利益的手段去防止谈判破裂。如果对方珍惜这次谈判和合作的机会，则在己方做出最后摊牌之后，有可能选择退让的方案，使僵局被打破，达成一致的协议。

(八) 换将

换将处理法是指在产生情绪性谈判僵局时，谈判的一方或双方更换谈判人员，缓和气氛，打破僵局的策略方法。

(九) 升格

升格缓解法是指在谈判中，当分歧在双方谈判人之间无法解决致使谈判陷入僵局时，谈判的一方或双方请其上级出面商谈，借以打破僵局的策略方法。

第四节 商务谈判的成交与签约

一、商务谈判成交的促成

虽然商务谈判双方经过前面几个阶段的交锋，克服了许多障碍和分歧，但只是为成交铺平了道路，此时仍然不能掉以轻心。有经验的谈判者总是善于在关键的、恰当的时刻，抓住对方隐含的签约意向或巧妙地表明自己的签约意向，趁热打铁，促成交易的达成与实现。因此，成功的签约者应该能够灵活把握签约意向，促成签约。

所谓成交，是指谈判者接受对方的建议及条件，愿意根据这些条件达成协议，实现交易的行动过程。

(一) 成交应具备的六个条件

1. 使对方必须完全了解企业的产品及产品的价值

在谈判过程中，如果对手熟悉了你的产品，他们就容易接受谈判人员的建议。因此，作为谈判人员，应该主动地向谈判对手展示自己的产品，主动地介绍产品的各种优势、性能、用途等，尽可能消除对手的疑虑。一句话，根据对手的不同心理，多给他们一个了解产品的时间和机会。

2. **使对方信赖自己和自己所代表的公司**

如果对手对你以及你所代表的公司没有足够的信心和信赖，那么即使你的产品质量再好，价格再优惠，也会使对手成交的想法产生动摇、变化。因此，谈判人员在谈判时，必须取得对方的信任，这是成交的必要条件。

3. 使对方对你的商品有强烈的购买欲望

根据市场营销学的原理，当具有购买能力时，欲望便转化成需求，这就说明市场营销者连同社会上的其他因素，只是影响了人们的欲望，并试图向人们指出何种特定商品可以满足其指定需要，进而使商品更有吸引力。因此，作为谈判人员，工作重心应放在做好谈判说明中的工作，这样才能影响和带动顾客的购买欲望和购买能力的产生。

4. 准确把握时机

"事在人为"，只要通过努力，都有可能改变或影响某一事物的发展和变化。因此，作为谈判人员，要等待合适的时机，必要时要想办法制造合适的时机，促使对方做出成交决策。

阅　　读

某办公用品销售人员到某办公室去销售碎纸机。办公室主任在听完产品介绍后摆弄起样机，自言自语道："东西倒挺合适，只是办公室这些小年轻毛手毛脚，只怕没用两天就坏了。"销售人员一听，马上接着说："这样好了，明天我把货运来的时候，顺便把碎纸机的使用方法和注意事项给大家讲讲，这是我的名片，如果使用中出现故障，请随时与我联系，我们负责维修。主任，如果没有其他问题，我们就这么定了？"于是，生意就这样谈成了。

5. 掌握促成交易的各种因素

谈判者对商品的认识，谈判者的购买意图，谈判人员的性格、情绪、工作态度以及谈判人员的业务能力，都会影响成交。在谈判实践中，经常出现这样一些情形，如果谈判人员业务能力较强，则对商品的介绍、分析非常合理、科学，让人深信不疑，反之则会给人一种"听不明白"，或"越听越糊涂"，或"听了以后反增加疑虑"的感受，这必然会影响商品的成交机会。如果谈判人员善于创造一种氛围，有效地诱导对方，则肯定会给商品多一些成交机会，反之，即使有了成交机会，可能也会丧失。

案　　例

某电子公司的一个客户有个奇怪的习惯，每次业务人员和电子公司谈妥所有条件后，客户公司的经理就会出面要求公司再给两个优惠。

开始时电子公司还据理力争，想把对方这一要求挡回去，后来打交道多了之后，就干脆在谈判的过程中预留两项，专门等待对方经理来谈，然后爽快答应，双方皆大欢喜。

问题：分析电子公司谈判成功的原因是什么？

6. 为圆满结束做出精心安排

作为谈判人员，应对谈判工作有一个全面的安排方案，根据方案明确自己的工作目标和方向，同时也明确自己下一步的工作规划和要求。尤其是在洽谈的最后阶段，对对方提出来的意见要处理好，使他们自始至终对你的谈判工作及所谈判的商品保持浓厚的兴趣，要引导他们积极参与你的工作。

(二) 成交信号的识别导致僵局

成交信号是指商务谈判的各方在谈判过程中所传达出来的各种希望成交的暗示。对大多数商务谈判人员而言，如何第一时间识别对方发出成交信号，在对方发出此类信号时能往成交的方向引导，并最终促成成交，成为所有成功谈判的"必杀技"。

1. 成交的语言信号

在谈判过程当中，谈判对手最容易通过语言方面的表现流露出成交的意向，经验丰富的谈判人员往往能够通过对对手的密切观察，及时、准确地识别对手通过语言信息发出的成交信号，从而抓住成交的有利时机。

(1) 某些细节性的询问表露出的成交信号。当对手产生了一定的成交意向之后，如果谈判人员细心观察、认真揣摩，往往可以从他(她)对一些具体信息的询问中发现成交信号。比如，他们向你询问一些比较细致的产品问题；向你打听交货时间；向你询问产品某些功能及使用方法；向你询问产品的附件与赠品；向你询问具体的产品维护和保养方法；或者向你询问其他老客户的反映、公司在客户服务方面的一些具体细则；等等。在具体的交流或谈判实践当中，对手具体采用的询问方式各不相同，但其询问的实质几乎都可以表明其已经具有了一定的成交意向，这就要求谈判人员迅速对这些信号做出积极反应。

(2) 某些反对意见表露出的成交信号。有时，对手会以反对意见的形式表达他们的成交意向。比如他们对产品的性能提出质疑，对产品的某些细微问题表达不满等。对手有时候提出的反对意见可能是他们真的在某些方面存在不满和疑虑，谈判人员需要准确识别成交信号和真实反对意见之间的区别，如果一时无法准确识别，那么不妨在及时应对反对意见的同时，对他们进行一些试探性的询问以确定对手的真实意图。

案　例

客户："这种材料真的经久耐用吗？你能保证产品的质量吗？"

谈判人员："我们当然可以保证产品的质量了！我们公司的产品已经获得了多项国家专利和获奖证书，这一点您大可以放心。购买这种高品质的产品是您最明智的选择，如果您打算现在要货的话，我们马上就可以到仓库中取货。"

客户："不不，我还是有些不放心，我不能确定这种型号的产品是否真的如你所说的那么受欢迎……"

谈判人员："这样吧，我这里有该型号产品的谈判记录，而且仓库也有具体的出货单，这些出货单就是产品谈判量的最好证明了。购买这种型号产品的客户确实很多，而且很多老客户还主动为我们带来了很多新客户，这下您该放心了吧，您对合同还有什么疑问吗？"

分析：该案例中的谈判人员就很好地准确识别了客户反对意见所表露出的成交信号，从而及时通过提供证据促进了成交。

2. 成交的行为信号

有时，对手可能会在语言询问中采取声东击西的战术，比如他们明明希望产品的价格能够再降一些，可是他们却会对产品的质量或服务品质等提出反对意见。这时，谈判人员很难从他们的语言信息中有效识别成交信号。在这种情形下，谈判人员可以通过对手的行为信息探寻成交的信号。比如，当对方对样品不断抚摸表示欣赏之时，当他们拿出产品的说明书反复观看时，在谈判过程中忽然表现出很轻松的样子时，当对方在你进行说服活动时不断点头或很感兴趣地聆听时，当他们在谈判过程中身体不断向前倾时，等等。当对手通过其一定的行为表现出某些购买动机时，谈判人员还需要通过相应的推荐方法进一步增加对手对产品的了解，比如当对手拿出产品的说明书反复观看时，谈判人员可以适时地针对说明书的内容对相关的产品信息进行补充说明，然后再通过语言上的询问进一步确定对手的购买意向。如果对手并不否认自己的购买意向，那么谈判人员就可以借机提出成交要求，促进成交的顺利实现。

3．成交的表情信号

对手的面部表情同样可以透露其内心的成交欲望。比如，当对手的眼神比较集中于你的说明或产品本身时，当对手的嘴角微翘、眼睛发亮显出十分兴奋的表情时，或者当对手渐渐舒展眉头时，等等。这些表情上的反应都可能是对手发出的成交信号，谈判人员需要随时关注这些信号，一旦对手通过自己的表情语言透露出成交信号之后，谈判人员就要及时做出恰当的回应。

阅　　读

在一次与客户进行谈判的过程中，刚开始，销售人员发现顾客一直紧锁着眉头，而且还时不时地针对产品的质量和服务提出一些反对意见。对客户提出的问题销售人员都一一给予了耐心、细致的回答，同时还针对市场上同类产品的一些不足强调了本公司产品的竞争优势，尤其是针对顾客比较关心的服务品质方面，着重强调了本公司相对完善的顾客服务系统。在销售人员向客户一一说明这些情况的时候，销售人员发现他对自己的推荐不再是一副漠不关心的模样，他的眼睛似乎在闪闪发亮，这下应该是说到了他的心坎儿上，于是销售便趁机询问他需要订购多少产品，客户告诉了他们打算订购的产品数量。销售人员知道这场谈判很快就要成功了……

4．成交的进程信号

谈判中常见的成交进程信号有：转变洽谈环境时；对方主动要求进入洽谈室，或在谈判人员要求进入时非常痛快地答应时；谈判人员在合同上书写内容时；做成交付款动作时；对方没有明显的拒绝和异议时。

根据终端环境的不同、谈判对象的不同、产品的不同、谈判人员介绍能力的不同、成交阶段的不同，对手表现出来的成交信号也千差万别，不一而足，无一定之规。优秀的谈判人员可以在终端实战中不断总结、不断揣摩、不断提升。总之，如何读懂商务谈判中对方的"秋波"，对大多数商务谈判人员来说，是"运用之妙，存乎一心"。

(三) 成交促成的策略

成交促成策略是在成交过程中，谈判人员在适当的时机，用以启发对手做出决策，达成协议的谈判技巧和手段。对于任何一个谈判人员来讲，熟悉和掌握各种成交的方法和技巧是非常重要的。

1．主动请求法——单刀直入，要求成交

谈判人员用简单明确的语言向谈判对手直截了当地提出成交建议，叫做直接请求成交法。这是一种最常用也是最简单有效的方法。例如：

谈判人员："师傅，您刚才提出的问题都得到解决了，是否现在可以谈购买数量的问题了？"

主动请求法的优点是：可以有效地促成购买；可以借要求成交向对方直接提示并略施压力；可以节省洽谈时间，提高谈判效率。但它也存在一些局限性：如过早直接地提出成交可能会破坏不错的谈判气氛；可能会给对手增加心理压力；可能使对手认为谈判人员有求于他，从而使谈判人员处于被动等。

运用主动请求法，应把握成交时机。一般来说，以下情况下可以更多地运用此方法：

(1) 向关系比较好的老顾客谈判时；

(2) 在对手不提出异议，想购买又不便开口时；

(3) 在对手已有成交意图，但犹豫不决时。

2．自然期待法——引导对手，期待成交

谈判人员用积极的态度，自然而然地引导对手提出成交的方法，叫做自然期待法。自然期待法并非完全被动等待对手提出成交，而是在成交时机尚未成熟时，以耐心的态度和积极的语言把洽谈引向成交。例如：

谈判人员："这是我们刚上市的新产品，价格适中，质量绝对没有问题，您看看怎么样？"

自然期待法的优点是：较为尊重对手的意向，避免对手产生抗拒心理；有利于保持良好的谈判气氛，循序诱导对手自然过渡到成交上；防止出现新的僵局和提出新的异议。但缺陷也明显存在，主要为可能贻误成交时机，同时，花费的时间较多，不利于提高谈判效率。

谈判人员运用自然期待法时，既要保持耐心温和的态度，又要积极主动地引导。谈判人员在期待对手提出成交时，不能被动等待，要表现出期待的诚意，传达成交的有利条件，或用身体语言进行暗示。

3．配角赞同法——做好配角，营造氛围

谈判人员把对方作为主角，自己以配角的身份促成交易实现的成交方法，称为配角赞同法。从性格学理论来讲，人的性格可以分为多种多样，如外向型与内向型，独立型与支配型等。一般的人都不喜欢别人左右自己，对于内向型与独立型的人更是如此，他们都处处希望自己的事情由自己做出主张。在可能的情况下，谈判人员应营造一种促进成交的氛围，让对手自己做出成交的决策，而不要去强迫他或明显地左右他，以免引起对手的不愉快。例如：

谈判人员："我认为您非常有眼光，就按您刚才的意思给您拿一件样品好吗？"

谈判人员："您先看看合同，看完以后再商量。"

配角赞同法的优点为既尊重了对手的自尊心，又富有积极主动的精神，促使对手做出明确的购买决策，有利于谈判成交。但这种方法的缺陷也是明显的，它必须以对手的某种话题作为前提条件，不能充分发挥谈判人员的主动性。

运用这种方法时，关键应牢记一个法则，即始终当好配角，不能主次颠倒。按一些有经验的谈判人员的办法，可以借鉴四六原则，即谈判人员只懂引导性的发言和赞同的附和，一般占洽谈内容的十分之四；启发对手多讲，一般可占洽谈内容的十分之六。当然，不能忘记，在当配角的过程中，应认真倾听对方的意见，及时发现和捕捉有利时机，并积极创

造良好的氛围，促成交易。

4．假定成交法——心理暗示，代为决策

谈判人员以成交的有关事宜进行暗示，让对手感觉自己已经决定购买。假定成交法也就是谈判人员在假设对方接受谈判建议的基础上，再通过讨论一些细微问题而推进交易的方法。例如：

谈判人员："师傅，既然您对商品很满意，那么就这样定了。"

谈判人员："先生，这是您刚才挑选的衣服，我给您包装一下好吗？"

假定成交法的优点是节约时间，提高谈判效率；可以减轻对手的成交压力，因为它只是通过暗示，对手也只是根据建议来做决策。这是一种最基本的成交技巧，应用性很广泛。但它的局限性也是存在的，主要为可能产生过高的成交压力，破坏成交的气氛；不利于进一步处理异议；如果没有把握成交时机，就会引起对手反感，产生更大的成交障碍。

谈判人员在运用此种方法时，必须对对方成交的可能性进行分析，在确认对方已有明显成交意向时，才能以谈判人员的假定代替对方的决策，但不能盲目地假定；在提出成交假定时，应轻松自然，决不能强加于人。最适用的条件为：在与较为熟悉的老顾客和性格随和的人员谈判时。

5．肯定成交法——先入为主，获得认同

谈判人员以肯定的赞语坚定对方成交的信心，从而促成交易实现的成交方法，称为肯定成交法。从心理学的角度来看，人们总是喜欢听好话，多用赞美的语言认同对方的决定，可以有力地促进顾客无条件地选择并认同你的意见。例如：

一位服装销售人员看到一位顾客进来时，就热情地招呼："师傅，您看看这件衣服挺漂亮的，您试穿一下吧，反正不收您的试穿费用。"当你试穿衣服时，他又开始赞美："您看，这件衣服穿在您身上有多合适，好像特意为您做的。"许多人听了类似的赞美词后，就会痛快地将自己腰包内的钱掏给老板了。

肯定成交法先声夺人，先入为主，免去了许多不必要的重复性的说明与解释；谈判人员的热情可以感染对方，并坚定对方的成交信心与决心。但它有时有强加于人之感，运用不好可能遭到拒绝，难以再进行深入的洽谈。

运用此方法，必须注意事先进行实事求是的分析，看清对象，并确认产品可以引起对方的兴趣，且肯定的态度要适当，不能夸夸其谈，更不能愚弄对方。一般可在成交时机成熟后，针对对方的犹豫不决而使用此方法来解决。

6．选择成交法——二者择一，增加几率

谈判人员直接向对方提供一些成交决策选择方案，并且要求他们立即做出决策的一种成交方法，称为选择成交法。它是假定成交法的应用和发展。谈判人员可以在假定成交的基础上，向对方提供成交决策比较方案，先假定成交，后选择成交。例如：

谈判人员："您要红颜色的还是灰颜色的商品？"

谈判人员："您用现钱支付还是用转账支票？"

选择成交法的理论依据是成交假定理论，它可以减轻对方决策的心理负担，在良好的气氛中成交，同时也可以使谈判人员发挥顾问的作用，帮助对方顺利完成购买任务，因而具有广泛的用途。但是如果运用不当，可能会分散对方注意力，妨碍他们选择。运用此方

法时应自然得体，既要主动热情，又不能操之过急，不能让对方有受人支配的感觉。

7．小点成交法——循序渐进，以小带大

谈判人员通过次要问题的解决，逐步地过渡到成交的实现，这种成交方法称为小点成交法。从心理学的角度看，谈判者一般都比较重视一些重大的成交问题，轻易不做明确的表态，而相反，对于一些细微问题，往往容易忽略，决策时比较果断、明确。小点成交法正是利用了这种心理，避免了直接提示重大的和对方比较敏感的成交问题。先小点成交，再大点成交；先就成交活动的具体条件和具体内容达成协议，再就成交活动本身与对方达成协议，然后达成交易。例如：

对方提出资金较紧，谈判人员对于不那么畅销的商品，这时可以说："这个问题不大，可以分期付款，怎么样？"

小点成交法可以避免直接提出成交的敏感问题，减轻对方成交的心理压力，有利于谈判人员推进，但又留有余地，较为灵活。它的缺点是可能分散对方的注意力，不利于针对主要问题进行劝说，影响对方果断地做出抉择。运用此种方法时，要根据对方的成交意向，选择适当的小点，同时将小点与大点有机地结合起来，先小点、后大点，循序渐进，达到以小促大的成交目的。

8．从众成交法——争相购买，及时诱导

谈判人员利用人的从众心理和行为促成交易实现的成交方法，称为从众成交法。心理学研究表明，从众心理和行为是一种普遍的社会现象。人的行为既是一种个体行为，又是一种社会行为，受社会环境因素的影响和制约。从众成交法也正是利用人们的这种社会心理，创造一定的众人争相购买的氛围，促成对方迅速做出决策。例如：

大街上一帮人正围着一位摊主抢购某种商品，其实，这帮人并不是真正的顾客，而是摊主的同伙人。他们做法的目的，就是为了营造一种"抢购"的氛围，让大家都来购买。

从众成交法可以省去许多谈判环节，简化谈判劝说内容，促成大量的购买，有利于相互影响，有效地说服对方。但是它也不利于谈判人员准确地传递谈判信息，缺乏劝说成交的针对性，只适用于大众心理较强的对手。运用此种方法，要掌握对手的心态，进行合理的诱导，不能采用欺骗手段诱使对方上当。

9．最后机会法——机不可失，过期不候

谈判人员向对手提示最后成交机会，促使他们立即决策的一种成交方法，称为最后机会法。这种方法的实质是，谈判人员通过提示成交机会，限制成交内容和成交条件，利用机会心理效应，增强成交意向。例如：

谈判人员："这种商品今天是最后一天降价了。"

最后机会法利用人们怕失去能得到某种利益的心理，引起对手的注意力。这样做，可以减少许多谈判劝说工作，避免对手在成交时再提出各种异议；可以在对手心理上产生一种"机会效应"，把他们成交时的心理压力变成成交动力，促使他们主动提出成交。

最后机会法一般是通过向对方提供优惠成交条件，来巩固和加深买卖双方关系的，对于较难谈判的商品，能够起到有效的促销作用。但它会增加谈判费用，减少收益，有时可能会加深对方的心理负担。运用此种方法，要注意针对对方求利的心理动机，合理地使用优惠条件；要注意不能盲目提供优惠；要注意在给予回扣时，遵守有关的政策和法律法规，

不能变相行贿。

10. 保证成交法——允诺保证，客户放心

保证成交法是指销售人员直接向客户提出成交保证，使客户立即成交的一种方法。所谓成交保证，就是指销售人员对客户所允诺担负交易后的某种行为。例如："您放心，您这个服务完全是由我负责，我在公司已经有 5 年的时间了。我们有很多客户，他们都是接受我的服务的。"让顾客感觉你是直接参与的，这是保证成交法。

当产品的单价过高、缴纳的金额比较大、风险比较大、客户对此种产品并不是十分了解、对其特性质量也没有把握，从而产生心理障碍犹豫不决时，销售人员应该向顾客提出保证，以增强信心。这样可以消除客户成交的心理障碍，增强成交信心，同时可以增强说服力以及感染力，有利于销售人员妥善处理有关成交的异议。使用此方法时，应该看准客户的成交心理障碍，针对客户所担心的几个主要问题直接提出有效的成交保证的条件，以解除客户的后顾之忧，增强成交的信心，促使进一步成交。

二、合同的含义和订立的原则

（一）合同的概念

我国法律界认为，合同又称为契约，具有广义和狭义两种。广义的合同泛指双方或多方当事人之间订立的发生一定权力、义务关系的协议；狭义的合同专指当事人之间设立、变更、终止民事关系的协议。

1. 合同的法律特征

从《民法通则》关于合同的定义可以看出，合同具有以下法律特征：合同是一种民事法律行为；是合同当事人之间设立、变更、终止民事法律关系的协议；是在当事人平等基础上达成的协议。

2. 合同的法律约束力

合同一旦依法成立，在当事人之间便产生如下法律约束力：当事人必须全面地、适当地履行合同中约定的各项义务；合同依法成立以后，除非通过双方当事人协商同意，或者出现了法律规定的原因，可以将合同变更或解除外，任何一方当事人都不得擅自更改或删除合同；当事人一方不履行或未能全部履行合同义务时，便构成违约行为，要依法承担民事责任，另一方当事人有权利请求法院强制其履行义务，并支付违约金或赔偿损失。

（二）合同订立的原则

1. 平等互利原则

平等是指合同当事人的民事法律地位平等。该原则要求当事人之间在订立合同时应平等协商，任何一方不得将自己的意志强加给另一方。当事人之间要互利，不得损害对方利益。

2. 自愿原则

自愿原则，是指当事人依法享有自愿订立合同的权利，任何单位和个人不得干预。当

事人在法律规定的范围内，可以按照自己的意愿订立合同，自主地选择订立合同的对象、决定合同内容及订立合同的方式。

3．公平原则

公平原则要求合同双方当事人之间的权利义务要公平合理，要大体上平衡，强调一方给付与对方给付之间的等值性，合同上义务的负担和风险的合理分配。在订立合同时，要根据公平原则确定双方的权利和义务。不得滥用权力，不得欺诈，不得假借订立合同进行恶意磋商。

4．诚实信用原则

诚实信用原则，是指当事人在订立合同时诚实守信，不得隐瞒事实的真相，诱使对方签订意思表示不真实的合同。

三、商务合同的含义、形式及内容

(一) 商务合同的含义

所谓商务合同，是指当事人在商务活动中，为了实现一定目的而设立、变更、终止民事权利义务关系的协议，也称契约。

1．合同是当事人意思表示一致的结果

所谓意思表示一致，指的是经由解释所认定的"表示内容的一致"，而非合同主体内心意思的一致。简而言之，作为合同成立的构成要件的意思表示一致，是认定的一致，而非事实上的一致，即二者有的时候是统一的，有的时候则不统一。当事人意思表示不一致，合同就不能成立，这是订立合同的首要条件，因为合同是属于双方或多方的法律行为。

2．合同是合法的民事行为

合同之所以能够发生法律效力，就是由于当事人在订立、履行合同时遵守法律、行政法规，尊重社会公德，不扰乱社会秩序，不损害社会公共利益，因而被国家法律所承认和保护。否则，不但得不到国家法律的认可和保护，并且还要承担由此而产生的法律责任。

3．合同依法成立，就具有法律约束力

依法成立的合同对当事人具有法律约束力，即当事人在合同中约定的权利义务关系就发生法律效力。当事人应当履行自己的义务，任何一方不得擅自变更合同的内容。

(二) 商务合同的形式

商务合同的形式，是指商务合同当事人达成协议的表现形式。依据《合同法》规定，当事人订立合同可以采取以下几种形式。

1．书面形式

书面形式，是指商务合同是以合同书、信件和数据电文(包括电报、电传、传真、电子数据交换和电子邮件)等可以有形地表现所载内容的形式进行的。书面合同最大的优点是合同有据可查，发生纠纷时容易取证，便于分清责任。因此，对于关系复杂的合同、重要的

合同，最好采用书面形式。

2．口头形式

口头形式，是指商务活动当事人以谈话方式所订立的商务合同，例如当面交谈、电话交谈等。口头形式的缺点是发生合同纠纷时难以取证，不易分清责任。一般来讲，对于不能即时清结的较重要的商务合同不宜采用口头形式。

3．推定形式

当事人未用语言、文字表达其意思表示，仅用行为向对方发出要约，对方接受该要约，以做出一定或指定的行为做承诺，合同成立。如租期届满后，承租人继续交纳房租，出租人接受之，由此可推知当事人双方做出了延长租期的法律行为。

(三) 商务合同的主要内容

商务合同的内容，是指商务合同当事人依照约定所享有的权利和承担的义务。商务合同的内容通过商务合同的条款来体现，由商务合同的当事人约定。因商务合同的种类不同，其内容也有所不同，但一般来说，商务合同的内容主要有以下几个方面：

1．当事人的名称(或姓名)和住所

名称，是指法人或者其他组织在登记机关登记的正式称谓；姓名是指公民在身份证或者户籍登记表上的正式称谓。住所对公民个人而言，是指其长久居住的场所；对法人和其他组织而言，是指主要办事机构所在地。当事人是合同法律关系的主体，因此，在合同中应当写明当事人的有关情况，否则，就无法确定权利的享有者和义务的承担者。

2．标的

标的是商务合同当事人的权利义务所共同指向的对象，在法学称为标的，就是合同法律关系的客体。在商务合同中，标的必须明确、具体、肯定，以便于商务合同的履行。合同的标的可以是物、劳务、智力成果等。

3．数量

数量是以数字和计量单位对商务合同标的进行具体的确定，标的的数量也是衡量合同身价的尺度之一。数量也是确定商务合同当事人权利义务范围、大小的依据，如果当事人在商务合同中没有约定标的数量，也就无法确定双方的权利和义务。

4．质量

质量是以成分、含量、纯度、尺寸、精密度、性能等，来表示合同标的内在素质和外观形象的优劣状态。如产品的品种、型号、规格、等级和工程项目的标准等。合同中必须对质量明确加以规定。

5．价款或者报酬

价款或者报酬，又称价金，是当事人一方取得标的物或接受对方的劳务而向对方支付的对价。在商务合同标的为物或智力成果时，取得标的物所应支付的对价为价款；在合同标的物为劳务时，接受劳务所应支付的对价为报酬。

价金一般由当事人在订立商务合同时约定，如果是属于政府定价的，必须执行政府定价。如果属于政府指导价的，当事人确定的价格不得超出政府指导价规定的幅度范围。

6. 履行期限、地点和方式

履行期限是当事人履行合同义务的时间规定。履行期限是衡量商务合同是否按时履行的标准，当事人在订立商务合同时，应将商务合同的履行期限约定的明确、具体。

履行地点是当事人履行义务的空间规定，即规定在什么地方交付或提取标的。当事人订立商务合同时要明确规定履行合同的地点。

履行方式是当事人履行义务的具体方式。商务合同履行的方式依据商务合同的内容不同而不同。

7. 违约责任

违约是当事人没有按照商务合同约定的全面履行自己义务的行为。违约责任，是指商务合同当事人因违约应当承担的法律责任。当事人为了确保商务合同的履行，可以在商务合同中明确规定违约责任条款。根据《合同法》的规定，承担违约责任的形式主要有：支付违约金、偿付赔偿金、继续履行、其他经济责任的承担。

违约金是指由当事人通过协商预先确定或者法律直接规定的，当一方违约时，违约方向对方支付的一定数额的货币。《合同法》规定，当事人可以约定一方违约时应向对方支付一定数额的违约金，也可以约定违约责任发生后违约金的计算方法。违约金的偿付不以违约是否造成损失来判定，按照经济合同法的规定，不论是否给对方造成损失，只要当事人一方有过错而不履行合同，都要按规定向对方支付违约金。

赔偿金是一方违约造成另一方损失，违约金不足以弥补损失时的一种补偿费用。赔偿金的偿付，除要有违约事实和过错外，还要有两个条件：一是违约方已造成实际损失；二是损失超过了违约金，或是没有违约金。

继续履行是指一方当事人在拒不履行合同或者不适当履行合同的情况下，另一方不愿解除合同，也不愿接受违约方以金钱赔偿方式代替履行合同，而坚持要求违约方履行合同约定的给付的一种违约责任的承担方式。

除上述违约金、赔偿金和继续履行合同外，根据实际情况还可继续追究违约责任，如逾期提货、提前交货，均应交付对方所需的保管费、保养费。

8. 争议的解决方法

争议的解决方法是当事人在履行合同过程中发生争议后，通过什么样的方法来解决当事人之间的争议。争议的解决方法有：协商、调解、仲裁和诉讼。

案　　例

王先生是国内一家电子生产企业的销售人员，他最近新开发了一家知名跨国公司客户，经过一个月的接触和多次谈判，双方签订了长期供货协议。王先生决心以出色服务维护好与这个大客户的关系，几天前客户第一个订单传真了过来，对方交货期是自下订单当日算起两周后。王先生想这是大客户，一定要做好服务工作，于是提前一周送货上门。送货后第四天，此客户采购部给王先生发来一份传真要求王的公司支付仓储费用及其他人工费用 12000 元，理由是王先生的公司提前送货，没有按照合同规定执行，给对方增加了额外的负担。

点评：商务谈判中的各项谈判工作固然重要，但是，即使谈成了业务，如果不签订合同，双方的权利义务关系不固定下来，以后执行就可能成为问题。所以说，合同的签订不可忽视，而且合同的签订也是商务谈判取得成果的标志。当然，合同签订后要按照合同约定来履行，否则可能造成违约责任。

四、签约仪式的安排

一般合同的签订，只需要主谈人与对方签字即可，在谈判地点或举行宴会的饭店都行，仪式可从简。重大合同的签订，由领导出面签字时，仪式比较隆重，要安排签字仪式，仪式的繁简取决于双方的态度，有时需要专设签字桌，安排高级领导会见代表团成员，请新闻界人士参加等。国际商务谈判的签字活动，若有使、领馆的代表参加，联系工作最好由外事部门经办，如果自己与有关使、领馆人员熟悉，也可以直接联系，但亦应向外事部门汇报请求指导，这样做既不失礼，又便于顺利开展工作。

（一）签约仪式的准备

签约仪式的整个过程所需时间并不长，也不像举办宴会那样涉及多方面的工作，其程序较简单，但由于签约仪式涉及双方之间的关系，而且往往是访谈、谈判成功的一个标志，有时甚至是历史转折的一个里程碑，因此，签约仪式也一定要认真筹办。

1. 确定参加签约仪式的人员

出席签约仪式的人员应基本上是参加会谈或谈判的全体人员。如一方要求让某些未参加会谈或谈判的人员出席签约仪式，应事先取得对方的同意，另一方应予以认可。但应注意双方人数最好大体相等。不少国家与企业为了表示对签约仪式的重视，往往由更高级别或更多的领导人出席签约仪式。

2. 签约文本及物品的准备

负责为签约仪式提供待签合同文本的主方，应会同有关各方一道指定专人，共同负责合同的定稿、校对、印刷、装订、漆印等工作。按常规，应该给在合同上正式签字的有关各方均提供一份待签的合同文本，必要时，还可再向各方提供一份副本。签署涉外商务合同时，比照国际惯例，待签的合同文本，应同时使用有关各方法定的官方语言，或是使用国际上通行的英文、法文。待签的合同文本，应以精美的白纸印制而成，按大八开的规格装订成册，并以高档质料，如真皮、金属、软木等作为其封面。同时，要准备好签约用的文具、国旗等物品。

3. 服饰准备

在签约前要规范好签字人员的服饰。按照规定，签字人、助签人以及随员，在出席签约仪式时，应当穿着具有礼服性质的深色西装套装、西装套裙，并配以白色衬衫与深色皮鞋。在签约仪式上露面的礼仪、接待人员，可以穿自己的工作制服，或是旗袍一类的礼仪性服装。

4. 签字厅的选择

由于签约的种类不同、各国的风俗习惯不同，故签约仪式的安排和签字厅的布置也不尽相同。签字厅有常设专用的，也有临时以会议厅、会客室来代替的，但一般要选择较有影响的、结构庄严的、宽敞明亮的、适宜于签字的大厅。一般可选择在客人所住宾馆或东道主的会客厅、洽谈室内。

5. 签字桌的布置

我国举行的签约仪式，通常是在签字厅内设置长方桌作为签字桌。桌面上覆盖深色的台布。台布色彩的选择，要考虑对方的习惯与忌讳。桌后放两把椅子，面对正门主左客右作为双方签字人的座位。座前桌上摆放各方保存的文本，文本前方分别放置签字用的用具，中间摆放一个旗架，悬挂签字双方的旗帜，主方国与客方国旗帜悬挂的方位是面对正门客右主左，即各方的国旗须插放在该方签字人座椅的正前方。另外，还要与对方商定助签人员的安排，以及安排双方助签人员洽谈有关细节。签约场所的布置一般由东道主进行安排。

(二) 签约程序

签约仪式是签署合同的高潮，它的时间不长，但程序规范、庄严、隆重而热烈。签约仪式的正式程序一共分为四项。

1. 签约仪式开始

各国签约仪式的程序大同小异，以我国为例：双方参加签约仪式的人员步入签字厅，签字人入座，双方的助签人员分别站立于签字人员的外侧，协助翻揭文本及指明签字处；其他人员分主方、客方按身份顺序站立于后排，客方人员按身份由高到低从中向右边排，主方人员按身份高低由中向左边排，当一行站不完时，可以按照以上顺序并遵照"前高后低"的惯例，排成两行、三行或四行。

2. 签字人正式签署合同文本

正式签署合同文本，通常的做法是先签署己方保存的合同文本，再接着签署他方保存的合同文本。每个签字人在由己方保留的合同文本上签字时，按惯例应当名列首位。因此，每个签字人均应首先签署己方保存的合同文本，然后再交由他方签字人签字(由助签人交换)，其含义是在位次排列上，轮流使有关各方有机会居于首位一次，以显示机会均等，各方平等。

3. 签字人正式交换已经有关各方正式签署的合同文本

此时，各方签字人应热烈握手，互致祝贺，并可相互交换各自方才使用过的签字笔，以示纪念。全场人员应鼓掌，表示祝贺。

4. 饮香槟酒

交换已签的合同文本后，有关人员，尤其是签字人当场干上一杯香槟酒，是国际上通行的用以增添喜庆色彩的做法。在一般情况下，商务合同在正式签署后，应提交有关方面进行公证，才正式生效。

五、谈判后管理

(一) 谈判总结

谈判结束后，不管是成功还是破裂，都要对过去的谈判工作进行全面的、系统的总结。对环节、过程都要回顾、检查、分析、评定，吸取经验教训，不断提高谈判水平。

(1) 谈判成败得失的总结。要从总体上对己方本次谈判的组织准备工作、谈判的方针、策略和战术进行再度评价，检查得失与需要改进的地方。同时，谈判人员还应从自身的角度，对自己在该次谈判中的工作进行反思，总结经验与教训，从而可以有效地培养和提高自己的谈判能力。

(2) 对签订合同的再审查。虽然合同已经签字生效，在一般情况下没有更改的可能，但是如果能尽早地发现其中的不足与隐患，就可以主动地设想对策，采取弥补措施，早做防范工作，这样可以避免事情的突然发生而不知所措。

(二) 关系维护

合同的签订并不意味着交易双方关系的了结，相反，它表明双方的关系进入了一个新的阶段。从近期来讲，合同把双方紧紧地联系在了一起；从长期来讲，该次交易为今后双方继续合作奠定了基础。因此，为了确保合同得到认真的履行，以及考虑到今后双方的业务关系，应该安排专人负责同对方进行经常性地联系，谈判者个人也应和对方人员保持经常的私人交往，使双方的关系保持良好的状态。

(三) 资料整理

(1) 谈判资料的整理，包括回收必要的谈判文件；根据谈判的原始档案或已签订的协议撰写和分发谈判纪要；谈判材料、原始档案、协议、合同的立卷归档。根据需要，准备做好宣传报道等工作。

(2) 谈判资料的保存与保密。对该次谈判的资料，包括总结材料，应制作成客户档案妥善保管，这样，以后再与对方进行交易时，上述材料就会成为非常有用的参考资料。在妥善保存谈判资料的同时，还应注意给予一定程度的保密。特别是其中关于己方的谈判方针、策略和技巧方面的资料若为对方所了解，那么不仅使对方在今后的交易中更了解己方、更容易把握己方的行动，而且有可能直接损害目前合同的履行和双方的关系。

思考题与案例分析

一、思考题

1. 你认为谈判成交应该具备什么条件？什么因素影响交易的达成？
2. 如何表达你的成交意图？应该遵循什么样的态度？
3. 在谈判的后期要注意观察对手所发出的成交信号，你认为应该从哪些方面获得这些信号？
4. 对手的哪些语言可以认为他决定要成交了？请举例。
5. 有时对手会故意掩饰他们的成交意图，你是否能从行为上或表情上看出？请举例。
6. 促成交易的策略有哪些？如果你去谈判会运用到哪些策略？
7. 举例说明你生活中见到的从众成交法。
8. 商务合同具备的主要内容有哪些？

9. 商务合同中的违约责任有哪些？

二、案例分析

中国 X 公司到迪拜与阿拉伯 Y 公司谈判纺织品的交易。阿方 Y 公司接价后认为需要研究，约定改日上午 9:30 分到 E 饭店咖啡厅会面具体体谈。9:20 分，中方 X 公司人员如约到达 E 饭店，在咖啡厅一直等到 10:00 仍未见 Y 公司人员影子。这时，有人建议："走吧。"有人开始抱怨，认为阿方太过分。X 公司组长说："既已按约到此，就等下去吧。"一直到 10:30 分，咖啡已喝了几杯，阿方人员才晃晃悠悠地走过来。一见中方人员高兴地握手致敬，但未讲一句道歉的话。

在咖啡厅，阿方要求中方降价。中方组长没有正面回答，而说，"按约定，我们 9:30 来此，已等了一个小时，桌上的咖啡杯数量可以作证，说明我方诚心与贵方做生意，价格不会虚。如贵方有意见，请讲出具体要求来。"阿方代表笑了笑说："我昨天睡得太晚了，我们认为贵方报价难以接受。"尽管中方做了多方面解释，阿方仍坚持中方降价。中方组长建议双方认真考虑一下对方意见后再谈。阿方代表沉思了一下，提出下午 3:30 分到他家来谈。

下午 3:30 分，中方人员准时到了阿方代表家，并带了几伴高档丝绸衣料做礼品。中方在对方西式客厅坐下后，阿方代表招来了他的夫人与客人见面，其妻子脸上没有平日阿拉伯妇女佩带的面罩。中方趁势将礼品送给了她，引来赞叹声："好漂亮。"阿方代表也很高兴，说："我让她来见你们，是把你们当朋友。"中方随着转入正题。阿方代表让其妻退下，听完了条件后即表示："不管新条件如何，贵方说研究，就拿出了新条件，我佩服贵方信誉好！"于是，他也顺口讲出了他准备的条件。

该回合后，双方报价已基本靠近，中方组长感觉到可以成交了，便很自然地说："贵方也很讲信誉，不过还有些差距，怎么办呢？既然来到您的家，我们也不好意思只让您让步，我建议双方一齐让如何？"阿方代表看了中方组长一眼说："可以考虑，但价格外的其他条件呢？""我们可以先清理，然后再谈价"中方应到。清理完后，阿方说："好吧，我们折衷让步吧！ 将贵方刚才讲的价与我方折中成交。"中方说，"这是好建议。不过结果还不大合我方要求，但我很看中它。我建议以贵方同意的折中数与我方刚才的价格折中成交。"阿方吃吃地笑了："贵方真能讨价还价，看在你们等我一个小时的诚意上，我同意。"于是，把他的阿拉伯手握住了中国手。

问题：

(1) 如何看中方对阿方迟到的处理？

(2) 如何看阿方把中方请到家的做法？

(3) 阿方最终价格谈判的手法如何？

(4) 如何评价双方的最后成交过程？

实 训 题

实训内容： 拟定一份服装贸易的交易合同。

实训目标：通过实训要求学生掌握商务合同的基本形式，熟悉商务合同的签订方法，掌握商务合同签订过程的注意事项。

　　实训组织：

　　(1) 将学生分成若干谈判小组，每组成员 3～5 人，选出组长。

　　(2) 由指导教师讲解基本格式，并出示式样。

　　(3) 小组互换点评拟定的贸易合同。

第三篇　商务谈判艺术

一个人必须知道该说什么，一个人必须知道什么时候说，一个人必须知道对谁说，一个人必须知道怎么说。

——现代管理之父德鲁克

第六章　商务谈判语言沟通

成功的人都是出色的语言表达者。

————美国企业管理学家哈里·西蒙

本章要点： 学习商务谈判语言的类别，正确运用谈判语言技巧的原则，掌握倾听、陈述、提问和应答的技巧，了解无声语言的作用和技巧，了解商务谈判的交往空间。

导入案例：周恩来总理答记者问

一位美国记者在采访周总理的时候，正巧看到总理桌子上有一支美国产的派克钢笔。这位记者便带着讥讽的口吻问道："请问总理先生，你们中国人，为什么要使用我们美国生产的钢笔呢？"周总理听后，幽默地答道："谈起这支钢笔，说来话长，这是一位朝鲜朋友在抗美战争中缴获的战利品，作为礼物赠送给我的。我无功不受禄，就拒绝收下。但朝鲜朋友让我收下做个纪念，我觉得确实很有意义，就留下了这支贵国的钢笔。"美国记者一听，顿时哑口无言。

什么叫搬起石头砸自己的脚？这就是一个典型案例。这位美国记者本来是想借一支钢笔挖苦周总理：中国人自己不能生产质量较高的钢笔，却要从美国进口。结果周总理却说这是朝鲜战场的战利品，反而使这位记者丢尽颜面。

另一位西方记者在采访周恩来总理的时候，也提出一个带有嘲讽意味的问题："请问，中国人民银行有多少资金？"周总理知道对方是在嘲笑中国资金的匮乏。如果照实说，自然会使对方的奸计得逞，于是周总理巧妙地说："中国人民银行货币资金嘛，有十八元八角八分。中国人民银行发行十种主辅人民币，面额分别为十元、五元、二元、一元、五角、二角、一角、五分、二分、一分，合计为十八元八角八分。"周总理巧妙地避开了对方的陷阱，使对方无机可乘，被祖国人民传为佳话。

第一节　商务谈判语言概述

一、商务谈判语言的类别

从不同的角度来看，商务谈判的语言有很多种类，而每种类型的语言都有各自运用的前提和优势，在商务谈判中必须结合实际情况加以运用。

（一）有声语言与无声语言

从语言的不同表达方式来看，商务谈判语言可以分为有声语言和无声语言两种类型。

通过人的发声器官来传递的语言，被称为有声语言。这种语言一般理解为口头语言，通过人的听觉来传递信息、表达态度、交流思想。

通过人的形体、姿态等非发声器官来传递的语言，被称为无声语言，也称为行为语言或体态语言。这种语言一般理解为身体语言，通过人的视觉来传递信息、交流思想。

在商务谈判中，巧妙地组合使用这两种语言，可以促进谈判的效果。

(二) 专业语言、法律语言、外交语言、文学语言及军事语言等

从语言的表达特点来看，商务谈判语言可以划分为专业语言、法律语言、外交语言、文学语言、军事语言等五种类型。

1. 专业语言

专业语言是指在商务谈判过程中使用的与业务内容有关的一些专门术语。针对不同的谈判业务，匹配不同的专业语言。例如，在国际商务谈判中，有 FOB、TIF 等专业用语；在产品采购谈判中，有供求市场价格、品质、包装、装运、保险等专业用语；在工程建筑谈判中，有造价、工期、开工、竣工交付使用等专业用语。这些专业语言的特征是简练、明确、专一。

2. 法律语言

法律语言是指商务谈判过程中运用到的有关法律规定的专门用语。针对不同的商务谈判业务内容，要运用不同的法律语言。每种法律语言及其术语都有特定的含义，需要按照要求解释和使用。法律语言运用得当，可以使得谈判双方各自的权利与义务、权限与责任等更为清楚明确。

3. 外交语言

外交语言是一种带有模糊性、缓冲性和圆滑性特征的弹性语言。在商务谈判中采用外交语言，一方面是为了满足谈判对手被尊重的需求，另一方面是为了避免己方失礼；在说明问题的同时，还能为谈判决策进退留有空间。例如，在商务谈判中经常使用的"双赢"、"互利互惠"、"合作共赢"、"可以考虑"、"有待研究"、"深表遗憾"等语言，都属于外交性语言。外交语言要使用得体，如果过分使用外交语言容易让对方误认为己方没有合作的诚意。

阅读：纪晓岚"抗旨"

纪晓岚是清朝的一位著名学者。有一次，乾隆皇帝想开个玩笑为难他，便问他："纪爱卿，忠孝怎么解释？"

纪晓岚答道："君要臣死，臣不得不死，为忠……"

乾隆立刻说："朕命你现在去死！"

纪晓岚干脆地答道："臣领旨"。

乾隆又问："你打算怎样去死？"

"跳河。"

"好，去吧！"

纪晓岚走后，乾隆边漫步，边吟诗。一首诗未完，纪晓岚就跑了回来。

乾隆奇道："纪爱卿，你怎么没死？"

纪晓岚回复说："我碰到了屈原，他不让我死。"

"怎么这样说呢？"

"我到河边，正要往下跳时，看到屈原从水里向我走来，他拍着我的肩膀说：'晓岚，你这样做就不对了，想当年楚王是昏君，我不得不死，可如今的皇上如此圣明，你是不是应该先回去问问皇上是不是昏君，如果皇上说是，你再死也不迟啊！'所以我就跑回来了。"

听了这一席妙语后，乾隆收回了"圣旨"。

4. 文学语言

文学语言是一种具有明显的文学特征的语言。文学语言在商务谈判中具有创造良好氛围、化解紧张情绪、加强双方情感、增强渲染力的作用。谈判者运用文学语言，可以更好地陈述敏感的经济利益话题，较好地缓解或者消除双方之间的尴尬，使得谈判沟通变得优雅、诙谐，从而达到"四两拨千斤"的效果。

5. 军事语言

军事语言是指带有命令性特征的语言。这种语言的特点是干脆利落、简洁、坚定、自信、铿锵有力。在商务谈判中，恰当地运用军事性语言可以帮助己方提高信心、稳定情绪、稳住阵脚、加速谈判进程。

二、商务谈判语言的使用原则

商务谈判是双方意见和观点的交流，谈判者既要清楚明确地表达己方意见，又要认真倾听对方的观点，然后找出突破口，说服对方，协调双方的目标，争取双方达成一致。要想掌握、运用好谈判语言，则应当遵循下述的几项原则。

(一) 准确性原则

谈判的目的是为了达成需求和获取利益。谈判双方通过谈判来说服对方并接受己方的观点，最终使双方在需求和利益方面得到协调和满足。因此，谈判双方必须准确地表达己方的立场、观点、要求，帮助谈判对手明确己方的态度。如果谈判者表达信息不准确，对方不能正确理解己方的立场和观点，势必会影响谈判双方的沟通和交流，容易导致谈判方向产生偏差，谈判者的需要便不能得到满足，双方无法达成协议，则可能遭受不必要的利益损失。

在商务谈判过程中，谈判者往往出于表达策略上的需求，会运用外交语言，即一些模糊的、圆滑的语言，但使用模糊语言时，也要求它具有准确性。因为模糊语言是为了更准确地传递复杂信息，它其实也有一定的理解范围，应当保证这个信息和范围的准确性。

案例：准确用语的重要性

有个皇帝梦到有人拔掉了他所有的牙齿，醒后，丞相为他解梦，说："陛下全家将比陛下先死。"皇帝大怒，把丞相杀掉了。皇帝又要阿凡提为他解梦，阿凡提说："陛下将比你所有的家属都长寿。"皇帝高兴起来，赐给阿凡提一件锦袍。

伟大的俄国诗人普希金年轻时，有一次在彼得堡参加一个公爵的家庭舞会，他邀请一位小姐跳舞，这位小姐傲慢地说："我不能和小孩子一起跳舞！"普希金灵机一动，微笑着说："对不起，我亲爱的小姐，我不知道你正怀着孩子。"说完，他很有礼貌地鞠躬后离开了，而那位小姐无言以对，脸上绯红。

曾国藩镇压农民起义，连连败北，他在给皇帝的奏折中写道："屡战屡败"。他的谋士颠倒了一下词序，成了"屡败屡战"。这一改，使曾国藩在皇帝心中由一个无能的败将变成了一个英勇不屈的战将。

点评： 从以上几个小故事我们可以看出，对语言准确把握有助于信息的传递和交流。沟通中如果不能准确运用语言，容易引起不必要的误会和麻烦，甚至可能引发严重的后果。

阅读：宴请

一个人请了几位朋友到家里吃饭，其他的朋友都到了，有一位朋友却一直没来。等的时间长了，主人很着急，对在座的朋友说："真是的，该来的没来。"在座的朋友一听，其中有几位便借口有事先走了。

这位主人见等的那位朋友还没等到，倒是先走了几位朋友，心里更是着急，说道："不该走的怎么走了。"剩下的人一听，又有几个人借口有事走了。

这时桌上仅剩下两位朋友了，主人很是着急，对他们说："我没说他们呀。"仅剩下的那两位朋友连忙起身，也走掉了。

(二) 针对性原则

不同的商务谈判，要面对不同的谈判对象。为了取得谈判的成功，谈判者必须遵循针对性原则，针对不同的谈判对象，采用不同的谈判策略。换句话说，就是要根据不同的谈判对象、不同的谈判需求、不同的谈判阶段使用不同的谈判语言。

提高谈判语言的针对性，可以从以下四点出发。

(1) 依据不同的谈判对象，选择不同的谈判语言。不同的谈判对象，其性别、年龄、文化水平、职业、性格、兴趣等都有差异，故谈判时所运用的语言应该针对这些不同特点。

(2) 依据不同的谈判话题，采用不同的语言。比如，针对索赔问题，谈判语言相对要强硬一些；针对交易数量、交货方式等问题，可以用比较平和的语言。

(3) 依据不同的谈判目的，选择不同的谈判语言。例如，谈判的目的是双赢还是己方赢，这两种目的所运用的语言自然就不同。

(4) 依据不同的谈判阶段，使用不同的谈判语言。例如，在谈判开始时，为了帮助谈判双方增强感情，创造良好的谈判气氛，可以主要采用文学、外交语言。在谈判进程中，可以更多地考虑专业、法律语言，并适当点缀文学、军事语言，以取得良好的沟通效果。谈判后期，可以军事语言为主，同时辅以专业、法律语言来确定谈判结果。

(三) 逻辑性原则

谈判语言的逻辑性就是要求谈判者的语言要符合逻辑规律，表达概念时准确清楚，判断明确，推理严谨。在商务谈判中，逻辑性原则反映在沟通时的陈述、提问、回答等各个环节。陈述时，要注意表达的同一性，问题或事件及其前因后果的衔接性、全面性和具体性。提问时，要注意察言观色，要和谈判议题紧密结合在一起。回答时，要注意切题，如果不是出于策略考虑就不要答非所问。

提高谈判语言的逻辑性，要求谈判人员必须具备一定的逻辑知识，还要在谈判开始前做好充分准备，对相关材料进行科学整理和分析，然后在谈判桌上遵循逻辑性原则进行表达，促使谈判工作顺利进行。

(四) 规范性原则

谈判语言的规范性，是指谈判过程中的语言表述要文明、清晰、严谨、准确。首先，谈判语言，必须坚持文明礼貌的原则，符合职业道德要求。在涉外谈判中，要避免使用意识形态分歧大的语言，如"资产阶级"、"剥削者"、"霸权主义"等。其次，谈判所用语言必须清晰易懂，语言应当标准化，不能使用地方方言或俚语、俗语等。最后，谈判语言应当注意抑扬顿挫，轻重缓急，避免支支吾吾、词不达意、声音太轻等。

在谈判过程中，一句话的失误，就可能导致谈判走向歧途，甚至谈判破裂。因此，必须认真思考，谨慎发言。用严谨精练的语言准确地表述自己的意见和立场。

(五) 灵活性原则

谈判通常是由两方或多方共同参加的。谈判过程中谈判双方一问一答，当面沟通，不会有仔细酝酿、慢慢斟酌语言的时间，而且谈判过程中经常会出现新的变化。尽管谈判双方大多事先就尽最大努力进行了充分的准备，制定了一系列的对策，但是，因为谈判双方都不能预知对方，所以任何一方都不可能事先设计好谈判中的每句话，具体的语言应对仍要谈判者临场发挥，随机应变。

就灵活性原则而言，谈判者要密切注意自己说话以后对方的反应。除了从对方语言中获取信息外，还要察言观色，从对方的眼神、表情、肢体动作等方面来猜测对方的反应，分析对方是否对当前的话题感兴趣，是否正确理解了己方的意见，是否能够接受己方的观点等。然后根据分析，及时、灵活地调整自己的语言，继续或转移话题，调整说话内容、说话方式，甚至中止谈判，以保证语言更好地为实现谈判目的服务。如果谈判中发生了预料之外的变化，不要盲目地照搬既定的谈判策略，要做到以不变应万变。

第二节　商务谈判中有声语言的运用

一、倾听

倾听是商务谈判中了解和把握谈判对手观点与立场的主要方法。事实证明，只有在清楚地了解对方想法和立场的真实含义之后，才能准确地提出己方的要求和政策。因此，作为商务谈判人员，一定要学会如何"听"，在认真、专注倾听的同时，积极地对讲话者的表述做出反应，从而获得良好的倾听效果。

(一) 倾听的作用

1. 了解对方更多信息

倾听能帮助谈判者了解对方的目的、立场、观点和态度。谈判是参与谈判各方相互沟通和了解的过程，掌握信息对谈判各方都很重要。这些信息不仅包括对方原有的目的、意图和打算，还包括不断出现的新变化中的信息。因此，谈判人员要认真倾听，从听的过程中了解对方的立场、观点和态度，了解对方的沟通方式和内在联系，甚至寻找到对方谈判小组内部组员之间的分歧点，从而使己方在谈判中享有主动地位。

阅读：情报的获得

有一位叫亚历山大的谈判专家，非常重视倾听的技巧。在他还是一名销售人员时，就曾运用倾听的技巧，获得了谈判的成功。

某次，亚历山大到一家工厂去谈判。他习惯于早到谈判地点，四处走走，跟人聊聊天。这回，他和这家工厂的一位领班聊上了。善于倾听的亚历山大，总有办法让别人讲话，他也真的喜欢听别人讲话，所以，即便是不爱讲话的人，遇到了亚历山大也会滔滔不绝起来。

这位领班也是一样，在侃侃而谈之中，领班告诉亚历山大说："我用过各公司的产品，可是只有你们的产品能通过我们的试验，符合我们的规格和标准。"后来边走边聊时，他又说："亚历山大先生，你说这次谈判什么时候才能有结论呢？我们厂里的存货快用完了。"

亚历山大专心致志地倾听领班讲话，满心欢喜地从这位领班的两句话里获取了极有价值的情报。当他与这家工厂的采购经理面对面地谈判时，从工厂领班漫不经心的讲话里获取的情报，帮了他的大忙，他在之后谈判中的成功是自然而然的了。

2. 树立己方良好形象

从心理上和日常生活经验来看，当一个人专注地倾听时，往往表示对讲话的内容很有兴趣或很重视，从而会让对方产生满足感，有助于增强双方之间的信赖感。同时，讲话者一旦发现他人认真倾听自己讲话，就会更有说话的热情和意愿。所以，认真倾听别人讲话，既体现出对讲话者的尊重以及对其讲话内容的重视，又能使对方对己方产生好感和信任，使讲话者产生较为愉快、宽容的心理，在部分观点上软化态度，从而有利于双方保持良好的关系。

阅读：倾听在销售中的意义

比尔·波特是一位优秀的房产销售，有着很辉煌的销售业绩。然而，这么一位优秀的销售人员也曾在销售过程中惜败。

一次，一位客户来找比尔商谈购房事宜。比尔向他推荐了一个不错的房型，顾客对房型和房价都很满意，眼看谈判即将达成，但对方突然决定不要了。

夜已深，比尔辗转反侧，百思不得其解，这位顾客对交易条件明明都很满意，为何又突然变卦了呢？他忍不住给对方拨了电话。

"您好！今天我向您推销的那套房子，眼看您就要签字了，为什么却突然不买了呢？"

"喂，你知道现在几点钟了？"

"很抱歉，我知道是晚上 11 点钟了，但我检讨了一整天，实在想不出自己到底错在哪里，因此，冒昧地打个电话来请教您。"

"真的？"

"肺腑之言。"

"可是，今天下午你并没有用心听我说话。就在签字之前，我提到我的儿子即将进入麻省理工学院就读，我还跟你说到他的才华和将来的抱负，我以他为荣，可你根本没有听我说这些话！"

听得出，对方似乎余怒未消。但比尔对这件事却毫无印象，因为当时他确实没有注意听。话筒继续响着："你宁愿听另一名销售说笑话，都没有在听我说的话，我不愿意从一个不尊重我的人手里买东西！"

（二）倾听的技巧

1．了解自己的倾听习惯

倾听自己说话，了解自己的倾听习惯，有助于培养倾听的能力。倾听自己的讲话，可以帮助自己了解自己在倾听时可能存在的问题，比如是否经常打断别人的陈述，是否不自觉地对别人未说完的表述匆忙做出判断，是否经常制造沟通的障碍等。了解自己倾听的习惯，是正确运用倾听技巧的基础。

2．全身心地倾听

谈判人员在听对方发言时要聚精会神，并且以积极的态度来倾听。心理学有数据显示：一般人说话的速度为每分钟 120～200 字，而听的人的思维速度大约要比说话的人的速度快 4 倍左右。因此，往往是说话者还没有说完，听者就基本能够理解了。正因为这样，听者常常会有多余的精力一心二用。如果这时候对方讲话的内容与听者所理解的内容出现偏差，或是对方此时传递了一个重要信息，而听者没有理解或理解错误，就会产生不良的后果。所以，为了保证倾听效果，听者应当时刻注意集中精力倾听对方的讲话。

3．理解对方的表述并做出反馈

听者要把注意力集中在对方的陈述上，要努力理解对方的观点。当对方表述完自己的观点后，听者应当认真剖析其原意，并把自己的理解反馈给对方，跟对方确认自己的领悟是否准确。由此，听者就可以在用心听的基础上，鉴别传递过来的信息的真伪，抓住核心思想，收到良好的倾听效果。

4．适当地记笔记

人的记忆能力是有限的。在谈判现场，人的思维在高速运转，大脑要接收和处理大量信息，加上谈判现场的紧张氛围，使谈判者不太可能将全部内容直接记住。为了弥补这一不足，听者应该在倾听时适当地做些笔记。记笔记有三个作用：第一，笔记可以使自己更好地接收信息，帮助记忆。第二，笔记还可以帮助自己做充分的分析，理解说话者讲话的确切含义与精神实质，在对方发言完毕之后，还可以就某些问题向说话者提出质疑和询问。第三，通过记笔记，可以给说话者留下自己重视其讲话的印象，体现自己对说话者的尊重。

因此，记笔记是很好的倾听技巧之一。事实上，这也是比较容易做到的事情。当然，记笔记也要注意方法，不要盲目地记录，而是选择重点来记，并做适当注解。

5．克服先入为主

所谓先入为主的倾听，就是忽视或拒绝接收与自己想法不同的意见，扭曲说话者的本意。这种方式中，听者并不能够领悟说话者的实际表达，而是按照自己的主观想法来理解对方的观点和态度。其结果往往是把片面的，甚至是错误的信息接收到自己的脑海中，导致自己接收的信息不准确，从而造成行为选择上的失误。所以，倾听者必须克服先入为主的倾听习惯，将说话者的意思听全、听透。

二、陈述

陈述，就是讲述自己的观点或说明问题。谈判人员在陈述时不能信口开河，也不能把对方想要知道的信息全部坦诚相告，但同时要明确、清晰地表达自己的观点、态度和立场。因此，为了良好的陈述效果，谈判时要恰当使用陈述技巧。

（一）入题的技巧

谈判各方在刚刚进入谈判场合时，难免会感到拘束，尤其是面对初次交锋的对手时，化解这种紧张气氛，建立轻松、融洽的谈判氛围，需要采用恰当的入题方式。

1．迂回入题

为避免谈判时单刀直入、过于直白，影响谈判的和谐氛围，谈判时可以采用迂回入题的方式。例如，从题外话入题，可以以天气或季节情况、最近流行的事物，以及相关社会新闻等作为话题，从而拉近双方关系，加强好感。或者，从介绍己方谈判人员入题，可以介绍己方人员的职位、学历背景、工作经历、年龄等，这样既打开了话题，又充分显示了己方强大的阵容，在气势上震慑对方。此外，也可以从"自谦"入题，比如适当谦虚地表示各方面照顾不周，谦称自己才疏学浅、缺乏经验等，从而建立融洽的谈判氛围。

阅读：蒸汽机与原子弹

1939 年 10 月 11 日，美国经济学家、总统罗斯福的私人顾问亚历山大·萨克斯受爱因斯坦的委托，在白宫同罗斯福进行了一次具有历史意义的会谈。萨克斯的意图在于说服总统重视原子弹研究，抢在纳粹德国前面制造原子弹。他先向罗斯福面呈了爱因斯坦的长信，继而又读了科学家们关于核裂变的备忘录。但总统对深奥的科学论述完全没有兴趣，反应平平。

总统说："这些确实很有意义，但政府现在还不必过早干预这件事。"萨克斯讲得口干舌燥，却收效甚微，只好悻悻告辞。

罗斯福为了表示歉意，邀请萨克斯第二天共进早餐。

萨克斯的劝说失败了，他这才意识到，科学家的长信和备忘录不适合总统的口味。事关重大，未能说服罗斯福的萨克斯整夜在公园里徘徊，认真思考明天要如何利用早餐的机会说服总统。

第二天，萨克斯与罗斯福共进早餐。萨克斯尚未开口，总统就抢先表态，说："今天不许再谈爱因斯坦的信，一句也不许说，明白了吗？"

"我想谈点历史，"萨克斯说，"英法战争期间，拿破仑在欧洲大陆上横冲直撞，不可一世，但在海上作战却屡战屡败。美国的发明家罗伯特·富尔顿向他建议，把法国战舰上的风帆撤去，换上蒸汽机，把木板换成钢板。"

说到这里，萨克斯刻意停顿了一下，悠闲地拿起了一片面包涂抹果酱，罗斯福知道他在吊自己的胃口，仍然问道："后来呢？"

"后来，富尔顿受到了拿破仑的嘲笑，'军舰不用帆？靠你发明的蒸汽机？呵呵，简直是开玩笑！'拿破仑认为船没有帆不可能航行，木板换成钢板，船就会沉。可怜的发明家就被轰了出去。"萨克斯开始用深沉的目光注视着总统，"历史学家们在评论这段历史时认为，如果拿破仑采纳了富尔顿的建议，那么，19世纪的历史就需要重写。"

罗斯福沉思了一会，取出一瓶拿破仑时代的白兰地，把酒杯斟满，递给萨克斯："你胜利了！"

2．从具体议题入题

一般来说，大型的国际商务谈判总是涉及多个议题，由具体的多次谈判会议组成。因此，在每次具体的谈判会议上，各方可以首先确定本次会议的主要谈判议题，然后从这一具体的议题入手展开谈判。一方面，这种做法可以避免谈判出现无序的状况，提高谈判的效率；另一方面，它能够明确地提出谈判的具体事宜，开宗明义地表明谈判双方的谈判目标。这种谈判方式往往适合于重大问题的谈判，呈现出紧张严肃的谈判氛围。

3．从一般原则入题

大型的谈判活动，往往谈判议程长、议题多，所以各方都需要事先做好打长期战的准备。虽然各方的谈判目标有所不同，但对一些原则性的问题还是应当取得一定的共识。所以，在谈判之初，首先明确谈判的主旨，重申各方都已达成共识的原则内容，这样既可以明确谈判方向，又可以鼓舞各谈判方的斗志，对取得一致的谈判结果有促进作用。

(二) 谈判过程中的陈述技巧

1．语言要通俗、准确、易懂

在谈判陈述的过程中，所使用的语言要力求规范、通俗，使对方能够听得懂，并且能够容易理解，因此，应当避免使用晦涩的语言，让对方能准确、完整地理解己方的观点。因为内容需要，使用某些专业术语时，要尽量使用简明易懂的用语加以解释，确保对方可以准确理解。

2．语速要适中

一般来说，讲话的速度可以分为快速、中速和慢速三种。为了表达不同的情绪与内容，可以分别使用这三种速度，使之发挥出不同的效力。

谈判中较多使用的说话速度是中速，中速说话可以给谈判对手以必要的思考时间，让对手有充分的时间理解己方的观点、态度和立场。同时，中速说话也营造了一种相对平静的气氛，为"快速"与"慢速"说话创造条件和机会。

谈判中并不常常快速或者慢速说话，但是在特定的需要下它们可以发挥一定的作用。例如，说话节奏加快可以用来表明立场，也可以表达激动的情绪；慢速说话的方法，可以用来强调某个立场或是向对方表达己方的不满情绪，从而引起对方的注意和重视。从原则上来讲，这两种方式都不宜过多使用。

3．语气语调要中等

同一句话可以表示不同的含义，也可以通过不同的语调来表达说话者不同的思想感情。例如，"这个价格不错"，如果以平常诚恳的语调说，是一个肯定的评价，表达了说话者对这一价格的认可或欣赏；但是，如果采用高调带拖腔的语调，则表达了说话者对这个价格的不认同。谈判者可以通过语调的变化，来表达自己的自信、决心、认同、不满、困惑和遗憾等不同感情。同时，也要善于通过对方不同的语调，来洞察对方的认可、犹豫、赞赏、否定、不满等感情变化。

除了语调以外，谈判者声音的高低强弱，也是影响谈判效果的重要因素之一。声音太高太大，容易使人反感；声音过低过弱，不会使人感到振奋。因此，应当合理使用声音的强弱，最好高低起伏、抑扬顿挫。

4．陈述要简明、扼要

在谈判过程中，各方都希望对方提供一些信息，而提供信息的一方也期待接收信息的一方做出某种反应。如果信息由己方提供，要注意不能长篇大论。如果己方谈判人员滔滔不绝，对方会认为己方是故意为之，目的是不给他思考的机会，可能因此而感到烦躁。通常来说，一个人一次只能接受3～5个事项。所以，谈判者在陈述自己的看法时一定要做到简明、扼要；必要时，可以考虑多用一些时间，分几个部分多次提出，中间给对方一定的思考和决策时间；同时，也要提供己方的观点和立场所依赖的根据，从而使对方感到信服。无论采用哪一种叙述方式，一定要让对方感觉可以从己方的提议中获得实质性的利益。

(三) 谈判结束时的陈述技巧

谈判的结束语在谈判中起到重要作用。根据相关显示数据，在同一场合下，听者对听到的第一句话和最后一句话，往往会留下深刻印象。出色的结束语，既可以让对方深思，又可以引导对方陈述问题的态度与方向。如果己方陈述了多个问题，或陈述方式跳跃性强，那么结束时还应对自己的陈述加以归纳和总结。

通常，结束语最好采用切题、稳健、中肯并富有启发性的语言，做到有肯定，有否定，并留有一定空间，尽量避免下绝对性的结论。例如，"此次洽谈进一步明确了我们双方的要求，并在某某问题上达成了一致观点，但在某某问题上还有待商榷"，或者"关于贵方提出的条件，我刚才表示了我们的初步想法，但关于这个问题我们还需要时间做进一步研究，等到下次见面我们再做沟通，您看如何"。

概括来讲，结束语是很关键的一个部分，在实际的商务谈判中应该结合当下的情况，给出规范的、公式化的结束语，或者融洽、诙谐、促进性的结束语，不能一概而论。

三、提问

(一) 提问的类型

1. 封闭式提问

封闭式提问是指在特定领域中能引导出特定答复(如"是"或"否")的提问。例如："您同意这个价格吗？""您是否认为售后服务没有改进的可能？""您第一次发现货品质量有问题是什么时候？"

封闭式问句可以让提问的人获得特定的信息，而答复该问题的人不需要过多的思考就能给出回复。不过，这样的问句可能会因为问题中的威胁性而使得被问的人感到不愉快。

2. 探索式提问

探索式提问是针对对方陈述，要求对方用具体例证说明，以便探索新问题、新方法的一种提问方式。比如："这样行得通吗？""您如何证明贵方可以如期履约呢？""如果我们运用这种方案会怎样？"这种提问方式既可以进一步探索更多对方的信息，也可以显示提问者对对方答复的重视。

3. 强调式提问

强调式提问的目的在于强调己方的态度和立场。例如："这个交货时间不是参照之前约定的时间执行吗？""怎么能够忘记我们上次合作得十分愉快呢？""按照贵方意见，我们的观点不是已经明确陈述了吗？"

4. 澄清式提问

澄清式提问是针对对方的表述重新组织语言进行提问，让对方进一步澄清或补充其原话的一种提问方式。它的目的在于确保谈判双方对某一观点有一致的理解，降低因为语义理解不同而发生误会的可能。例如："您刚才说对现在谈的这笔业务您可以做取舍，这是不是说您拥有独立决策权跟我们进行谈判？""您刚才说上述情况没有变动，是不是说你们可以如期履约了？"

5. 借助式提问

借助式提问是一种凭借权威的力量来影响或改变谈判对手意见的提问方式。比如："张先生对贵方能否如期付款关注吗？""李经理是怎么认为的呢？""我们请教了某公司咨询顾问，对该产品的信息有了更多的把握。贵方是否考虑在价格上再适当调低一些呢？"

要注意的一点是，使用这种提问方式有一个前提条件，即被借助者应当是对方所熟悉的并且十分尊重的人，在这个前提下借助式问句才会对对方产生较大的影响。否则，提出一个对方不知道且谈不上尊重的人作为被借助者加以引见，可能会引起对方的反感。因此，这种提问方式应当慎重使用。

阅读：巧妙发问

一天，华盛顿家里的一匹马不见了，他得到消息是被一位邻居偷走了，便协同一位警官到邻居家里去索要。但邻居不愿意承认，坚持说这是自己家里的马。

华盛顿灵机一动，走上前去，用双手蒙住了这匹马的眼睛，对邻居问道："如果这匹马是你的，那么请告诉我，马的哪只眼睛是瞎的？"

"右眼。"邻居回答道。

华盛顿放开右手，马的右眼并不瞎。

"我说错了，马的左眼才是瞎的。"邻居赶紧改了口。

华盛顿放开左手，马的左眼也不瞎。

警官说："这样，已经证实马不是你的，必须把马还给华盛顿先生。"

6. 强迫选择式提问

这种提问的意义是把己方的想法表述给谈判对手，给其一个规定的范围，使得对方在这个范围内选择回答。如："按照我们双方合作的惯例，你们是预付30%的款项，还是预付50%？请给我方明确答复。"

阅读：强迫选择式提问的秘诀

在法律系学生上的第一堂课上，教授会告诉他们："当你盘问证人席的嫌犯时，不要问事先不知道答案的问题。"因为辩护律师如果事先不知道答案就盘问证人，会为他自己惹来很多麻烦。

同样的提问道理也可以用在销售上。

不要问只有"是"与"否"两个答案的问题，除非你十分肯定答案是"是"。

比如，不要问客户："你想买双门轿车吗？"而是问："你想要双门还是四门轿车？"

如果你用后面这种二选一的问题，你的客户就无法拒绝你。相反地，如果你用前面的问法，客户很可能会对你说："不。"

下面有几个二选一的问题：

"你比较喜欢5月1日还是5月8日交货？"

"发票要寄给你还是你的秘书？"

"你要用信用卡还是现金结账？"

"你要银色还是黑色的汽车？"

"你要走水运还是空运？"

在上述问题中，无论客户选择哪个答案，销售人员都可以顺利做成一笔生意。你可以站在客户的立场来想这些问题。如果你告诉销售人员想要黑色的车，你会用信用卡结账，你希望5月8日送货到家之后，就很难开口再说："额，我没说我今天就要买。我得考虑一下。"

因为一旦你回答了上面的问题，就表示你真的要买。就像辩护律师问："你已经停止打老婆了吗？"这问题带有明显的假设。(请注意，这问题不是："你有没有打老婆？")证人席的嫌犯如果回答了上面的问题，等于自动认罪。

7. 证明式提问

证明式提问的目的在于通过己方的提问，使对方向己方做出证明或解释。比如："请问贵方为什么要调整已经约定好的产品价格呢？""请贵方说明原因，好吗？"

阅读：诱导式提问的秘诀

养成经常这样说话的好习惯："难道您不同意……"

例如："难道您不同意这是一部性能很棒的车子，先生？""难道您不同意这块地可以看到美丽的海景吗，先生？""难道您不同意你试穿的这件貂皮大衣非常适合您吗，女士？""难道您不同意这价钱体现了它的价值吗，客户先生？"当客户赞同你的意见时，还会衍生出肯定的回应。

当推销某样产品给两个或更多人时，如果能问些需要客户同意的问题，将会更加有效。例如，当某家的先生、太太和两个孩子需要共乘一辆车子上街买东西时，我会问这位太太："遥控锁是不是最适合您家？"她通常会同意我的看法。

接着我会继续说："我打赌你也喜欢四门车。"事实上，因为他们是个大家庭，我知道他们不会选择两门车。她会说："哦，是的，我只会买四门车。"

即使先生批评了车子的一连串性能，他仍会猜测他太太有意买车，因为他太太对我的几个看法一直表示赞同。

正因如此，到了要成交的时候，先生看起来已经不太需要征求太太意见，因为他默认太太是中意这款车的。所以，我需要做的就是说服先生答应。此后，他们彼此都会认为对方想买这辆车，就没有必要再召开家庭会议讨论了，那么我也就得到了这张订单。

由此可见，当你推销给两个以上的客户或一群生意人时，这一招特别管用。先用一定的提问技巧说服有支配权的那个人，如此一来，其他人也会跟着点头同意。

8. 诱导式提问

诱导式提问是对对方的答案给予强烈的暗示，使对方的答案符合己方预期的目的。比如，"这个价格已经是比较合理了，对不对？""贵方如果违约是应该承担责任的，对不对？""谈到现在，我认为先预付我方30%首付款，贵方一定会同意的，是吗？"

9. 协商式提问

协商式提问使用商量的口吻向对方发出提问，旨在使对方同意己方的观点。例如："您看给我方的折扣定为5%是否合适？"这种提问方式，语气平和，对方容易接受。即使对方并不愿意接受我方提出的意见，但是谈判依然保有友好融洽的氛围，双方仍有继续合作的可能性。

阅读：约会的技巧

社会上有一些大龄男青年，恋爱经验较少，难得有机会与女生交往，多次外出约会，就是难以首次进入饭店、影院，其中一个原因就是不会问问题。这类男生通常会问女生："你饿了吗？"或"你想看电影吗？"由于是初恋，姑娘大多害羞摇头。有一位大龄男青年的母亲知道了以后，就给他出了个主意，说道："孩子，你应该这样说——美美，我肚子正好饿了，你愿意陪我去吃点东西吗？"这位男青年听从了母亲的建议，果然改善了约会的水平！

(二) 提问的技巧

在商务谈判的过程中，恰当的提问可能会促成己方获得对手的重要信息。所以，掌握提问技巧能帮助己方搜集更多的信息，有助于谈判的顺利达成。

1．提前准备问题

这样做的目的主要是为之后要提出的重要问题做铺垫。这些问题可能看上去很简单，也比较容易回答，谈判对手在回答这些看起来不太重要的问题时可能会相对放松，也就可能不小心暴露他的思路。随后，己方可以借机向对方提出一个重要问题，对方就只好按照原来的思路作答，而这个答案正是己方想要的。

2．把握提问时机

提问时机的不同，会影响到提问本身是否恰当。再好的问题，如果提问的时机不对，也不会是一个好问题。提问一般有四个时机：在对方发言停顿、间歇时提问，在对方发言完毕之后提问，在自己发言前后提问，在议程规定的辩论时间提问。具体的提问时机是否恰当，要结合自己问题的性质来考虑。

3．提问的态度要诚恳

谈判人员在谈判的过程中，要保持诚恳的态度。当己方用诚恳的态度向对方提问时，能更好地激发对方对问题的兴趣，从而更愿意答复。同时，诚恳的态度也有利于谈判双方在情感上的沟通，有利于谈判的顺利开展。

4．提问简短、精炼

提问时，谈判人员要注意提问的句式应尽量简短，内容精炼。如果己方的提问比对方的回答更多，则容易处于被动地位，显然这种提问是不可取的。实际来讲，以精简的提问引出越长的回复越好。

5．提问后保持沉默，等待对方回答

提问的目的通常是希望对方就自己的问题做出答复，所以，在提问过后，应该给对方留下足够的回答时间。不要在对方还没回复之前，就急于提出第二个问题，或者自问自答，这样第一个问题的效果就没有体现了。

6．提问要保持连续性

谈判中，当围绕着一个事件进行提问时，应考虑自己将要提问的内容与该事件是否有内在逻辑关系。不要在正谈某个事项时，忽然又提出一个与此无关的问题，这样做既会使得对方无所适从，也会使对方分散注意力。当几个问题交叉出现时，自己的提问也不会得到满意的答复。

四、应答

有问必有答，问有艺术，答也有技巧。提问不恰当，不利于谈判发展；回答得不好，同样也会使己方陷入被动地位。谈判人员在谈判过程中对自己所说的每一句话都负有责任，都将被对方认为是己方的承诺。因此，一个谈判人员答复问题的能力，会很大程度影响到其谈判的综合能力。

一般在谈判中，对于谈判对手提出的问题，都应当实事求是，正面提供答案。但是，商务谈判中的提问多种多样，往往是对方深思熟虑、精心设计之后的技巧性提问，常常含有策略或陷阱。所以，如果对所有的问题都实事求是地正面回复，并不见得是最好的答案。

在实际的谈判过程中，要针对对方的不同提问，应用恰当的技巧予以回复，才不会使己方陷入被动。

阅读：怪题的巧妙回复

一位美国的著名诗人，在一次宴会上，给现场的一位中国作家出了一个奇怪的题目，要求这位中国作家回答。这个题目是："把一只五斤重的公鸡，装进一个只能装一斤水的瓶子里，用什么办法把它拿出来呢？"这位中国作家思考了一下，笑答道："您怎么放进去的，我就会怎么拿出来。您凭嘴一说就把公鸡装进了瓶子，那么我就用语言这个工具再把鸡拿出来。"此可谓是绝妙回答的典范。谈判人员在谈判桌上，也应该发挥出这种应答的水平，才能更好地推动谈判发展。

（一）回答之前给自己留有思考时间

商务谈判中的回答和日常生活中的回答不同，并不都需要马上回复，可以在经过仔细斟酌之后再予以答复。在谈判开始之前，谈判人员要预先设计对方最可能问的问题，并提前作好应对，对一些常规性的问题也要做好准备。在谈判进程中，每次回答对方的问题时，都应当冷静思考、谨慎应对。如果遇到对方催促，也不要自乱阵脚，还是要慎重思考后再行回复。为了延缓回复，谈判人员可以在对方提出问题后，通过一些简单动作给自己创造思考时间。比如，拿起水杯喝水，或者调整一下自己的坐姿和椅子的位置，或者整理一下面前的纸质材料，或者翻一翻笔记本等。这种做法，既不会显得突兀，又可以给自己留有一定的时间思考。另外，也可以要求对方把问题重复或者再解释一下，这样也可以为自己获取思考的时间。

阅读：美国的"民兵"核弹头的基数

冷战时期，美、苏两个超级大国的核军备竞赛威胁着世界的和平，每年的核裁军谈判都受到全世界的瞩目，是新闻界的重大事件。某一年，美、苏两国达成了各自削减核弹头10%的协议。消息一经发布，立即引起轰动，全球媒体一致好评。

在时任美国国务卿基辛格博士举行的记者招待会上，有记者就此事提出问题："削减10%核弹头的确令人鼓舞，但是，我们不知道准确的数值，也无法知道10%究竟是多少。请问，美国的'民兵'核弹头的基数是多少？"

全场立刻鸦雀无声，大家都不想放过这个敏感的问题。也有人替国务卿捏了一把冷汗，核弹头的基数肯定是国家机密，基辛格是不能说的。可是，如果说是机密不能告诉你，就显得很没有风度，也缺乏智慧，如果说不知道那就明显要么是失职、要么是撒谎。这个两难的情况该怎么办呢？

充满智慧的基辛格机智地反问道："我可以告诉你，但你先要回答我一个问题。"

这位记者见状立即回答说："可以。"

"请你告诉我，核弹头基数是不是国家机密？"

记者想，说"是"的话对方肯定就不回答了，于是选择说："不是。"

基辛格接着说："那么你来告诉大家吧！"

全场立刻哄堂大笑，大家都沉浸在博士机智答复所带来的欢乐之中，而对于那个令基辛格难堪的问题，再也没有人去注意了，基辛格轻松地化解了难题。

（二）以反问代替回答

谈判中，多多少少会遇到一些难以回答或者不想回答的问题。遇到此类问题，以反问代替回答是一种较好的应对方式。这种方式就类似于踢皮球，把别人丢过来的问题再丢回去，让对方在反思中自己寻找答案。举例来说，在商务谈判进展不顺利时，对方可能会问："贵方对双方合作的前景如何看待呢？"这种问题在当下难以答复。此时，己方就可以运用反问代替回答的技巧应答："那么，贵方对双方合作的前景又有什么看法呢？"可见，商务谈判中可以运用以反问代替回答的方法，来应付一些不便回答的问题。

阅读：书商的智慧

一个书商有一批滞销书久久不能脱手，很是着急。某一天他突然灵机一动，想到一个主意：给总统送去一本书，并三番五次去征求意见。总统忙于政务，不愿与他多纠缠，便简单回了一句："这本书不错。"出版商便趁热打铁，做了这样一则广告："现有总统喜爱的书出售。"于是这些书很快被一抢而空。

不久，这个出版商又有书卖不出去，他又送了一本给总统。总统上次上了一回当，这回想故意为难他一下，就说："这本书糟透了。"书商听闻过后，又转变了广告词："现有总统讨厌的书出售。"又有不少人出于好奇争相购买，这批书又很快就销售一空。

（三）不彻底回答

不彻底回答是指在答复对方时，刻意将对方的问题缩小，只回答问题中的一个部分。在商务谈判中，对方提问的目的可能是想了解己方的想法、态度和立场。对于应该让对方了解的信息，或者是应当表明己方态度的问题一定要认真回答。但是，对于那些可能会伤害己方形象、泄露己方秘密或者是过于细节的问题，谈判人员可以采取不彻底回答的方式。比如，对方对某种产品的价格表现出兴趣，直接询问该产品的价格，这个时候如果彻底回答，把价格直接告诉对方，那么在对方对产品价值还未充分了解的前提下，高价可能会吓退对方，并且，在接下来的谈判中，己方也可能会因此而处于被动的地位。如果采取不彻底回答的方式："我相信产品的价格会令贵方感到满意的，请先允许我把这种产品的用途做一个说明好吗？我相信贵方会对这种产品感兴趣的……"这样，就明显地回避了对方的发问主题，而且也避免了一下子把对方注意力吸引到价格问题这一焦点上来。

（四）不知道的问题不要回答

在商务谈判中，谈判人员难免会遇到自己不懂的问题，在这种不知道如何答复的时候，不可为了维护自己的面子而强行应答。不懂装懂，勉强回答，很可能会造成己方利益的损失。比如，国内某公司与国外某厂商谈判合资建厂事宜时，对方提出希望减免有关税收的请求，出席谈判的中方代表对税收的问题并不了解，但是为了取得谈判成功，盲目地答应了，结果使己方陷入了十分被动的局面。因此，对于谈判中所遇到的不知道的问题，谈判人员应坦率地告诉对方自己暂时无法回答，甚至直接回复说"我不知道"，有时也会收到意想不到的效果。

案例："不知道"的妙用

美国有一位著名的谈判专家叫艾利克斯，他的邻居是一位教师。有一次，这位教师的房屋遭受台风的袭击，有些损坏。因为这套房屋在保险公司投了保，所以这位邻居可以向保险公司索赔。他当然希望保险公司可以多赔一些钱，但又知道保险公司很难对付，自己的能力可能不足以应付保险人员，于是请艾利克斯帮自己处理索赔事宜。

艾利克斯问这位邻居希望得到多少赔偿，以便有个谈判的最低标准。教师回答说，他希望保险公司可以赔偿 3000 美元，艾利克斯又问："这场台风使你实际损失了多少钱？"教师回答："大概要超过 3000 美元，不过，我知道保险公司是不会给那么多的。"

不久，保险公司的理赔员来找艾利克斯。理赔员对艾利克斯说："艾利克斯先生，我知道，像你这样的大律师，是专门谈判大数目的。但是，我们恐怕不能赔出太大的数额。请问，如果我只赔你 1000 美元，你觉得怎么样？"

艾利克斯表情严肃，沉默不语。根据艾利克斯以往经验，不论对方提出的条件怎样，自己都应表示出不满，因为当对方提出第一个条件时，总是暗示着可以提出第二个，甚至第三个。

理赔员果然沉不住气了："抱歉，请不要介意我刚才的提议，我再加一点，2000 美元怎么样？"

"只加一点，抱歉，无法接受。"

理赔员继续说："好吧，那么 3000 美元如何？"

艾利克斯等了一会儿说道："3000，……我不知道。"

理赔员显得有点惊慌，说："好吧，4000 美元。"

"4000，……我不知道。"

"那么 5000 美元吧！。"

"5000，我不知道。"

"这样吧，6000 美元。"

艾利克斯无疑又用了"嗯……我不知道"来回复。最后，这件理赔案终于在 9000 美元的条件下达成协议，而艾利克斯的邻居原来只希望要 3000 美元！

点评：谈判是一项双向或者多向沟通的活动，各方都在认真地观察对方的反应，以便随时针对现场变化来调整自己本来的计划。在这场谈判中，艾利克斯干脆不表明自己的态度，仅仅使用"不知道"这个可以从多种角度去理解的词，竟然使得理赔员心中没了底，价钱不断地往上涨。事实上，既然来参加谈判，就不可能不知道自己的谈判目标。所以，"不知道"的真正含义是不想告诉对方他想知道的信息，这其实是有意不传达信息。

（五）有意避正答偏

商务谈判中，有时会遇到难以正面回答的问题，却又不能以拒绝回答的方式逃避问题，此时可以采取避正答偏的方法来应对。尤其是在遇到一些对己方不利的问题时，可以故意避开问题的实质，避正答偏，从而将话题引向歧路，以破解对方的进攻。

阅读：陈健先生的回答

回避是新闻发言人常用的手法，因为他们常常要和记者打交道，但是又常常不能完全实话实说。

1994 年 9 月的一个下午，外交部发言人陈健主持记者招待会。

一位外国记者问道："请问发言人先生，邓小平先生会不会出席'十一'国庆，以及参加哪些国庆活动？"

"我跟你们一样，会在 10 月 1 日的报纸上看到。"陈健话音一落，台下一片笑声。

1995 年 8 月 22 日，是邓小平 91 岁华诞，适逢外交部例行记者招待会，依然是陈健先生主持。

一位德国记者提问说："今天是邓小平先生 91 岁诞辰，请问他的健康状况是否还是那样没有变化？"

"变化当然有，"陈健拖长了声音回答，众记者一听，都竖起耳朵，以为陈健要发布什么重大新闻，不料陈健先生是故弄玄虚，看到众家记者都被吊起了胃口，他才不慌不忙地抖开了包袱，"他又年长了一岁。"

"当然，他的身体状况是好的。"陈健收起了笑容，一本正经地补充道。

(六) 灵活运用重申和打岔

重申，就是要求对方再次说明其所问的问题。重申和打岔的实际目的都是为己方争取思考问题的时间。当然，这种心理不能够让对方发现，避免其加大进攻的力度。打岔，经常被运用在谈判经验丰富且成员之间配合默契的团队中。当谈判人员遇到某些一时难以回答的问题时，出于赢得更多思考时间的目的，就可以使用特定的眼神、手势等暗语，让己方的其他人员负责出面打岔。打岔的方式多种多样，比如推托说外面有紧急的电话，或者是有紧急的文件要某谈判人员出去签字等。再或者，谈判人员自己也可以借口打电话或者去洗手间，来拖延时间，给自己寻得思考问题的时间。

第三节　商务谈判中无声语言的运用

在商务谈判的沟通过程中，除了从语言中了解对方的态度和立场，己方还可以从对方的肢体动作中获得更多的信息。当然，对方也同样可以通过身体语言上进一步探索己方的内在想法。我们的口头语言可能会有策略和陷阱在其中，而肢体动作往往会更加真实可靠。所以，了解和掌握无声语言的应用，可以更准确地感知对手的想法和观点，提高自己的谈判实力和技巧。

阅读：领袖的无声语言

肢体动作传递了丰富的内在信息，因此，在政府间的外交活动中，各国首脑也非常注意自己无声语言的表达。

1972 年 2 月，尼克松总统首次访华，回忆起在机场与周总理见面时的情景，他曾说道："当我从飞机舷梯上走下来时，决心伸出我的手，向他走去。当我们的手握在一起时，一个时代结束了，另一个时代开始了。"当时，尼克松为了突出这个"握手"的镜头，还特意要求包括基辛格在内的所有随行人员都留在专机上，等他和周恩来完成这个"历史性的握手"后，才可以走下飞机。

同样，1989 年 5 月，在戈尔巴乔夫访华前夕，邓小平也从肢体接触的角度指示外交部，他与戈尔巴乔夫会见时"只握手，不拥抱"。首先，这是对外交礼节的一种示意。其次，这个动作更深层次的含义，是对两国未来关系的定位。

一、无声语言的作用

(一) 代替语言沟通

无声语言在谈判中可以代替部分语言沟通的功能。无声语言可以在一定程度上代替语言所要表达的想法，尤其是当谈判者不想、不便或不能用语言表达谈判意图的时候。比如说，微笑或点头表示赞同，可以理解为"好""是的"等语言，因为这同样可以表达对对方意见的认可。反之，摇头也可以理解为己方对对方的观点不能完全接受。当然，要注意的是，不同的肢体动作，在不同国家和地区的文化中有一定差异，对无声语言的把握一定要结合文化背景。

(二) 补充语言沟通

无声语言所表达的信息在一定程度上对语言沟通有补充作用，可以加强语气，完善信息。举例来说，当我方在陈述观点时，对方不时地看表，并且眼神游离，这些肢体动作就意味着对方对己方当前所说的内容没有兴趣。反之，如果对方身体前倾，目光集中在陈述者的身上，则体现了倾听者认真的态度，也说明对方对己方所说的内容很感兴趣。

(三) 暗示谈判者意图

在谈判进程中，随着不同阶段的推进，谈判双方的态度也可能有所变化，而谈判者的面部表情、语调和肢体动作等都可以做出适当的调整，来表现自己的态度和反应。可见，无声语言有着暗示谈判者意图的作用。而且，无声语言所表达的信息往往比语言直接表述的信息更加真实可靠，容易让人信服。因此，作为一个成功的商务谈判人员，应当学会使用无声语言的暗示功能。

(四) 调节气氛

谈判中，双方很可能会在一些观点上产生分歧，并且僵持不下，这时候谈判就会陷入僵局。遇到这种情况，谈判人员可以通过一些动作来调整自己的情绪，比如点烟、咳嗽、喝水等，使得谈判气氛有所转换。此外，有些谈判涉及的议题众多，耗时较长，或者出于一些原因长时间没有进展，可能使得谈判参与人员产生无聊、烦躁等心理，这时，谈判者也可以通过无声语言来调节和放松情绪。

二、无声语言的技巧

(一) 眼睛语言

人们常说眼睛是心灵的窗户，因为眼睛可以在很大程度上透露出一个人内心的情绪和想法。所以，眼睛可以传递信息，起到沟通交流的作用。一个人视线停留在不同的位置，或者采用不同的方式转移，都会表示出不同的含义。在商务谈判中，常见的眼睛"语言"有：

(1) 倾听者把视线长时间地停留在陈述者的脸上或与之对视，说明倾听者对当前的话题很有热情，急于了解对方的态度和诚意，成交的可能性大。

(2) 当谈判涉及价格等关键内容时，倾听者尽可能地把视线避开陈述者时，说明他对当前所说的价格并不认同。

(3) 当倾听者的视线左顾右盼、眼神闪烁时，说明他对陈述者所说的内容不感兴趣，但是出于商务礼仪不便打断，所以产生了厌倦、烦躁的情绪。

(4) 在陈述和倾听时，倾听者的视线一直他顾，偶尔瞥一下陈述者的脸便迅速移开，说明倾听者没有合作的诚意。

(5) 对方眨眼的时间明显地长于自然眨眼的时间，说明倾听者对陈述者谈的内容或对陈述者本人已产生了厌烦情绪，或表明倾听者产生了优越感乃至藐视陈述者。

阅读：眼睛的态度

一位资深的海关检查人员在向新人分享经验时，曾经说到眼睛的技巧。他说，在检查过关人员已填好的报送表时，要再次提问对方："还有什么东西要呈报没有？"问话的同时，眼睛要直视过关人员的眼睛，如果被看着的过关人员不敢正视检查员的眼睛，那么就表明该人在某方面可能有情况。

(二) 表情语言

面部表情在传达信息方面有着重要作用，尤其是在情绪表达上，表情可以流露出不同的态度。

(1) 眼睛轻轻一瞥，眉毛轻扬，并且伴随微笑的表情，表示出兴趣。

(2) 眼睛轻轻一瞥，嘴角向下，同时皱眉，表示疑虑、批评，甚至是敌意。

(3) 亲密地注视，眉毛轻扬或微微持平，嘴角向上或露出微笑，表示对己方感兴趣。

(4) 眼睛平视前方，眉毛持平且面带微笑，表示不置可否、无所谓。

(5) 瞳孔放大，眉毛上扬，嘴张开，表示愉悦。

(6) 眼睛睁得很大，眉毛向上扬起，嘴角持平或微微向上，表示兴奋与暗喜。

(7) 眼睛睁大，眉毛倒竖，嘴角向两边拉开，表示愤怒或者生气。

(三) 声调语言

谈判人员在陈述观点时，声调会有起伏变化，不同的声调可以展现不同的信息。

(1) 陈述者说话时咬字清晰、声调柔和且较为平稳，语气变化的情绪色彩较淡，句尾

"啊""嗯""是不是"等语助词较少。这样的谈判人员通常文化素质较高，且谈判经验丰富。

(2) 陈述者在说话时，频繁在句尾使用"啊""嗯""是不是"等语助词，大多是有多年行政工作经历的国有企业官员。

(3) 陈述者说话时咬字模糊不清、语调偏向低沉，说明他对对方谈及的话题不感兴趣甚至厌烦，或者是下意识地在传递自己的交易优势和心理优势。

(4) 陈述者说话时声调高低起伏变化大、语调较快、语气变化中情绪色彩较为浓烈，这样的谈判人员通常是经验较少，缺乏耐心，不擅长打"持久战"。

(四) 手势语言

人们在交谈中经常会加进不同的手势来补充或者替代语言的作用。商务谈判中也有一些常见的、用于信息传递的手势。

(1) 伸出并敞开双掌，来表达自己诚恳的态度和言行一致。

(2) 说话时掌心向上，表示谦逊、诚恳、顺从、不带有任何威胁性。

(3) 说话时掌心向下，表示控制、压抑、压制，带有一定的强制性，容易使对方产生抵触情绪。

(4) 倾听者托腮，身体前倾，目光集中在陈述者身上，表示对话题有兴趣。

(5) 倾听者托腮，身体后仰，同时视线向下，表示对话题有疑虑、有戒心、不以为然甚至厌烦。

(6) 食指伸出，其余手指紧握，指向一方时，表示教训、镇压，带有较强的威胁性，这会使对方感到反感和厌恶。

(7) 搓手，表示急切期待心理。

(8) 挠头，表示出犹豫和为难。

(五) 姿态语言

(1) 连续抽烟并且频繁地弹烟灰，表示内心紧张、不安，希望借助这一系列动作来掩饰自己的面部表情，并且让手显得更为自然。

(2) 点烟以后不怎么抽，表示戒备、不安的情绪。

(3) 并腿并保持上身直立或前倾，表示谦恭、尊敬的态度。一般对方做出这个动作，是因为有求于你，把自己的姿态放的较低，对达成合作有很高的期待。

(4) 双膝分开并且上身后仰，展现了自信、愿意合作的态度，这样的姿态往往是因为自觉交易地位优越。

(5) 交叉跷腿的坐姿(二郎腿)，伴之以消极的手势，常表示紧张、缄默和防御态度。

(6) 交叉跷腿并仰靠在沙发背上，一般表示倨傲、戒备、猜疑、不合作的态度。

(7) 交叉跷腿并上身前倾，同时又滔滔不绝地说话，表示对方对当前话题很感兴趣，是个热情且文化素质较低的人。

(8) 十指交叉、搂住后脑，表示权威、优势和自信。

(9) 一手支撑着脑袋，说明对方正在思考。

第四节　商务谈判交往空间

每一个人都生活在一个无形的空间范围内，这个空间范围就是个人感到必须与他人保持的间隔距离，也称之为"个人空间"。在商务谈判中，谈判双方交往需要一定的个体空间，而交往空间的大小，需要考虑到各种具体情况，如交往对象、交往内容、交往场合、交往心境等主客观因素。同时，在国际商务谈判中，还要考虑到不同文化背景对交往空间的影响。

一、人与人之间的空间位置

人和人之间位置与关系的描述如表 6-1 所示。

表 6-1　位置与关系

交往空间	交往距离	交往对象	交往关系
亲密距离	<45 cm	夫妻、情人、恋人、父母与幼小的子女之间	亲密无间
友好距离	46～120 cm	亲友、同学、同事、师生	亲切、友好、相互信任
社交距离	120～370 cm	工作、社交和谈判场合中的对象	公开、庄重、严肃、正规
公众距离	>370 cm	公众，不认识也不需要交往的人	陌生

(一) 亲密距离

亲密距离是人际交往中的最短距离，也就是人们说的"亲密无间"，是最为亲密的关系距离，一般出现在夫妻、情人、恋人、父母与幼小的子女之间。亲密距离通常在 45 cm 以内。在亲密距离内，有很多非语言形式可以传递信息。双方在这样的距离中，各自都会在生理和心理上感到很舒适，这种舒适还能促进沟通。这种亲密距离，其实也传递了爱慕、心仪、亲密、贴心等内心的情感信息。

阅读：求婚的距离

亲密距离对于夫妻、情人、恋人、父母与幼小的子女来说，是会让双方都较为舒适的距离。在这个范围内传递信息，往往还会取得更好的沟通效果。反之，有些私密的问题，如果在开放空间中进行，沟通的结果也可能适得其反。

一位小伙子在不合时宜的场合向心仪的姑娘求婚，结果对方并没有常见的幸福感，反而当众断然拒绝了这个愣头青的请求。事后姑娘恼怒地说："他竟在离我 2.5 米之外的地方谈这件事。"

但是，在谈判交往中，谈判人员之间不具有这样的内心情感，因此在交往过程中显然不能靠近对方到这个程度。否则，会引起对方的不安、反感和抗拒，最后还可能会影响谈判进程的顺利发展。

(二) 友好距离

友好距离在 46～120 cm 之间。在友好距离中，可以传递的无声语言信息可能不如亲密距离来得多，但也能有一定的沟通效果。当双方处在友好距离中，可以实施亲切握手、拍肩搭背等友好动作，从而传递一定的沟通信息。友好距离的适用对象，包括亲朋好友、要好的同学和同事，也包括真诚的师生交往。他们之间基本没有戒备、防避的心理倾向，相互之间有较高的信任度。此外，有长期友好合作关系的、能够愉快相处且彼此信任的业务伙伴，也可进入这一空间。但是，关系一般的人只可短时间地在友好空间尝试交流，如果在双方还不熟悉的情况下，硬要以对方好友自居，坚持在这个空间相处，很可能会招致对方的反感和抗拒。

(三) 社交距离

社交距离介于120～370 cm之间，一般出现在工作环境、社交场合和谈判场合。在这样的距离中，不太能够反映个人的比较私密属性的信息。因为双方之间距离相隔较远，交谈的音量就会在一定程度上提高，所以信息是基本开放的。相对来说，亲密和友好距离体现了个人比较私密的关系，而社交距离就体现了比较公开的工作关系。

谈判过程中保持社交距离，一方面是因为相互间关系未足够亲密。另一方面，更重要的原因是保持社交距离，可以使交往显得尤为正规和庄重。比如，在国家领导人之间会晤、企业间谈判、工作招聘面试、师生论文答辩等过程中，为了体现正式、严肃、庄重，各方都会保持必要的社交距离。

(四) 公众距离

公众距离的范围在3.7 m以上。在这个界限之外，人际沟通近乎为零。人与人之间不相识，也没有沟通需求，所以就会视而不见。

在人际交往中，上述空间位置关系是相对的，也是可以转换变通的。两个一般关系的人在沟通之后，感到氛围比较友好融洽时，可以尝试做一些相对亲密的动作，比如拍拍对方的肩膀，来展现友好。如果对方能够接受，那么社交关系就可以上升为友好关系了。

二、民族和文化影响

在国际商务谈判中，人与人之间的交往距离，还会受到不同民族和文化的影响。举例来说，对于两个陌生的北美成年男子来说，最舒适的谈话距离间隔为70 cm左右，而南美人则喜欢靠得近些。中国人与美国人的交往空间习惯差不多，而日本人的交往空间往往小于其他国家的人。非洲人的空间范围也比中国人或美国人小得多。而澳大利亚人喜欢有一个宽敞的空间，人与人之间交谈时喜欢拉开距离。

当然，还有一些其他因素也会影响人们的交往距离，当下所在的场合就是一个重要因素。例如，在宾客众多、热闹喧哗的鸡尾酒会上，人们为了获得更好的沟通效果，必然会靠得近一些；在公园、办公室和酒吧等场所，人们也通常会靠得更近。此外，研究还表明这样一些规律：人们与所喜欢的人交谈要比与不喜欢的人交谈靠得近，朋友之间要比点头之交靠得近，熟人比陌生人靠得近，性格外向的人要比性格内向的人靠得近，在交谈时两个女人要比两个男人靠得近。

在商务谈判中，谈判人员所坐的位置及相互间的距离也会对沟通产生微妙的影响。一般来说，并排坐在一起是关系较为密切的距离，也是最有战略价值的距离。陈述者坐在客户中间的位置，可以自然地阻断客户之间的联系，使对方减少相互沟通的机会，也可以使两侧的客户都能清晰地听到陈述者所传达的信息，避免注意力分散。陈述者坐在客户正对的位置，则可以充分观察对方的面部表情以及眼神中显露出的内心想法，但也会显出彼此关系较远，较为严肃、正式的气氛。把握并运用好谈判人员之间的距离和位置，可以体现彼此之间的尊重和谦让，有时会得到意料之外的效果。

思考题与案例分析

一、思考题

1. 谈判语言的类型有哪些？
2. 谈判语言的运用需要遵循哪些原则？
3. 谈判过程中语言运用的技巧主要包括哪几个方面？
4. 倾听的作用是什么？
5. 陈述时有哪些技巧？
6. 商务谈判中应该如何提问？
7. 谈判时有哪些应答技巧？
8. 谈判中无声语言有什么作用？

二、案例分析

案例一

A 企业是一家实力雄厚的房地产开发企业，在投资的过程上，看中了 B 企业所拥有的一块极具升值潜力的地皮。而 B 企业正想通过出卖这块地皮获得资本，以便将自己的经营范围拓展到国外。在这样的背景下，双方精选了久经沙场的谈判干将，对土地转让问题进行谈判。

A 企业代表说："我方企业的情况你们可能也有所了解，我企业是建华企业、盛润企业(均为全国著名的大企业)合资创办的，经济实力雄厚，近年来在房地产开发领域有很出色的表现。在你们市去年开发的香樟花园，收益很不错，听说你们的王总也是我们的买主啊。你们市的几家企业正在谋求与我们合作，想把他们手里的地皮转让给我们，但我们没有轻易表态。你们这块地皮对我们很有吸引力，我们准备把原有的住户拆迁，开发一片居民小区。前几天，我们企业的业务人员对该地区的住户、企业进行了广泛的调查，基本上没有什么阻力。时间就是金钱啊，我们希望能以最快的速度就这个问题达成协议，不知你们的想法如何？"

"很高兴能与你们有合作的机会。我们之间以前虽然没有打过交道，但对你们的情况还是有所了解的。我们遍布全国的办事处也有多家住的是你们建的房子，这可能也是一种缘分吧。我们确实有出卖这块地皮的意愿，但我们并不是急于脱手，因为除了你们企业外，兴华、兴运等一些企业也对这块地皮表示出了浓厚的兴趣，正在积极地与我们接洽。当然了，如果你们的要求比较合理，价钱比较优惠，我们还是希望优先与你们合作的，我们可以帮助你们简化有关手续，使你们的工程能早日开工。"

问题：你对 A、B 两家企业代表的叙述技巧如何评价？

案例二　克鲁斯在汽车赔偿金额确定中与保险员的据理力辩

克鲁斯的汽车意外地被一辆大卡车完全撞毁，幸好他的汽车保了险，可是确切的保险金额却要由保险公司的保险员鉴定后才能确定，因此有了克鲁斯与保险员的一番对话。

保险员：我们研究过你的案件，决定采用保险单上的条款，你可以得到 3300 美元的赔偿。

克鲁斯：这我知道，但我想知道你们是怎么算出这个数字的？

保险员：我们依据这部汽车的现有价值。

克鲁斯：这我了解。可是你们是按照什么标准算出这个数的？你知道我现在要花多少钱才能买到这样的车吗？

保险员：你想要多少钱？

克鲁斯：我想得到按照保单应该得到的钱，我找到一部类似的二手车，价格是 3350 美元，加上营业税和货物税后，大概是 4000 美元。

保险员：4000 美元太多了吧！

克鲁斯：我所要求的不是某个数目，而是公平的赔偿。你不认为我得到足够的赔偿来换一辆车是公平的吗？

保险员：好，我们赔你 3500 美元，这是我们可以付出的最高价，公司的政策是如此规定的。

克鲁斯：你们公司是怎么算出这个数字的？

保险员：你要知道 3500 美元是你可以得到的最高数额，你如果无法接受，我也爱莫能助了。

克鲁斯：3500 美元可能是公道的，但我不敢确定。如果你受公司政策的约束，我当然知道你的立场。可是除非你能客观地说出我能得到这个数目的理由，否则，我想最好还是诉诸法律，我们为什么不研究一下这件事，然后再谈？星期三上午 11 点我们可以见面谈谈吗？

保险员：好的。我今天在报上看到一部七八年的菲亚特汽车，出价是 3400 美元。

克鲁斯：噢！上面有没有提到行车里程数？

保险员：49000 公里。为什么问这件事？

克鲁斯：因为我的车只跑了 25000 公里，你认为我的车子能值多少钱？

保险员：让我想想……多 150 美元。

克鲁斯：假设 3400 美元是合理的，那么就是 3550 美元了，广告上提到收音机了没有？

保险员：没有。

克鲁斯：你认为一部收音机值多少钱？

……

两个半小时候，克鲁斯拿到了 4012 美元的支票。

问题：该案例中双方分别采用了哪些沟通技巧？

测　试　题

你善于交谈吗？

对下列题目做出"是"、"有时"或"否"的选择。

(1) 你是否时常觉得"跟他多讲几句也没有意思"？

(2) 你是否觉得那些太过于表现自己感受的人是肤浅的和不诚恳的？

(3) 你与一大群人或朋友在一起时，是否常觉得孤寂或失落？

(4) 你是否觉得需要有时间一个人静静地思考才能理清头脑和整理思路？

(5) 你是否只会对一些经过千挑百选的朋友才吐露心事？

(6) 在与一群人交谈时，你是否时常发觉自己在胡思乱想一些与谈论话题无关的事情？

(7) 你是否时常避免表达自己的感受，因为你认为别人不会理解？

(8) 当有人与你交谈时或对你讲一些事情时，你是否时常觉得很难聚精会神地听下去？

(9) 当一些你不太熟悉的人对你倾诉他的生平遭遇以取得同情时，你是否会觉得不自在？

评分规则：

每题选"是"记 3 分，选"有时"记 2 分，选"否"记 1 分。各题得分相加，统计出总分。

22～27 分：这表示你只有在极需要的情况下才会同别人交谈，或者对方与你志同道合，但你仍不会以交谈来发展友情。除非对方愿意主动频频跟你接触，否则你便总处于孤独的个人世界里。

15～21 分：你大概比较热衷于与别人交朋友。如果跟对方不大熟悉，你开始会表现得很内向，不太愿意跟别人交谈。但时间久了，你便乐意常常搭话，彼此谈得来。

8～14 分：这表示你与别人交谈不成问题。你非常懂得交际，善于营造一种热烈的气氛，鼓励对方多开口，使得彼此十分投合。

第七章　商务谈判的策略和技巧

运筹策帷帐之中，决胜于千里之外。

——(汉)《史记》

本章要点：学习并了解商务谈判策略的概念、特点和运用原则；学习和掌握商务谈判开局、报价和磋商阶段的策略，并能在谈判中灵活运用；了解商务谈判僵局阶段的策略；学习并掌握商务谈判的常用技巧。

导入案例

中东国家沙特阿拉伯(以下简称沙特)有一汽车经销商意欲进口一批高级轿车。他先是同德国汽车厂家进行了商谈，德国人出价每辆车 20000 美元。沙特商人要求德国人稍微降低一些售价，德国人不同意，谈判最终破裂。这一消息被一家日本汽车公司知道了，他们找到这位沙特的汽车经销商，商讨为其供货。开始，日方出价也是每辆车 20000 美元，沙特方坚决不同意。日方考虑了一下，提出每辆车可以降低到 19000 美元，但是车上的设备要有所改变，即不再配备空调和音响设备，这两样设备可以根据客户的要求再另行计价安装。这位沙特经销商经过考虑，同意了日本人的建议，双方就此签订了合同。当沙特经销商将日方的轿车投入市场后发现，由于这些车没有空调机和音响设备，所以很难销售。因为，大多数客户不愿意自己再找汽车装饰公司来安装这些设备。这位经销商无奈，只好再找到日本的这家汽车公司，要求其为这批车配上空调机和音响设备。日方公司报价 1000 美元，沙特经销商只得接受日方的要求。

请你结合商务谈判的策略，分析日方公司为什么能够与沙特经销商达成交易？

第一节　商务谈判策略概述

一、商务谈判策略的含义

从企业经营的角度来看，所谓商务谈判策略，是指为了实现企业的经营目标，在市场竞争的环境变化中求得生存和发展的一系列谈判对策的统称。

从商务谈判人员的习惯认识来说，商务谈判策略是根据谈判战略目标的要求和谈判情况的变化，灵活地贯彻实施谈判战略方案所采取的措施的总和。

概括来说，谈判策略是可以预见和可能发生的情况下应采取的相应的行动和手段。

二、商务谈判策略的特点

总结长期的商务谈判实践经验和教训，商务谈判策略表现出多个方面的特点。

(一) 预谋性

商务谈判策略集中体现了谈判者的智慧和谋略。通常来讲，在谈判开始之前，谈判人员就会收集相关资料，并结合自己的谈判经验，分析并预估谈判过程中可能出现的情形以及容易发生的问题。而如何应对这些局面和问题，采取怎样的行动和手段，谈判小组可以事先对其进行讨论与安排，这个过程就是策略产生的过程。可见，策略不是在谈判过程中盲目使用的，而是在模拟谈判时就有了计划和选择的。

(二) 针对性

商务谈判是一种针对性很强的活动。谈判双方或多方为了实现一定的目标，才会坐到一起进行磋商。在商务谈判中，使用任何一种策略都有其明显的针对性，是就谈判桌上的某种情况而采取的谋略和一系列手段。

在制定商务谈判策略时，要考虑到此次谈判的内容、目的、方式、谈判手风格以及对方可能采取的策略等方面。有效的商务谈判策略必须对症下药、有的放矢。举例来说，谈判中，卖方为了提高成交价格，可能会使用"筑高台"的策略，实施"西欧式报价"的战术。针对这种情况，买方就可以考虑使用"吹毛求疵"的策略，实施"还价要低"的战术进行应对。策略与反策略的运用，就很好地说明了商务谈判策略的针对性。

(三) 时效性

综合来看，大多数的商务谈判策略都有时效性的特点，不同的策略适合于不同的谈判阶段。换句话说，谈判策略的使用要选择时机，只有在合适的时间范围内，才能产生效用或达到效用最大化。

商务谈判策略的时效性表现在以下几个方面：

(1) 许多策略都适合在商务谈判过程中的特定阶段使用。比如，"疲劳战术"比较适合在谈判进程的初期或签约阶段使用。

(2) 商务谈判策略往往要在特定的时间或时刻之前使用。例如，"最后通牒"策略就设定了具体的日期和时间节点。

(3) 在特定的环境中使用才有预期的效果。这与商务谈判策略的针对性是一致的。

(四) 随机性

随机性是指谈判者应根据谈判过程的具体情况而调整的策略。在商务谈判中，不管事先搜集了多么详尽的资料，准备了多么周密的计划或方案，在实际的谈判过程中，都可能会出现一些预计之外的情况，使得原定的策略不便使用或者失去其价值。一旦遇到这种情况，谈判人员需要结合自己的经验、现场的实际状况和随时可能出现的变化来调整策略，选取适当的新战术来解决突发的问题。

要注意的一点是，这里所说的调整策略，并不等同于改变谈判前就确定的己方谈判目标。谈判目标是事先确立的，策略只是实现谈判目标的方法和途径，无论策略如何改变，其目的都是为了最初谈判目标的达成。

(五) 隐匿性

谈判策略的隐匿性，是指在实际的商务谈判中，谈判策略只为己方知悉，并且尽可能地做好保密工作，不被对方提前了解。隐匿己方策略是为了预防对方运用反策略。所谓谈判策略，是指使用一定的方法和手段来达到己方的谈判目的，如果这种手段或方式提前被对方知晓，那么对方一定会分析谋划，采用一定的策略来进行反攻，使得己方不但无法实现预期目标，还会陷入被动的不利局面。因此，谈判策略存在隐匿性的特点。

(六) 艺术性

商务谈判策略的运用及其效果应当具有艺术性。在商务谈判中运用谈判策略，其目的是为了实现己方的最终目标。但是策略运用要注意其效果，就是为了保障签订的协议能顺利履行，任何一种策略都不应该破坏谈判双方的融洽关系。因此，使用谈判策略，除了要保障己方实现谈判目标以外，还必须注意保持良好的人际关系。

虽然许多商务谈判策略有相对稳定的特点，但是，艺术地运用这些策略确实能体现出谈判人员的水平高低、技巧的熟练程度等。

(七) 综合性

商务谈判策略是一种集合和混合的概念，它需要在谈判过程中综合运用各种谈判方式、战术、手段、措施和技巧。同时，商务谈判是一种复杂的心理过程，是一种纷繁的经济现象和社会交往现象。因此，在谈判中要注意从客观实际出发，从不同的视角去分析和使用策略。

三、商务谈判策略运用的基本原则

(一) 周密谋划原则

商务谈判是参与双方斗智斗勇的过程，需要谈判人员的智慧与谋略。只有经过周密的设计和安排，才能取得预期的谈判效果。所谓周密谋划原则，就是在使用谈判策略时要对每一个阶段、每一句对话进行严谨、细致的运筹，做到胸怀大局、有勇有谋。

(二) 随机应变原则

谈判过程中会遇到很多技巧、方式和套路，对方随时都可能采用新的策略，现场形势也随时都可能发生逆转，这就要求谈判人员特别是主谈人要做到随机应变。所谓随机应变原则，就是在运用谈判策略时要选择谈判的恰当时机，灵活应对谈判情形的发展变化，做到"魔高一尺，道高一丈"。

(三) 有理、有利、有节原则

商务谈判的过程是买卖双方经过多次磋商、相互做出一定让步、合理化解分歧，以求最后达成协议的过程。谈判双方愿意签订合同，必然是双方都接受了交易条件并且能够获得一定的利益。这就要求谈判双方都要遵循有理、有利、有节的原则。所谓有理，是指谈判人员无论是提出要求还是反对对方的观点，都要建立在详尽的材料和数据的基础之上，必须是有理可循的，而不是固执、蛮横的不肯让步。所谓有利，是指在谈判磋商中，谈判者要运用己方的有利条件，推动谈判预期目标的实现。所谓有节，是指在双方观点产生分歧引发争议时，要坚持谈判双方互利互惠的原则，掌握好争辩的尺度，有节制地争取利益，切不可贪得无厌。

第二节　商务谈判开局阶段策略

开局阶段主要是指谈判双方见面后，在进入具体交易内容讨论之前，相互介绍、寒暄及就谈判内容以外的话题进行交谈的那段时间和经过。开局阶段为整个谈判奠定基础，因此，运用正确的开局策略至关重要。

一、谈判开局气氛策略

谈判气氛是由参与谈判的所有谈判人员共同建立的，由他们的情绪、态度与行为来决定。并且，谈判氛围与谈判人员之间具有相互作用的关系。也就是说，任意一个谈判个体的情绪、态度与行为都可以影响或改变原有的谈判气氛。反之，不同的谈判氛围也会使谈判个体的情绪、态度与行为产生变化。

因此，谈判人员应该要有能力结合不同的谈判内容、不同的谈判环境，形成对自己有利的谈判开局气氛，从而影响谈判对手的表现，控制谈判开局。

阅读：孙经理的谈判

美国沃尔曼公司在费城承建一座办公大厦。开工后进展顺利，不料在接近完工阶段，负责供应内部装修的铜器承包商突然宣布他们无法如期交货。这样一来，不仅整个工程要延期，沃尔曼公司还得支付巨额罚金。为了避免损失，公司和该承包商多次在电话中进行交涉，因双方分歧较大均无结果，公司只好派孙经理前往纽约与承包商面议。

孙经理一走进那位承包商的办公室，便微笑着说："你不知道，在纽约，你这个姓氏只有一个，一下火车，我在电话簿里很快就找到你的地址。"

"这我还不知道。"承包商说着也兴致勃勃地查阅起电话簿来，一边查找，一边不无骄傲地谈论起他的家族和祖先。他说："我的家庭是从荷兰移居纽约的，有 200 年的历史了。"孙经理听了他的话，先是称赞他的祖先，然后称赞他居然创建了这么大的公司。承包商听后很自豪地说："这是我花了一生的心血来做的事业，我为它感到骄傲，你愿意到车间里参观吗？"孙经理欣然前往。

至此，孙经理只字未提来访的真正目的。吃完午饭，承包商说："现在我们谈谈正事吧，我知道你这次来的目的，但没有想到我们相处竟是如此愉快。你可以带着我的保证回到费城，我保证你们要的材料如期运到，尽管我这样做会给另一笔生意带来损失，不过我认了。"

孙经理轻而易举地获得了他所急需的材料。果然，那些材料及时运到，使大厦在契约期限届满的那一天完工了。

(一) 良好的谈判气氛

实际谈判中，谈判人员常常会致力于创造一种舒适、温馨、赏心悦目的谈判环境，从而建立起轻松、友好、融洽的谈判氛围。这种和谐的气氛有助于谈判双方建立良好的交往关系，增强对彼此的信任感，便于双方在之后的谈判沟通中相互理解、增进配合、化解分歧，以达成双方一致认可的谈判条件，顺利签订协议。

阅读：引进生产线

中国一家制造企业准备从国外引进一条生产线，经过了解比对后，与日本一家公司进行了接触。双方分别派出了一个谈判小组就生产线的引进问题进行了谈判。

谈判当天，双方谈判代表刚刚就座，中方的主谈人(副总经理)就站了起来，他对大家说："在谈判开始之前，我有一个好消息要与大家分享。昨天夜里，我的太太为我生了一个大胖儿子！"此话一出，中方谈判人员纷纷站起来向他道贺。日方代表见此情景，也纷纷站起来予以祝贺。因为这个话题，整个谈判会场的气氛一下高涨起来。此后，谈判进程就在这种融洽、友好的氛围中展开，最终的谈判结果是中方企业以合理的价格引进了一条生产线。

(二) 不良的谈判气氛

动荡与紧张的情感会影响人正常的思维能力和信息识别能力，甚至会直接导致人的行为失衡。动荡的情感会让人感到难受，因此人们甚至会愿意放弃一定的利益，也要尽快地摆脱它所带来的困扰和折磨。紧张的情感还会引发人们举止失措、言语失误、心理失衡等种种失态的表现，这些问题都有可能会使谈判人员在谈判中发生失误和做出不同程度的让步。因此，在一定的情况下，谈判人员可以在选择与创造谈判气氛时，刻意建立起不良的情感，扰乱对手的情绪与行为，从而促成己方谈判目标的实现。

阅读：戴维营的特别谈判

在埃及和以色列关于西奈半岛争端的谈判中，美国前总统卡特成功地在戴维营使用了情感动荡的谈判氛围设置技巧，推动了中东和平谈判的顺利实现。

戴维营的环境可以形容为比较糟糕，那里的生活非常单调、枯燥，容易让人感到厌烦。曾经有人这样来描述当时戴维营的生活：那里最刺激的活动就是捡捡松果，闻闻松香。

为了促成这次中东和谈，卡特充分利用了戴维营枯燥无聊的环境条件。他给谈判双方人员准备的仅有的娱乐就是两辆自行车和三部电影。也就是说，双方包括埃及总统萨达特和以色列总理贝京在内的 14 位人员，要共用这两辆自行车。每天晚上，他们只能够在仅有的三部电影中选择一部观赏，以作为娱乐。

谈判进行到第 6 天的时候，每个人都把每部电影看过了两遍，已经非常厌烦。每天早上 8 点钟，卡特都要去敲萨达特和贝京的房门，并用他单调低沉的声音重复同样的语句："早上好！我是吉米·卡特，咱们准备再过内容同样无聊、令人厌倦的 10 小时吧！"

在这种枯燥乏味的环境下，坚持了 13 天一模一样的生活之后，只要签约不至于影响自己的前途，每一个谈判人员都想尽快地签订协议，离开戴维营这个"鬼地方"。

卡特的一番良苦用心，顺利换来了此次中东和平谈判的圆满成功——以色列归还埃及西奈半岛，埃及将西奈半岛划为非军事区。

二、协商式开局策略

所谓协商式开局策略，也称一致式开局策略，是指通过协商、肯定的语言进行陈述，增强对方对自己的信任，建立双方对谈判的理解充满"一致性"的感受，从而使谈判双方在和谐、融洽的气氛中推进谈判内容的发展。

协商式开局策略的目的在于创造取得谈判胜利的条件。运用这种策略的具体方式有很多，举例来说，在谈判开始时，以一种协商的口吻来询问谈判对手的看法，然后，对其观点表示接受或赞同，并按照其意见进行工作。运用这种策略有一个前提，就是拿来征求对方观点的问题应该是无关紧要的问题，也就是无论对方提出怎样的意见都不会触及到己方的实际利益。此外，在认可对方观点的同时，要保持自然的态度，不卑不亢，让对方感觉到自己是出于尊重，而不是为了献媚或者奉承。

一致式开局策略还有一种运用方法，就是在谈判开始时以问询方式或补充方式诱导谈判对手走入己方设计的安排，从而在双方间达成一种一致和共识。所谓问询方式，是指把答案设计成问题来询问对方；所谓补充方式，是指通过对对方意见的补充，使自己的意见变成对方的意见。一致式开启策略既体现了对对方的重视，也更易于被对方所接收和认可。

运用协商式开局策略，要多用外交礼节性语言、中性话题，在融洽、和谐的氛围中展开。如果谈判双方实力比较接近，在彼此都有合作诚意，愿意理解配合的前提之下，谈判一方以协商的口吻来征求谈判对手的意见，对方往往易于接受，策略效果会比较好。

案例：协商式开局的运用

1972 年 2 月，尼克松首次访华，中美双方展开了一场具有重大历史意义的国际谈判。为了创造一种轻松、融洽的谈判气氛，中方在周恩来总理的亲自领导下，对谈判过程中的各种环境都做了精心、周密的设计和安排，甚至精心挑选了宴会上要演奏的两国民间乐曲。

在欢迎尼克松一行的国宴上，军乐队娴熟地演奏起由周总理亲自选定的《美丽的亚美利加》，这首曲子正是尼克松最喜欢的并且指定在他的就职典礼上演奏的家乡乐曲。听到了熟悉亲切的曲调，尼克松被这种友好而热烈的气氛感染了。敬酒时，他特地到乐队前表达了谢意，而其他的美国客人也感染了这种欢乐，宴会的气氛随之推向了高潮。

前日本首相田中角荣 20 世纪 70 年代为恢复中日邦交正常化到达北京，他怀着等待中日间最高首脑会谈的紧张心情，在迎宾馆休息。迎宾馆内气温舒适，田中角荣的心情也十分舒畅，与随从的陪同人员谈笑风生。他的秘书早饭茂三仔细看了一下房间的温度计，是"17.8 度"。正是这个田中角荣习惯的"17.8 度"使得他心情舒畅，也为谈判的顺利进行创造了条件。

点评：《美丽的亚美利加》乐曲、"17.8 度"的房间温度，都是为了在谈判中更好地实现谈判的目标，而针对特定的谈判对手，采用了协商式开局的谈判策略。

三、保留式开局策略

保留式开局策略适用于低调气氛和自然气氛。它是指在谈判开局阶段，对谈判对手提出的关键性问题不直接做彻底的、明确的回答，而是有所保留，从而给对方造成神秘感，以吸引对方步入谈判。运用保留式开局策略时，要掌握分寸和尺度，可以向对方传递模糊的信息，但是不能传递虚假信息，要以诚信为本，不能违反商务谈判的道德原则。否则，会让己方陷入尴尬难堪的局面之中。

阅读：茶公司的自我推荐

有一家日本公司想要在中国投资加工乌龙茶，然后返销日本。该公司经过筛选后，决定与我国福建的一家公司进行进一步的沟通了解。于是，两家公司分别组成谈判班子，就投资问题进行了谈判。

谈判一开始，日方代表就问到："贵公司的实力到底怎样，我们还不十分清楚，能否请您向我们具体介绍一下，以增加我方投资的信心？"

中方代表回答道："虽然不知贵方所说的实力是指哪些方面，但是有一点我可以自信地告诉您，造飞机我们肯定不行，但是制茶我们是内行，我们的制茶技术是世界第一流的。此外，福建有丰富的茶叶资源，我公司可以说得上是'近水楼台'，贵公司如果与我们合作的话，肯定会比与其他公司合作更有价值。"谈判自然顺利的进行了下去。

四、坦诚式开局策略

坦诚式开局策略，是指以开诚布公的方式向谈判对手陈述自己的想法或观点，以便尽快打开谈判局面。采用这种策略时，要综合考虑多种因素，比如自己的身份、与谈判对手的关系、当下的谈判情形等。

一般来说，这种策略比较适合于有长期交易往来的双方：过去合作比较顺利，彼此有较多的了解，有友好互信的谈判基础，不需要过多的寒暄或客套。在这样的前提之下，当己方陈述时，可以先真诚地赞美对方一直以来的默契配合与良好信用，随即坦率地说明己方的观点与对对方的期望条件，有助于更好地赢得对方的信赖。

除此之外，坦诚式开局策略有时也可用于谈判实力较弱的一方。当己方的谈判力明显弱于对方，并且对方也已经知悉的情况下，不妨坦率地表明己方的弱点，让对方加以考虑，进而可以更好的展示出己方诚恳的态度，同时也表明了己方对谈判的信心和能力。

阅读：党委书记的坦率开场

北京某区一位党委书记在同外商谈判时，发现对方对自己的身份持有强烈的戒备心理，这种状态妨碍了谈判的进行。于是，这位党委书记当机立断，站起来对对方说道："我是党委书记，但也懂经济、搞经济，并且拥有决策权。我们摊子小，并且实力不大，但人实在，愿意真诚与贵方合作。咱们谈得成也好，谈不成也好，至少你这个外来的'洋'先生可以交一个我这样的'土'朋友。"寥寥几句肺腑之言，打消了对方的疑虑，使谈判顺利地进行了下去。

五、进攻式开局策略

进攻式开局策略，是指通过语言或行为来表示己方强硬的态度，从而获得谈判对手必要的尊重，并借以制造心理优势，使得谈判顺利地进行下去。

进攻式开局策略一定要谨慎使用，因为采用这种策略通常会使谈判气氛变得紧张，而且过于直接地展示己方实力，也会让对方认为是一种炫耀，从而产生抵触心理甚至产生敌对感，对谈判的进一步发展十分不利。因此，进攻式开局策略通常只是在一些特殊的情况下才予以使用。

例如，对方为了迫使己方做出更多让步，可能会刻意制造某种低调的谈判气氛，这种情形显然会对己方的讨价还价非常不利。为了避免己方的切身利益遭受损害，己方此时就应该高调进攻，用强硬的态度对对方实行压迫战术，力求打破低调的气氛，扭转不利的局面。

此外，当发现谈判对手盛气凌人，对己方并不尊重时，如果任由其发展下去，会对己方极为不利，此时也可采取进攻式开局策略；或者，己方处于被动局面下时，为了变被动为主动，也可以考虑进攻式开局策略，以攻为守，与对方进行辩论，争取使双方重回平等的谈判地位。

进攻式开局策略运用得当，可以使得己方占据有利的谈判地位，但如果使用不当，会使谈判在开局阶段就陷入僵局。因此，使用进攻式开局策略，一定要坚持有理、有利、有节的原则，要做到就事论事，对事不对人，在展示己方的自信、自尊和认真态度时，也要注意分寸的把握，不要过于强硬，造成谈判气氛过度紧张。使用进攻式开局策略后，只要清楚地表达了己方的立场，对方的态度也有所改观，就应及时转换气氛，使双方尽快地回归到和谐、融洽的谈判氛围中。

阅读：化被动为主动的丰田代表

日本丰田汽车公司最初进入美国时，对美国市场的了解几乎空白。为了弥补这个缺陷，日方急需找一家美国代理商来为其销售产品。当丰田谈判代表前往一家美国汽车经销商约定的谈判地点时，突遇交通堵塞迟到了。美方代表对此大发雷霆，指责日方不遵守时间，没有诚意，想以此为手段获得更高比例的代理佣金及其他优惠条件。

丰田谈判代表被逼得无路可退，于是站起身来冷冷地说："很抱歉，因为我们的迟到耽误了您的时间。不过，这绝非我们有意这样做的。我们本以为美国的交通条件要比日本好得多，没想到今天所遇到的状况超乎我们的想象，所以才导致这个不愉快的结果发生。希望我们不会再因为这个问题而耽误宝贵的时间了。如果您因为这件事而对我方的合作诚意表示怀疑的话，那么，我们只好结束这次谈判，不过，按我方所给出的优惠条件，是不难在美国找到其他合作伙伴的。"

丰田谈判代表的一席话说得美国代理商哑口无言。其实，这家美国汽车经销商并不想失去这个赚钱机会，只是想借机吓唬对方，没想到人家不吃这一套。于是，美方赶紧收敛了怒气，心平气和地与对方开始了谈判。

第三节　商务谈判报价阶段策略

在商务谈判中，买卖双方都会有自己的预期价格范围，先报价的一方会有一个较高的开价，后报价的一方则会有一个较低的还价，同时，双方还会有各自的价格底线。最终交易能否达成，要看双方的价格要求能否取得一致，这就取决于双方的预期价格区间。

一般报价，如图 7-1 所示，有三种情况：第一，卖方的底价小于买方的底价，即卖方的底价和买方的底价有一段重合区域，则谈判可能成功。第二，卖方的底价小于并且接近等于买方的底价，即卖方的底价和买方的底价重合区域狭小，则谈判成功的难度就相当大。第三，卖方的底价大于买方的底价，即卖方的底价和买方的底价无重合区域，则谈判不可能成功。

报价阶段是开局之后具有关键性作用的一个阶段，它影响着报价者在随后的谈判中的地位，为了谈判取得成功，并实现理想的价格要求，要谨慎地选择这一阶段的策略。

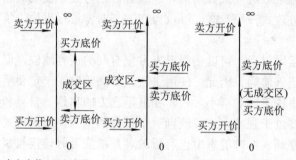

图 7-1　报价的三种情况

一、高价报价策略

高价报价策略在西欧国家使用较为广泛，因而也可称为西欧式报价。采用这种策略时，卖方首先提出的价格会留有较大余地。在进一步的沟通过程中，结合谈判双方的实力对比和该项交易的外部竞争状况，卖方通过给予不同的优惠，例如价格折扣、数量折扣、佣金和支付条件方面的优惠(延长支付期限、提供优惠信贷等)，来逐步软化和接近买方的要求，最终达成交易。

阅读：工资谈判

老黄是印刷厂的一位工会职员，为了增加工资，他向厂方提出了一份书面要求。

一周后，厂方约老黄谈判新的劳资合同。令他吃惊的是，一开始厂方就花很长时间向他详细介绍销售及成本情况，反常的开头叫他措手不及。为了争取时间考虑对策，老黄便拿起会议材料看了起来。最上面一份是他的书面要求，一看之下他才明白，原来是在自己在打字时不小心，将要求增加工资12%打成了21%。难怪厂方小题大做了。

老黄心里有了底，谈判下来，最后以增资15%达成协议，比他自己的期望值高了

3 个百分点。看来，他原来的要求太低了。

阅读：奥运会的赞助谈判

1984 年，美国洛杉矶成功地举办了第 23 届夏季奥运会，并盈利 1.5 亿美元，创造了奥运史上的一个奇迹。这次成功，除了其组织者著名青年企业家尤伯罗斯具有出色的组织才能和超群的管理才能外，更重要的是得益于他卓越的谈判艺术。第 23 届夏季奥运会的巨额资金，可以说基本上是尤伯罗斯谈出来的。

当时，尤伯罗斯一开始就对赞助商们提出了很高的条件，其中包括每位赞助商的赞助款项不得少于 400 万美元。著名的柯达胶卷公司开始自恃牌子老，只愿出赞助费 100 万美元和一大批胶卷。尤伯罗斯毫不让步，并断然把赞助权让给了日本的富士公司。后来柯达公司虽经多方努力，但其影响远远不及获得赞助权的富士公司。

很高的要价并未吓跑赞助商，由于奥运会的特殊地位和作用，使得各方面的赞助商都纷至沓来，并且相互之间展开了激烈的竞争。最后，尤伯罗斯在众多赞助商竞争者中挑选了 30 家，终于宽松地解决了所需的全部资金，并使第 23 届洛杉矶奥运会成为奥运历史上第一次盈利的奥运会，从而提高了奥运会的身价，也增强了奥运会承办者的信心。

使用高价报价策略时，喊价要狠，但是让步要慢。应对这种策略时，应该要求对方出示报价或还价的依据，或者本方出示报价或还价的依据。

二、低价报价策略

由于低价报价方式以日本厂商应用最多，因此也称日本式报价。使用这种策略时，为了吸引买方的注意，首先会将最低的价格列在价格表上。通常来说，这种低价格是以对卖方最有利的结算条件为前提条件的。同时，在这种低价格交易条件下，买方的各方面要求不太可能全部实现，一旦买方要求改变部分交易条款，则卖方就会相应提高价格。所以，买卖双方最后的成交价格，一般都会高于价格表中的价格。例如图 7-2 所示，卖方可能会将打印机的报价定的较低，以便引起买方进一步谈判磋商的意愿，待买卖双方正式谈判后，买方提出要配合购买相对应型号的墨盒时，卖方就可以相对地提高价格了。

图 7-2　低价报价策略示例图

日本式报价的优势体现在两方面：一是它可以排除竞争对手的威胁，从而使己方与买方的谈判能够现实地发生。二是待其他卖主退出竞争之后，买方原有的优势地位也同样不在了，他就不再能够把竞争作为向卖方施加压力的筹码。此时，买卖双方处于平等的谈判地位，卖方可以根据买方在有关条件提出的要求，逐步地提高要价。

应对这种报价策略的方法有两种：第一，把对方的报价内容与其他卖主的报价内容一一进行比较和计算，并且直接地提出异议。第二，不要受对方小利益的诱惑，自己报出一个一揽子交易的价格。

三、先后报价策略

商务谈判中的报价涉及交易各方面条件的要求，但是价格要求依然是最主要的部分，尤其是报价的先后顺序，需要根据谈判当时的具体情况仔细全面地考量，因为先报价和后报价各有利弊。

如果选择了先报价，那么己方就可以为价格划定一个大致的框架或是基准线，并使得对方在讨价还价时也有所限制，从而保证最后的成交价格尽可能在己方设定的范围之内达成。同时，如果己方提出的报价出乎对方的意料，就有可能打乱对方的原定计划，甚至动摇对方的谈判信心，为己方争取到谈判的主动权。

但是，先报价有助于对方增加对己方的了解，对方可以根据己方的报价调整自己的报价行为，很可能使己方丧失一部分原本可以获得的利益。此外，先报价带有一定的盲目性，往往会使报价方在一定程度上丧失主动权。因为对方会对己方的报价进行攻击，要求己方降价，同时又不暴露自己的底线。在无法知道对方底价的前提下，己方不知道应该降价多少，心里没底，在对方的攻击之下，贸然降价，常会有不必要的损失。

阅读：数控机床的谈判

美国加利福尼亚州一家机械厂的老板哈罗德准备出售他的三台更新下来的数控机床，有一家公司闻讯前来洽购。哈罗德先生十分高兴，准备开价 360 万美元，即每台 120 万美元。当谈判进入实质性阶段时，哈罗德先生正欲报价，却又突然停住，暗想："可否先听听对方的想法？"结果，对方在对这几台机床的磨损与故障作了一系列的分析评价后，说："我公司最多只能以每台 140 万美元买下这三台机床，多一分钱也不行。"哈罗德先生大为惊喜，竭力掩饰内心的喜悦，还装着不满意的样子，讨价还价了一番。最后自然是顺利成交了。

后报价的利弊与先报价的相反。后报价方可以先获得对方的初步价格要求，有利于己方调整价格期望，提出更有效的报价，提高报价的成功率。其不利之处则是失去了报价的主动地位，被对方设定了价格谈判的范围，使得己方的期望与最后的成交价格有一定差距。

一般来说，如果预期谈判会呈现激烈状态，需要争夺主动权的情况下，则可以争取先报价；如果己方缺乏谈判经验，或者信息掌握不足没有把握的情况下，则可以考虑后报价；如果双方有交易的往来，且合作融洽的情况下，则先后报价皆可。此外，就商业性谈判的惯例而言，发起谈判的一方一般先行报价；投标者与招标者之间，一般应投标者先报价；卖方与买方之间，一般应由卖方先报价。

爱迪生发明了电报以后，西方联合公司表示愿意买下爱迪生的这个新发明。

　　爱迪生对这个新发明究竟应该要多少价疑惑不决，他的妻子建议开价 2 万元。"这么高！"爱迪生听了不觉目瞪口呆，他觉得妻子把这个新发明的价值看得太高了，不过到了谈判的时候，他还是打算按照妻子的建议要价。

　　谈判是在西方联合公司的办公室进行的。

　　"爱迪生先生，你好！"西方联合公司的代表热情地向爱迪生打招呼，接着他直率地问爱迪生："对你的发明，你打算要多少钱呢？"

　　爱迪生不愿先开价，因为 2 万元这个价格实在高得离谱，很难说出口来，但究竟开个什么价比较好呢，爱迪生陷入思考。办公室里没有一点声响，对方在等待，爱迪生虽然有点急，但还是沉默着。随着时间的推移，沉默变得十分难熬，西方联合公司的代表急躁起来，然而爱迪生仍然没有开口。

　　场面十分尴尬，西方联合公司的代表失去了耐心，终于按捺不住试探性地问："我们愿意出 10 万块钱买下你的发明，你看怎么样？"爱迪生几乎被惊呆了，随即拍板成交。

四、比较报价策略

　　报价对比策略，是指同时向对方给出有利于己方的多个商家同类商品交易的报价表，设立一个价格参照系，然后将谈判所涉及的商品与这些商家的同类商品在质量、功能、服务与其他交易条件等方面做出对己方有利的比较，并以此作为本方报价的依据。

　　　　　　　　　　　　阅读：仿真机的国内外比对

　　亚太仿真公司曾与国内一家单位商谈出售仿真机的问题，几次磋商后，都因对方认为价格太高而未达成协议。

　　亚太公司总经理——教授出身的游景玉女士提出疑问："国外进口的仿真机 10 万美元一台，你们觉得并不太贵，而由中国人自己制造生产的同效果的仿真机 10 万人民币一台，你们却认为太贵，请问在座的高级知识分子们：难道中国的知识分子价值就这样低，那么不如外国人吗？"

　　第二天，当亚太公司代表走进会场，全场响起热烈掌声。游总的话成功地推销了商品，使谈判获得成功。

　　价格谈判中，使用对比报价策略的目的，是为了增强报价的可信度和说服力，使用这种策略通常会有比较好的效果。具体的对比内容可以从多方面进行，比如：将己方商品的价格与竞争者同一商品的价格进行对比，以突出相同商品的不同价格；将己方商品的价格与另一可比商品的价格进行对比，以突出相同使用价值的不同价格；将己方商品及其附加各种利益后的价格与另一企业相同商品不附加各种利益的价格进行对比，来说明不同使用价值的不同价格等。

五、报价时机策略

在价格谈判中，报价时机的选择也需要一定的策略。如买方询价时，卖方还没有介绍产品的具体信息，那卖方就先不要直接报上价格，可以采用回避策略，巧妙应对。例如，"这种产品有很多不同型号，材质也有不同选项，价格会根据具体情况而定"。

运用报价时机策略，可以在报价之前，先向买方介绍产品或项目的具体材质、功能、作用等，让买方清楚地知道该商品或项目的使用价值和能为他带来的实际收益。等到买方对此产生兴趣，交易欲望已被调动起来后，卖方再进行报价会比较合适。

六、中途变价策略

中途变价策略，是指在报价途中改变原来的报价趋势，从而争取谈判成功的报价方法。它的成功一般都是和变化的情景相联系的。使用这种策略，能够在一定程度上促使对方接受己方的策略，也有助于遏制对方的无限要求。但是，中途变价策略要谨慎使用，因为一旦对方识破，可能会弄巧成拙，还容易使对方认为己方言而无信。

阅读：杀回马枪

有一次我和爱人去陶瓷市场购买花瓶，经过讨价还价之后，初步的价格范围买卖双方基本上已经明确，卖方知道了我的最高报价为 400 元，而此时卖方的报价是 480 元。经过还价我报出了 380 元的价格作为最后的价格，此时卖方没有答应。

当我们离开时(我走得快点)，对方不停地进行喊报价 460、450，当我们开始走远时，他终于答应了我们的价格，于是我们又回过头来让他把花瓶包好，包好后，他帮忙将花瓶搬运到我们的车子旁并在车里放好。

当我拿出 400 元付钱给他时，我说找我 20，他却说 400 元正好。说好了的 380 元，怎么又变化了，经过一番解释之后，他始终坚持说我爱人答应他 400 元的，为此还引来几个旁观者。"算了吧"我说。最后就这样比我还的价格又多了 20 元才购买了陶瓷。

七、报价差别策略

不同的买方在购买同一产品时，会在购买数量、付款方式、付款期限、交货期限、交货方式等方面有所不同。因此，即使是同一商品，在实际报价时价格也会不同。这种不同报价，体现了商品交易中的市场需求导向，在报价策略中要注意合理运用。举例来说，为了保持良好的客户关系或建立稳定的贸易关系，对有长期业务往来的客户或采购数量较大的客户，可以给予一定的价格折扣；对于付款期限较长，交货条件较高的客户，可以适当地提高价格等。

八、尾数报价策略

尾数定价策略，是指在报价时利用对方求廉的心理，制定非整数价格，以零头数结尾，使对方对价格有一种便宜的心理感觉，或者利用某种特殊意义的尾数，比如价格尾数取吉利数，从而激发对方的购买愿望。利用尾数定价策略，可以把 100 元的商品报价为 99.9 元，虽然仅相差 0.1 元，但 99.9 元会让人觉得还不到 100 元，会使得买方有价格偏低，商品便宜的心里感觉。

另外，商品的价格通常是由生产该商品的实际成本加上利润以后计算得出的，一般较少出现整数。所以，一方采用整数报价，常常会使对方难以信服，而尾数报价则可以更多地给对方以信任感。

九、除法报价策略

除法报价策略也称价格分割策略，是指以商品的数量或使用时间等概念作为除数，以商品价格作为被除数，得出一个数字相对较小的价格，从而使消费者对价格产生较为便宜或低廉的心理感受，并引发购买欲望。

这种心理策略在实际运用时包括两种方式：

(1) 用较小的单位报价。比如，茶叶每公斤 200 元报成每两 10 元，大米每吨 1000 元报成每公斤 1 元等。还有巴黎地铁做过这样的广告："每天只需付 30 法郎，就有 200 万旅客能看到您的广告。"

(2) 用较小单位商品的价格进行比较。比如，每天少抽一支烟，每日就可订一份某某报纸；使用这种电冰箱平均每天 0.3 元电费，只够吃一根冰棍；某某牌热水器，洗一次澡，不到 1 元钱。

第四节　商务谈判磋商阶段策略

让步是指谈判中买卖双方在维持自己底价的基础上，在安全、合理的幅度内，通过卖方价格的递减与买方价格的递升来促使谈判双方达成协议的一种手段。

在商务谈判的磋商阶段，双方必然都需要对己方的条件做出一定的让步。如果谈判双方都坚持自己的交易条件，而不愿做出让步，那么就会陷入僵局，导致合作难以达成，谈判的目标也无法实现。因此，在商务谈判中，既要掌握让步策略的运用，也要能够运用一定策略迫使对方做出让步。

一、让步策略

(一) 希望型让步策略

希望型让步策略，是指让价幅度逐次递减，显示出让步者愿意妥协、希望成交的愿望，同时也显示出让步者越来越强硬的立场，逐渐消除对方的更多的幻想。

在谈判中不能够轻易让步，要让得有技巧。具体来说，第一次让步需要比较合理，要能够调动起买方的谈判欲望；此后每一次让步幅度都要递减，并且要求买方在其他方面给予回报；最后的让步要显得异常的艰难，好让对方感受到己方是表示出了极大诚意的，从而使其消除更多幻想，有助于谈判目标的最终实现。比如，逐次让步 50 元、35 元、25 元、20 元、18 元。

（二）互惠型让步策略

互惠型让步策略的实质是以让步换取让步。在互惠让步方式中，谈判双方都需要做出一定的让步，然后才能获取相应的利益回报，并且，利益交换的结果对双方而言又都是有利的。在运用这种策略时，谈判人员要善于在双方条件存在分歧的表象下，寻找到双方共同的观点和利益。除了要坚持对己方至关重要的一些条件以外，其他的要求都不应当过于坚持，要适当地做出让步，以交换己方在其他方面的利益获取。

具体来说，互惠式让步包含两种形式：

1．对等式让步

对等式让步，是指谈判双方在某一条件上无法取得一致意见时，为了打破僵局，双方做出同等程度的让步。比如，买卖双方分别报价 60 元和 80 元，那么为了破解谈判僵局，双方各让一步，即 70 元成交。

2．互补式让步

互补式让步，是指谈判双方不在同一交易条件上做出同等程度的让步，而是在不同的问题或利益上交叉进行让步。举例来说，一方在价格或付款方式等条件上做出了一定的让步，那么另一方作为回报，在其他的方面，如产品等级或交货期限上做出让步。与对等式让步相比较，互补式让步更具有灵活性，更有助于谈判的顺利达成。

案例：中国入世谈判中的潇洒让步

1999 年 4 月朱镕基总理访美，本来谈判就要达成了，但是克林顿总统对于中美谈判所达成的协议做出了错误判断，他认为可能得不到国会的支持。后来，当他知道整个美国商界和国会都很支持后，很是后悔。

由于上层的政治决断，那次访美不能够达成协议。事实上，美方的失望比我们还要大。到了 11 月以后，他们摆出一个很强的谈判阵容，而且用高压的手段，想榨取更多的东西。4 月份那次谈判的结果已经完全能够满足他们的要求了，所以我方根本不想做任何新的让步。不过，当时我方确实也想达成协议。中央主要从中美关系大局来看，5 月我驻南斯拉夫使馆被炸事件后，中美关系很困难，双方都需要转机。中美关系对双方来讲，毕竟太重要了。而中美达成世贸协议，可能会成为中美关系的转机。从中美关系战略全局考虑，中国是愿意达成协议的。但是达成的协议必须是双赢的协议。

到了 11 月 14 日晚上 7 点钟以后，整个美国谈判代表团全部消失。打手机、打到饭店房间都找不到他们，打通的唯一一次电话，对方说他们现在都想休息，准备次日早上启程回国。他们还给礼宾部门打了一个电话，说是人很多，要求安排一个开道车，并在机场上给予一定的礼遇。一切迹象都表明，他们明天是肯定要回去了。

当天晚上 11 点钟，我方谈判代表龙永图打电话给美国的驻华使馆代办，说："作为常识，在经历这么一个世界瞩目的谈判以后，双方总得见一次面吧，至少需要商量一下如何对新闻界发布此次谈判的结果。"大概一个小时以后，美国贸易代表打回电话，她说："出发之前见一见是必要的。"龙永图说："好啊，你看几点钟见。"她说：

"能不能 4 点半钟见。"

凌晨 4 点半，龙永图心里就笑了。他想，如果对方打算走，为什么要 4 点半钟见面呢，对方是 10 点钟的飞机，七、八点钟见一下，半个小时不就解决了吗。他知道美方绝对是想要谈成的。4 点半到 7 点半有 3 个小时的时间，足以把最后的协议文本全部解决。我方谈判小组 4 点半去了以后，对方把谈判的协议文本全部准备好了。然后我方就开始一页一页地核对文本，最后剩下七个问题。美方谈判代表说，这七个问题，中方必须接受，如果不能接受，前面谈的几十页、上百页协议都不能作数，谈判还将以失败告终。龙永图说："很抱歉，如果要签订协议，那七个问题免谈。"这七个问题是美方在这几天谈判过程中，施加强大压力一直想要解决的。

龙永图把情况做了汇报，上面很快做出了决策。在最后关头，朱镕基总理出现在谈判第一线。对于那七个问题，朱镕基总理说，如果美方决定改行程，我方可以继续跟他们谈。话一说完，美国人就来了，根本就不谈什么改行程的问题了，如果接受，马上可以签订协议。朱镕基总理说："我不是来跟你谈判的，我是来做决策的。"朱总理就把七个问题的第一个问题做了让步。当时，龙永图有些担心，悄悄地给总理写条子。朱总理没有看条子，又把七个问题中的第二个问题拿出来，又做了让步。龙永图又担心了，又给朱总理写了条子。朱总理回过头来，对龙永图说："不要再写条子了！"然后，对美方代表说："涉及的七个问题我已经有两个做了让步，这是我们最大的让步！"

谈判就是妥协的艺术。美方拿到这两个让步，喜出望外，他们生怕我方一点面子也不给，七个问题都不肯让步。我方这么做实际上是给了对方一个台阶，使大家有了签订协议的可能性。所以美方很快就答应了。

点评：在这场中美谈判中，朱总理以两个问题的让步，换来了五个问题的不让步，同时换来了整个中美协议，关键是换来了中美整个关系的转机。这是一种互惠型让步策略的运用，一方面缓解了谈判的僵局，使得双方能够重新坐下来恢复友好沟通；另一方面使得谈判双方都能获得一定程度的利益，使谈判顺利达成，实现了合作共赢的局面。

(三) 无损让步策略

无损让步策略，是指在不减少自己利益的情况下，甚至未做任何实质性的让步，却让对方感觉到己方在让步的一种艺术性让步。

采取这种策略时，首先要认真倾听对方的要求，待对方提出条件后，己方可以重述对方的要求和处境，并表示理解；或是暗示谈判成功后的影响，以及对方会获得的潜在利益；或是强调本方此次无利可图，主要考虑的是长远的合作利益等。

比如，待对方表述完以后，己方谈判人员可以这样回复："我方充分地理解贵方的要求，也认为您的要求是有一定的合理性的，但结合我方目前的情况，因为受到各种因素的限制，实在是难以满足您的要求。但我方可以保证：在这个问题上我方给予其他客户的条件，绝对不比给您的好，希望贵方能够谅解。"一般来说，只要不是至关重要的问题，对方听了上述一番话以后，很可能会自己放弃要求。

二、迫使对方让步策略

（一）投石问路策略

投石问路策略，是指谈判人员在不知对方虚实的情况下，在谈判中通过一些对对方具有吸引力的话题同对方交谈，来了解一些并不容易获得的信息，比如成本、价格等方面的资料，从而探测对方的虚实，了解对方情况的战术，掌握对方的心理。这种策略可以尽可能多地了解对方的打算和意图，有助于己方在谈判中做出正确的决策。使用该策略时，向对方提出的问题要恰当、有针对性，尽量避免暴露己方提问的真实意图，不要与对方争辩，也不必陈述己方的观点。

阅读：扭亏为盈

美国谈判专家尼尔伦伯格曾与他人合伙购买了纽约的一家旅馆。他对旅馆经营的业务一无所知，所以，他事先就与合伙人商量好，自己对旅馆的经营不承担任何责任。不巧的是，合同签好没多久，那位负责经营的合伙人就身患重病，没有能力负责旅馆的经营了。尼尔伦伯格没有其他的选择，只好亲自去经营旅馆。当时，该旅馆的经营状况很不好，月亏损达到了 1500 美元左右。

这位谈判专家非常着急，他找来了经营管理相关的书籍、资料认真学习，希望有所助益，可是效果不尽如人意。尼尔伦伯格思索良久，突然一个念头闪过：旅馆的 500 多名员工绝对不会想到，来经营这家严重亏损旅馆的负责人会是一个不懂经营的外行人，他们会认为我是这方面的专家，那么我就去扮演一个经营旅馆的专家吧。

到了旅馆后，尼尔伦伯格的第一个安排就是分别接见不同的员工。从早到晚，他广泛地接触管理人员、厨师和勤杂人员，与每个员工进行 15 分钟的对话。在和员工的谈话中，尼尔伦伯格了解了不少情况。

他与员工的对话是这样进行的：当每个员工走进尼尔伦伯格的办公室时，他都是皱着眉头对该员工说，你不适合继续留在旅馆里工作。每个员工对此都感到愕然。接着，尼尔伦伯格说："我怎么能留着这样没有能力的人呢？表面上看还像是个能做事的人，但我不能容忍这样荒唐的事情再继续下去了。"听了这番话，每个员工都会竭力为自己过去的行为做出辩解，并表示愿意接受批评，好好工作。于是，尼尔伦伯格继续说："要是你能向我表明，你至少还懂得怎样去做，并使我相信，你已经知道事情错在哪里，那么我们或许还能一起干下去。"

通过这种方式的对话，尼尔伦伯格从员工们那里了解到旅馆亏损的原因所在，并且听到了很多改进旅馆经营管理的新建议、新措施和新方法。在之后的经营管理中，尼尔伦伯格将这些方法一一付诸实现。结果，第一个月亏损降到不足 1000 美元，第二个月就赢利 3000 多美元，旅馆的亏损局面很快就得到了彻底扭转。

（二）制造竞争策略

制造竞争策略的原理，是当谈判的一方存在竞争对手时，另一方完全可以选择其他的合作伙伴而放弃与他的谈判，那么，这一方的谈判实力就会大大减弱。因此，在商务谈判中，谈判者应该有意识地给对方制造和保持竞争局面，从而使己方居于有利地位。比如，在准备某项谈判时，可以同时邀请几方参与，分别与之进行会谈，并且有意识地在谈判过程中，透露一些对方相关竞争对手的信息，让其产生竞争意识。在确认与其中一方签订合同之前，不要急于结束与其他几方的谈判，以使对方始终处于几方相互竞争的环境中，有助于己方在谈判中谋得更多有利条件。甚至是对方实际上并不存在竞争对手，但谈判人员也可巧妙地制造假象来迷惑对方，借机向对方提出更多要求。

（三）吹毛求疵策略

吹毛求疵策略又叫"鸡蛋里挑骨头"策略，通常是指在商务谈判中，处于谈判劣势的一方，在谈判对手炫耀其实力，夸赞自身优势时，采取回避态度，并针对对方的产品或相关问题，刻意挑剔毛病以打击对方，从而使其做出让步的策略。在实际的谈判中，买方为了实现压低卖方报价的目的，经常会使用这种策略，具体做法是专门寻找对方的弱点，提出一大堆确实存在的问题，或是刻意制造的条件。

阅读：冰箱的购买

克莱斯特先生到商场去购买冰箱。他看中一款冰箱后，向营业员询价得知该款冰箱的售价为 500 欧元。

克莱斯特仔细查看后，说道，"虽然这款冰箱不错，但外表一点不光滑，还有类似割痕的瑕疵，这样的质量问题是不是可以打折呢？"

看到营业员不知该如何作答，克莱斯特先生接着又说，"给我一份产品介绍，我看看有什么颜色。"看过店内所有的颜色后，他指着其中一款没有的颜色说，"只有这个颜色与我家厨房相配，但你这里没有。颜色不搭配，价格却那么高，如果不能打折的话，我要考虑去其他商场看看了。"

接下来，克莱斯特先生又对冰箱的耗电、功能等几个方面进行了挑剔，使得营业员不得不将冰箱的价格一再下降。

最终，克莱斯特先生以远低于 500 欧元的价格购买了那台冰箱。事实上，无论是在外观、颜色、耗电还是功能等方面，克莱斯特先生对那台冰箱都非常满意，所有提出的缺点都只是他压低价格的借口。

使用吹毛求疵策略时，要注意提出的挑剔问题应该恰到好处，并且把握分寸，不可过度贬低对方的产品。一般来说，买方可以就商品的质量、颜色、规格、功能、价格寻找"瑕疵"。此外，也可以将卖方的商品及其交易条件与其他卖方的商品和交易条件进行比对，或是用过去交易过程中存在的某些问题来做文章，使卖方不得不承认自己的弱点和不足，从而做出一定的让步。

阅读："鸡蛋里挑骨头"的谈判技巧

中国腾达进出口公司与某外商洽谈购买一批钢管。在此之前，双方已经就该产品多次达成交易。这回，中方想要增加购买数量，同时降低商品价格。但是中方也很清楚，在国际市场行情还没发生变化的条件下，要求对方降价比较困难。

为了实现自己的预期目标，在谈判之初，中方就拿对方上次 200 吨货物延期交货的事大做文章。中方说："由于贵方上次没有及时交货，使我方错过了多次销售良机，失去了几个重要客户，从而导致我方遭受了极大的利益损失。"接着，中方向对方提供了一些相关数据和证明材料。

该外商听后非常抱歉，并对延期交货做了解释。于是中方借机提出希望这次能减价 10%来弥补己方上次的损失。在对方答应后，中方又进一步提出了订购 500 吨钢管的要求。

(四) 红白脸策略

红脸白脸策略，是指在商务谈判过程中，利用谈判对手既想要与己方合作，但又不愿与有恶感的对方人员打交道的心理，以两个人分别扮演"红脸"和"白脸"的角色，诱导谈判对手妥协的一种策略。在运用该种策略时，一般先由唱白脸的人出场，表现出强硬、坚决的态度，傲慢无理，咄咄逼人，毫不妥协，让对手产生极大的反感。当谈判陷入僵局时，由唱红脸的人出场，以温和的态度，表示愿意体谅对方的难处，合情合理地接受对方的某些条件，放弃自己一方的部分苛刻要求，做出一定的让步，同时促成双方合作，签订对己方有利的协议。通常来讲，红白脸策略适合于在对手经验较少，或者是对手很需要与己方达成合作的情况下使用。

案例：霍华·休斯买飞机谈判中的先苦后甜

美国大富豪霍华·休斯是一位成功的企业家，但他也是个脾气暴躁、性格执拗的人。一次他要购买一批飞机，由于数额巨大，所以对飞机制造商来说是一笔好买卖。但霍华·休斯提出要在协议上写明他的具体要求，内容多达三十四项，而其中的十一项要求必须得到满足。由于他态度飞扬跋扈、立场强硬、方式简单、拒不考虑对方的面子，因此也激起了飞机制造商的愤怒，拒不让步。谈判始终冲突激烈。最后，飞机制造商宣布不与他进行谈判。

霍华·休斯不得不派他的私人代表出面洽商，条件是只要能满足他们要求的十一项基本条件，就可以达成飞机制造商认为十分满意的协议。该代表与飞机制造商洽谈后，竟然取得了霍华·休斯希望载入协议三十四项要求中的三十项，当然那十一项目标也全部达到了。

当霍华·休斯问他的私人代表如何取得这样辉煌的战果时，他的代表说："那很简单，在每次谈不拢时，我就问对方，你到底是希望与我一起解决这个问题，还是留待与霍华·休斯来解决。"结果对方自然愿意与他协商，条款就这样逐项地谈妥了。

点评：由于霍华·休斯的脾气暴躁、性格执拗，给飞机制造商留下了糟糕的谈判印象，但他们只是拒绝与其本人谈判，最主要的原因就在于霍华·休斯购买的飞机数量巨大，能给飞机制造商带来丰厚的利益。霍华·休斯的私人代表出马后很容易地争取了几乎所有的具体要求。纵观整个谈判过程，实际上是一种不经意的"先苦后甜"谈判引导策略的使用，霍华·休斯与其私人代表白脸与红脸的扮演利用了飞机制造商既想合作但又不愿与有恶感的对方打交道的心理，诱导其做出了妥协。

(五) 积少成多策略

积少成多策略的原理是一点点地迫使对方妥协，最后聚少成多，使得己方在谈判中获得较大的有利条件。具体来说，采用这种策略，不是直接向对方提出苛刻的要求，而是分多次、在不同的交易条件上，向对方提出一些看似微小的要求。随着谈判进程的发展，对方也许愿意做出一系列小小的让步，到谈判进入尾声，对方综合来看，才发现自己很可能已经放弃了大量的利益。

积少成多策略的使用价值，在于能够让对方在不知不觉中做出极大的让步。在实际谈判中，如果遇到对方采取这种策略，谈判人员一定要提高警惕，不要在讨价还价时急于求成，而造成严重的利益损失。

(六) 前紧后松策略

"前紧"是指在谈判前期阶段提出一些并不期望能实现的苛刻条件，并且做出不愿让步的姿态，使对方产生疑虑、压抑、无望等心态，从而大幅度降低谈判对手期望值，令其处于一种难以接受又不愿谈判破裂的矛盾紧张状态。"后松"是指随着时间的推移，己方逐渐做出让步或给出一定的优惠条件，使对方在压抑、紧张后产生某种特殊的轻松感，从而推动谈判向有利于己方的方向发展。

阅读：服装进口的价格谈判

一家中方企业有意从一家日方企业进口一批服装。在谈判中，中方谈判代表想要日方在价格上做出更多让步，但同时也估计到如果自己不增加购买数量，日方代表很难接受这个要求。于是中方在价格、质量、包装、运输条件、交货期限、支付方式等一系列条款上都提出了十分苛刻的要求，并草拟了有关条款作为洽谈业务的蓝本。

此后，在讨价还价的过程中，中方谈判人员让日方明显地感受到，在绝大多数的交易条件上，中方都"忍痛"做了重大让步。这时，日方谈判代表鉴于中方的合作诚意，在比较满足的情况下，同意了中方在价格上多打些折扣的要求。最终，中方成功地按照自己预期的目标签订了此次协议。

在使用前紧后松策略时，谈判人员最初提出的苛刻要求，大多是虚张声势，或是想要给对方造成一种错觉，让对方误以为我方之后所做出的让步，都是牺牲了己方极大利益的诚意表现，但事实上很可能只是放弃了一些微不足道的条件。这种"前紧"的方式，一定程度上能够动摇对方的信心，迫使其调整自己的期望，并降低其目标和交易条件。

(七) 最后通牒策略

最后通牒策略，是指当谈判双方由于一些交易条件无法达成一致意见而陷入僵持局面时，其中处于优势地位的一方向对方提出某种最后的条件或绝对要求，要么对方接受己方的交易条件，要么谈判破裂，以此迫使对方让步的谈判策略。最后通牒策略的作用，是打破对方对己方让步的期望，击败犹豫中的对手。

阅读：克莱斯勒公司的复活

美国汽车巨子艾科卡在接手陷入困境的克莱斯勒公司后，觉得必须降低工人的工资。他首先降低高级职员工资的 10%，自己的年薪也从 36 万美元减为 10 万美元。在一个冬天的晚上，艾科卡找到工会谈判委员会，对他们说："明天早晨以前你们必须做出决定，如果你们不帮我的忙，那我叫你们也好受不了，明天上午我就可以宣布公司破产。你们还可以考虑 8 个小时，要么降薪，要么失业，怎么选择，随你们便！"

最终，工会妥协，同意降薪，这不仅挽救了艾科卡，也挽救了克莱斯勒公司。最后通牒策略正是这种特定环境下的一种策略。通过使用这种策略，克莱斯勒公司成功地渡过难关，在世界汽车市场上重新占据一席之地。

最后通牒包含两方面：一是最后出价，指谈判一方给出了一个最低的价格，告诉对方不准备再进行讨价还价，要么在此价格上成交，要么谈判破裂。二是最后时限，指规定出谈判的最后截止日期，借以向对方施加压力来达到自己的目的。

阅读：最后的"通牒"

207 房间早已过了结账的时间，酒店甚至还给 207 房间的杨先生发了书面通知，可杨先生依然迟迟不来结账，甚至连打过去的电话也无人接听。杨先生是老客户了，并且以前也一直与酒店保持良好的合作关系，所以前厅也没有特别在意，可是他的酒店消费金额还是不断上升。

为此，前厅费了九牛二虎之力，终于拨通了他的电话，谁知杨先生却说："我这几年来这么多业务在你们城市，难道还不放心吗？更何况我还要在这儿好几年呢，好吧，知道了，明天我一定来结账。"

但是，第二天杨先生依然没来，前厅再次打电话，委婉地向杨先生说明酒店的规章，然而这次对方却支支吾吾，闪烁其词。这时，他的行为引起了酒店的注意，经讨论后决定到他的业务单位做侧面了解。结果使酒店方面大吃一惊：杨先生在本市早已结束了业务，机票也已订妥，不日即飞离本市，这一切与杨先生本人所说的完全不符，里面一定有诈。

酒店当即决定，给 207 房间的杨先生以最后的通牒。同时内紧外松，客房部、保安部对他重点"照顾"。此外，与机场联系，打听杨先生乘坐的航班和时间。为了尽可能不弄僵关系，客房部以总经理名义送上果篮，感谢杨先生近几年对酒店的支持，此次一别，欢迎再来。

杨先生是个聪明人，知道自己的情况已经被酒店得知。第二天，杨先生主动到前厅结清了所有的账目，前厅对杨先生也是礼貌周到，诚恳地询问他对酒店的服务有什么意见和建议，并热情地希望他以后再来。

最后通牒策略应当谨慎使用，因为它实际上是把对方逼到了毫无选择余地的境地，可能会促使谈判成功，但也可能造成谈判破裂。通常来说，使用最后通牒策略需要符合一定的前提条件：

（1）谈判者知道自己处于有利地位，即使存在竞争者，其竞争实力也不如自己，如果对方要使谈判继续进行并达成协议的话，只有选择己方。

（2）谈判者已经尝试了其他策略，但都没有明显作用，采取最后通牒策略是迫使对方接受条件的唯一手段。

（3）己方的要求已经降到最低，无法再做出任何让步。

（4）在长期谈判后，对方已经不能再担负由于失去这笔交易所造成的损失，而必须达成合作时。

第五节　商务谈判僵局阶段策略

一、休会策略

休会策略，是指当谈判进行到一定阶段或陷入僵持状况时，谈判双方或一方提出休会几分钟或一段时间，使谈判双方人员有机会恢复体力和调整对策，以推动谈判顺利进行的策略。

这是谈判人员较为熟悉并经常使用的一种策略。它直接的作用是为了满足谈判人员的生理需求，为其提供一定的时间，以便恢复体力和精力。但是在实际应用中，这种策略已经成为谈判人员调节情绪、控制谈判进程、缓和谈判气氛、融洽双方关系的一种手段。

谈判中，双方很可能会因为观点的不同而产生分歧，此时如果各都坚持己见、互不让步，就容易出现僵局以致谈判难以继续开展。在这种情形下，由于双方的思想还沉浸在刚才的紧张气氛中，即使继续谈判，结果也常常不尽如人意，有时甚至适得其反，使得之前的成果付诸东流。所以，休会策略，有助于给双方提供一个冷静的机会，或者能够给某一方的谈判成员相互讨论的时间，以便客观地分析形势，统一认识，商量对策。

案例：美朝顶牛"无核化"，中方宣布休会三周

2005 年 8 月 7 日第四轮六方会谈进入第 13 天，中方代表宣布，六方会谈决定暂时休会，会谈下一阶段于 29 日开始的一周内举行，具体日期另行商定。中方声明：分歧导致休会，休会的目的是为了各方代表可以在此期间回国向各自政府报告情况。

本轮会议自开始到现在存在着两大分歧。第一就是朝美双方对"半岛无核化"的定义。朝鲜认为"无核化"不应包括民用核，要求继续建设轻水反应堆。对此，美国持反对意见，韩美认为韩国的大规模电力援助能够满足朝鲜的电力需求，朝鲜无需保留核电设施。同时，朝鲜还要求驻韩美军不再拥有核武器。第二大分歧点是朝鲜先弃核还是美国先补偿的问题。朝美两国态度都非常明确，立场坚定。对于谁先做出让步的问题上，双方都表现得没有回旋的余地。各方都陷入了僵局。但是会议进行到此，已经取得了一定的共识和进展，朝美两国都希望能在第四轮会议中朝核问题有突破性进展，而非草草收场。

点评：就目前的局势来看，中方作为东道主和协调者，所能做出的努力有限，在没有办法扭转乾坤，使会议柳暗花明的前提下，目前唯一能做的就是在取得各方共识的基础上，让各国代表回国和其政府商讨，以求在后期的会议进程取得实质性进展。

二、调整谈判人员

当谈判僵局已经产生，并且谈判双方有了对立情绪又不可调和时，可以考虑更换谈判人员，或者请地位较高的人出面协商谈判问题。因为谈判中出现僵局，可能是由于双方针对某一问题的争执而引起的，但也可能是个别谈判人员自身的问题造成的，例如某个谈判人员可能存在的偏见造成了双方的紧张关系。这种由于谈判人员的年龄、性格、知识背景、生活经验、民族习惯等因素造成的僵局，在尝试了调解关系却没有明显效果时，可以在征得对方同意的前提下，及时更换谈判人员，消除不和谐因素，使谈判重新回到友好、融洽的气氛中，从而打破僵局。

三、转移视线

如果谈判僵局不是因为个别谈判人员的问题造成的，而确实是因为双方的意见冲突导致的，则可以考虑暂时放下引起冲突的交易条件，转而先磋商其他条款。比如，双方在价格条款上互不让步，僵持不下时，可以先把这一问题放一放，转而商榷商品数量、付款方式、交货期限、交货方式、保险等其他条款。如果在这些问题的处理上，双方能够取得一致的意见并且较为满意时，就可能坚定彼此解决问题的信心，在一定的情况下，一方很可能对价格条款做出适当让步。

四、容人发泄，淡化冲动

有时人们只要发泄了不满，就可以得到心理的平衡。抱怨之后，理性会重新指挥发泄者的行动。所以，在谈判中，容忍对手宣泄，有时也是平息对手感情冲动的一种方式。比如，在谈判过程中，当对手破口大骂、甚至发动人身攻击时，我方不必以眼还眼，不要急于反驳。等对方不满的情绪宣泄完之后，再礼貌地感谢他愿意清楚而直接地说出他的观点。己方这样的反应往往使对手懊恼自己刚才的失礼，并以加倍的配合和退让来表达自己的歉意。反之，如果我方谈判人员没有保持冷静，以气制气，以动克动，必然会引发矛盾的激化。

事实上，一方人员如果正处在激动的情绪之中，那他就很难愿意好好地听取对方的说明和解释。所以，如果对方在感情冲动时做出了失态的表现，那么，不立刻反驳能使己方站在最有利的位置上。

阅读：顾客的投诉

在一个商店中，某位顾客找到了经理，在大庭广众之下大声怒斥该店是骗子。原来，他买了一件羊毛衫，但是其成分不是纯羊毛的，洗过之后严重地缩水了。被怒斥的经理一眼就看出了这位顾客手中的那件羊毛衫不是该店出售的，但他没有发怒，没有立刻辩解，只是静静地倾听。

20 分钟后，那位顾客盛怒的"浪潮"过去了，于是经理笑着解释道："我很理解你的心情，因为我也是一个消费者。但这件羊毛衫似乎不是我们店出售的。"随后，经理提出了识别的理由。"不过，"经理接着说，"作为一个消费者，作为一个经理，我能帮你什么吗？"

如果你是顾客，你还会发怒吗？没过多久，那位顾客就满怀歉意地离开了。

经理事后说：“如果我一开始就解释说这件羊毛衫不是本店出售的，很可能会引发对方更大的不满和抱怨，会造成长时间的冲突，影响本店的声誉(谁也不愿自己的店里经常发生顾客与职员的吵架)，甚至可能成为上法院判决的麻烦事。即使我知道自己在判决中会赢，但它却要耗费我的精力和时间。所以，容人发泄后再进行解释，往往会事半功倍。”

第六节　商务谈判的常用技巧

在商务谈判中，除了上述的谈判策略外，还有很多常用的谈判技巧，巧妙运用这些技巧，有利于使得己方获得谈判优势，也有助于谈判的顺利达成。

一、“感情投资”的技巧

在谈判过程中，双方可能或多或少地会处于紧张、冲突的状态，但事实上，就一般人的本性来说，大多数人还是喜欢在和谐、友好、合作的气氛中共事。身为谈判人员，要意识到谈判不仅仅是条件的交换，谈判沟通的过程，也是双方相互理解、接受、尊重和信赖的过程。所以，如果谈判双方能够处在愉快、融洽的谈判环境中，往往会愿意进行更多的信息交流，提供更好的处理方案，运用更少的可能引起对立的方法。

运用“感情投资”技巧的目的，就是要在谈判中凭借当事人之间愉快的交流，和对手达成彼此的理解、信任和友情，打下深厚的感情基础，建立良好的关系以解决谈判中产生的棘手问题。比如，在一些对己方影响不大的问题上，可以主动迎合对方的想法，表现出我方能够设身处地从对方的角度出发看问题的良好态度；或者，可以谈论一些对方感兴趣的、不与交易相关的题外话，使得双方在相互交流中加强沟通，找到共同语言，从而产生好感。此外，如果彼此之间有过商务往来的，也可以经常回顾以往合作的经历和取得的成功。

案例：感情投资后绝路逢生

飞机推销员拉埃迪到新德里，想在印度航空市场上占有一席之地。没想到，当他打电话给有决定权的卡尔将军时，对方反应十分冷淡，根本不愿见面。最后，在拉埃迪的一再要求下，拉尔将军才勉强答应给他 10 分钟的见面时间。

拉埃迪决定要利用这 10 分钟的时间扭转乾坤。当他跨入将军的办公室时，满面春风地说：“将军阁下，我衷心地向您道谢。因为您使我得到了一个十分幸运的机会，在我过生日的这一天，又回到了出生地。”

“什么，你出生在印度吗？”将军半信半疑地问道。

“是的！”拉埃迪借机打开了话匣子，“1923 年的今天，我出生在贵国的名城加尔各答，当时我的父亲是法国密歇尔公司驻印度的代表。我们全家的生活得到了好客的印度人民的照顾。当我过 3 岁生日时，邻居的一位印度老大妈还送给我一件可爱的小玩具，我和印度小朋友骑在象背上度过了有生以来最愉快的一天。”

10 分钟过去了，将军丝毫没有结束谈话的意思，他被拉埃迪绘声绘色的讲述深深地吸引住了，并邀请他共进午餐。拉埃迪从公文包中取出一张颜色已经泛黄的照片，双手捧着，恭恭敬敬地请将军看。

"这不是圣雄甘地吗？"将军惊讶地问。

"是的，您再仔细看一下那个小孩，那就是我。4岁时，我和父亲一道回国，在途中十分幸运地与圣雄甘地同乘一条船，照片就是那时我父亲为我们拍摄的。我父亲一直把它当作最珍贵的礼物珍藏着，这次因为我要去拜谒圣雄甘地的陵墓，父亲才给我。"

"我十分感谢你对圣雄甘地和印度人民的友好感情。"将军紧紧握住了拉埃迪的手。

午餐自然是在亲切无比的气氛中进行的。拉埃迪和将军像是一对久别重逢的老朋友，越谈越投机。当拉埃迪告别将军时，不用说，这宗本来希望渺茫的大买卖已经成交了。

点评： 拉埃迪这次谈判绝路逢生，就是因为运用了"感情投资"的技巧。在商务谈判中，如果能博得对方的好感，让对方喜欢你、信任你、接受你，那么，成功的机会就能大大增加。拉埃迪独出心裁，先以自己出生在印度而博得将军的好感，进而展示与圣雄甘地的关系，更加赢得将军的尊敬和信任，自然买卖也就在不知不觉中做成了。如果拉埃迪一开始就谈判飞机生意，必定会遭到拒绝。所以，优秀的谈判人员都懂得要与对方建立良好的感情关系，以创造融洽的谈判气氛。

二、权力有限技巧

权力有限技巧，是指在谈判过程中，谈判者利用有关自己权利的种种限制因素作为争取时间或拒绝(也可能是暂时拒绝)对方的理由、借口或挡箭牌的技巧。从某种意义上说，受了限制的权力才会成为真正的力量，一个受了限制的谈判者要比大权独揽的谈判者处于更有利的状态。因为一个谈判者的权力受到合理限制之后，他的立场就会更坚定，他就可以毫无顾忌地告诉对方，因为公司的某些限制，在一些条件上，自己已经在权限内尽到了最大的责任，没法做出更多的让步。

在实际操作中，除了可以提出决策权力有限外，还可以援引其他极限。举例来说，包括金额限制，如最高或最低价，总额等条件限制，交货时间、地点，运输方式、付款方式等；政策限制，如交易对象、范围等；法律法规限制，如有关法律、政府规章制度等；其他限制，如环保、交通的限制，质量、工时的限制等。但是，在使用权力有限技巧时，要注意避免频繁使用这一技巧，也要避免让对方看出破绽，否则对方会怀疑己方合作的诚意，或绕开谈判人员，直接寻找更高一个级别的谈判对象。

案例：有限权力成就低价谈判

中外合资内地某公司方经理，获悉澳大利亚一位著名的当代建筑设计大师将在上海做短暂的停留。因为公司A大厦的建设需求，具有长远发展眼光的方经理委派高级工程师王建国作为全权代表飞赴上海与该大师洽谈，既向这位澳洲著名设计师咨询，又请他帮助公司为A大厦设计一套最新方案。

根据方经理的指示精神，王建国一行介绍了A大厦的现状："A大厦建设方案是在七八年前设计的，其外形、外观、立面等方面有些不合时宜，与跨世纪建筑的设计要求存在很大差距。我们慕名远道而来，恳请您的合作与支持。"王建国一边介绍，一边将事先准备好的有关资料，如施工现场的相片、图纸，国内有关单位的原设计方案、修正资料等提供给该大师一行。

该大师在我国注册了一家甲级建筑设计公司。在上海注册后，该大师很快赢得了上海建筑设计市场。但是，内地市场还没有深入，该公司希望早日在大陆内地的建筑市场上占有一席之地。由于有这样一个良好的机会，因此该大师一行对这一项目很感兴趣，他们同意接受委托。可以说，双方都愿意合作。然而，设计方报价 40 万元，虽然给出了详细的要价说明，但是这一报价仍然令人难以接受。

考虑到公司的利益，王建国还价："20 万元(人民币)。"对方感到吃惊。顺势，王建国解释道："在来上海之前，方经理授权我们 10 万左右的签约权限。我们出价 20 万元，已经超出我们的权力范围……如果再增加，必须请示方经理。"双方僵持不下，谈判暂时结束。

第二天晚上，双方又重新坐到谈判桌前，探讨对建筑方案的设想、构思，接着又谈到价格。这次设计方主动降价，由 40 万元降为 35 万元。并一再声称："这是最优惠的价格了。"然而，王建国坚持说："太高了，我们无法接受！经过请示，公司同意支付 20 万元，不能再高了！请贵公司再考虑考虑。"对方谈判代表嘀咕了几句，说："鉴于你们的实际情况和贵公司的条件，我们再降 5 万元，30 万元好了。低于这个价格，我们就不做了。"王建国分析，对方舍不得丢掉这次合作的机会，对方有可能还会降价，所以仍然坚持出价 20 万元。过了一会儿，设计方的代表收拾笔记本等用具，根本不说话，准备退场。眼看谈判陷入僵局。

这时，王建国急忙说："请您与我公司总经理通话，待我公司方经理决定并给我们指示后再谈，看这样好不好？"由于这样提议，紧张的气氛才缓和下来。

最后，在双方报价与还价的基础上，王建国公司方面出价 25 万元，设计方基本同意。但提出 8 月 10 日才能交图纸，比原计划延期两周左右。经过协商，当天晚上草签了协议。又过一天，签订正式协议。

点评：当对方提出的要求超出己方的要求时，可以以超出权力范围为由加以拒绝。在这个案例中，王建国就以超出自己的权力为谈判筹码，迫使对方在急于进入内地市场的情况下，以较低的价格达成了这次的协议。

三、诱敌深入技巧

诱敌深入技巧的核心思想，是以己方首先做出的让步为诱饵，启发、引导对方做出相应的或更大的让步。具体来说，就是从简单的问题谈起，先做小幅度的让步，然后在遇到关键性问题时，强调己方之前的让步，要求对方做出一定的配合，使己方以较小的代价换取较大的利益。

阅读："形敌"之术

二战时期，美国有一次拦截到日军的情报，知道日军将攻击 AF 岛。但美国人对于 AF 岛是中途岛还是夏威夷群岛没把握，于是就想："与其花时间猜是哪个岛，不如让日本人自己告诉我。"

所以，美国人就发了一封电报，说中途岛的海水淡化设备坏了，请参谋部快派人来修，并且故意让这封电报的内容被日军破解。日军破解之后，美国人就开始拦截日军之间的相互通讯，后来拦到一封通讯："AF 岛的海水淡化设备坏了！"终得知 AF 岛就是中途岛。所以，才有后来的中途岛之役的胜利。

使用诱敌深入的技巧时，可以借助"假如……，那么……"或是"如果……，那么……"的句式来询问对方。比如，"假如我与你签订长期合同，那么你是否让我享受最优惠的价格待遇？""如果我预先付款或削减服务项目，那么你的价格折扣将扩大多少？"。同时，运用该技巧时，要注意让步的条件应该是对方感兴趣的方面，让步的内容和索要的回报之间要有一定的关联性，并且以相对抽象的让步内容换取对方具体实在的礼仪回报，比如降价比例和折扣幅度等。

四、不开先例技巧

不开先例技巧通常是指在谈判过程中处于优势的一方，为了坚持和实现提出的交易条件，而采取的用已有先例来约束对方，从而使对方就范，接受己方交易条件的一种技巧。这里的先例是指同类事物在过去的处理方式。商务谈判中采用的先例，主要包括与对方过去谈判的先例、与他人过去谈判的先例、外界通行的谈判先例。

先例的作用，来自于先例本身的类比性、习惯心理和对方对先例的无知。当谈判者所采用的先例与本次谈判在交易条件、市场行情、竞争对手等方面具有较高的相似性时，谈判者就可以依据先例的处理方式来处理本次商务活动。其次，出于人们的习惯心理，在面对同样的事情时，大多数人习惯于把之前长时间形成的处理方法，当成唯一正确的、不可更改的处理行为规范，再加上谈判对手常常难以获得必要的情报和信息，来确切证明己方宣传的先例的真实性。因此，当己方援引先例时，一旦对方相信了这个先例，就往往会做出一定程度的让步。

思考题与案例分析

一、思考题

1. 什么是商务谈判策略？
2. 商务谈判策略的特点有哪些？
3. 开局阶段有哪些策略？
4. 报价阶段的策略有哪些？
5. 磋商阶段应如何让做出让步？
6. 迫使对方让步的策略有哪些？
7. 当谈判出现僵局时，可以采用哪些策略？
8. 如何运用最后通牒策略？
9. 商务谈判中有哪些常用技巧？

二、案例分析

案例一

金地建筑公司承包了一项古建筑的修复工程，要在指定的日期之前完工。开始工程进行得很顺利，不料在接近完工阶段，负责供应装饰用的石雕承包商突然宣布，他无法如期交货。这样一来，整个工程都要耽搁了，要付巨额罚金，要遭受重大损失。于是，长途电话不断，双方争论不休，一次次交涉都没有结果。金地公司只好派李先生前往石雕承包商所在的县城。

李先生一走进那位承包商的办公室，就微笑着说："你知道吗?在这个地方，随便一问，就有人知道你的名字。我一下火车就打听你，想找到你的地址，结果我很惊讶，哪个人都知道你的工厂，而且知道你们家族的历史，还说你的石雕刻得非常好，我就顺利地找到了你。"

"是真的吗？我一向不知道。"承包商兴致勃勃地而且有些骄傲地说："我们祖上从河北移居这里，已经有 200 多年了。"他继续谈论他的家族及祖先曾经为宫廷雕刻过石刻。当他说完之后李先生就称赞他居然拥有一家这么大的工厂。承包商说："这是我花了一生的心血建立起来的一项事业。我为它感到骄傲，你愿不愿意到车间里去参观一下？"李先生欣然前往。在参观时，李先生一再称赞他的组织制度健全，机器设备独特，这位承包商高兴极了，他声称这里有一些机器还是他亲自发明的呢！李先生马上又向他请教："那些机器如何操作？工作效率如何?"到了中午，承包商坚持要请李先生吃饭。他说："现在我的工厂忙不过来，但是很少有人像你这样对我这一行感兴趣。"

到此为止，李先生一次也没有提到此次访问的真正目的。吃完午餐，承包商说："现在，我们谈谈你的目的吧。自然，我知道你这次来的目的。但我没有想到我们的相会竟是如此愉快。你可以带着我的保证回去了，我保证你们要的材料如期运到。我这样做，虽然会给另一笔生意带来损失，不过我认了。"

李先生轻而易举地获得了他所急需的东西。那些石材及时运到，使工程在契约期限内如期完工了。

问题：

(1) 李先生是如何获得谈判成功的？

(2) 你从本案例得到了什么启示？

案例二　小贩的圈套

一次，谈判大师科恩与妻子到墨西哥旅游，妻子想到商业区观光，荷伯却说："那是一个坑骗旅游者的地方，我们来游玩的目的是领略一种不同的文化，参观一些未见过的东西，接触一些尚未被污染的人性，亲身体会一下真实，逛逛人如潮涌的街道。如果你想去那个商业区的话，你去吧，我在旅馆里等你。"

科恩的妻子一贯是不听劝说、独立自主的人，于是挥手再见，一人去了。科恩穿过人潮起伏的马路，在相距很远的地方看见一个真正的当地土著人。当他走近以后，看到他在大热的天气里仍披着一件披肩毛毯，实际上他披了好几件，并呼叫道："1200 比索。""他在向谁讲话呢？"科恩问自己，"绝对不是向我讲，首先，他怎能知道我是个旅游者呢?其次，他不会知道我在暗中注意他，甚至在潜意识里想要一件披肩毛毯。"科恩加快脚步，尽量装出没有看见他的样子，甚至用他的语言说："朋友，我确实敬佩你的主动、勤奋和坚持不懈的精神。但是我不想买披肩毛毯，请你到别处卖吧，你听懂我的话吗？"

"是。"他答道。这说明他完全听懂了。

科恩继续往前走，只听背后有土著人的脚步声。他一直跟着科恩，好像他们系在一条链子上了。

他一次又一次说道："800 比索！"

科恩有点生气开始小跑。但他紧跟着一步不落，这时他已降到 600 比索了。到了十字路口，因车辆横断了马路，科恩不得不停住了脚步，而土著人仍唱他的独角戏："600 比索……500 比索……好吧，400 比索，怎么样？"

当车辆走过之后，科恩迅速穿过马路，希望把他甩在路那边。但是科恩还没来得及转过身，就听到他笨重的脚步声和说话声了，"先生 400 比索！"

这时候，科恩又热又累，身上一直冒汗，他紧跟着科恩使科恩很生气。科恩气呼呼地冲着他，从牙缝里挤出句话："我告诉你我不买，别跟着我了！"

他从科恩的态度和声调上懂了他的话。"好吧，你胜利了。"他答道："只对你，200 比索。"

"你说什么？"科恩叫道。

"200，比索。"他重复道。

"给我一件，让我看看。"

科恩问自己："我为什么要看披肩毛毯呢？我需要吗？我想要吗？或我喜欢吗？不，我认为都不是。但是，也许是我改变了主意。别忘记，这个卖披肩毯的土著人最初可是要 1200 比索，而现在他只要 200 比索了。"于是科恩开始了正式谈判。

从这位小贩处得知，在墨西哥市的历史上以最低价格买到一件披肩毛毯的人是一个来自加拿大温尼培格的人，他花了 175 比索，但他的父母出生在墨西哥的瓜达拉贾拉。而科恩买的这件花 170 比索，使他在墨西哥历史上创造了买披肩毛毯的最低价格的新纪录。科恩想将它带回家去参加美国 200 周年纪念。

那天天气很热，科恩一直在冒汗。尽管如此，他还是把披肩毛毯披到了身上，感到很洋气。把它摆弄得当后，这样就突出了他的身体轮廓，甚为优雅。在溜达着回旅馆的路上，科恩一直欣赏着从商店橱窗里反映出来的身影。

当他回到旅馆房间，妻子正躺在床上读杂志。他抱歉地说道："嗨！看我弄到什么了。""你弄到什么了？一件漂亮的披肩毛毯？你花了多少钱？"她顺口问。

"是这么回事，"科恩充满信心地说："一个土著谈判家要 1200 比索，而一个国际谈判家，170 比索就买到了。"

妻子讪笑道："太有趣了。我买了同样一件，花了 150 比索，在壁橱里。"

问题：

(1) 为什么一个墨西哥小贩却说服了一位国际谈判专家？

(2) 小贩采用的是什么谈判策略？应该如何运用该策略？

(3) 你应该如何应对这种策略？

第四篇　商务谈判礼仪与风格

人无礼则不立，事无礼则不成，国无礼则不宁。

——荀子

第八章　商务谈判礼仪

不学礼，无以立。

——孔子

本章要点：学习商务谈判礼仪的概念，掌握商务谈判礼仪的作用，掌握一般的商务礼仪。学习并掌握商务谈判中迎送、介绍、会面、名片、宴请、馈赠、签约的礼仪，了解商务场合中着装的礼仪，学习了解不同国家的商务礼俗与禁忌。

导入案例

某年，我国某省政府组织驻该省的外资金融机构的 20 余名代表考察该省的投资环境，整个考察活动基本取得成功。各市对引进资金的迫切心情，以及良好的投资环境，给这些外资金融机构代表们留下了深刻印象。但是，也有一些小插曲让这些代表们感到费解，令国人感到汗颜。其中一个情景发生在某市一开发区。在向考察者介绍开发区的投资环境时，该开发区选用了当地的一个副主任负责担任英语翻译。活动组织者的初衷是选择一位精通英语的当地领导，这样可以增强考察者们的投资信心。哪知，这位副主任翻译起来结结巴巴、失误频发，几分钟后，不得不临时换一个翻译，但翻译水平和那位副主任不相上下。而且，外资金融机构的代表们一个个西装革履、正襟危坐，而这位翻译却穿着一件长袖衬衫，开着领口，袖子卷得老高。考察团中几乎所有的中方人员都为这拙劣的翻译水准及翻译人员近乎随便的打扮感到难为情。外方人员当下虽然没有说什么，但下午在某市市内考察，市里另安排了一个翻译时，几个外方考察人员都对记者说："这个翻译的水平还行。"其言外之意不言而喻。

另一个场景发生在考察团考察一家钢琴厂时。主人介绍了钢琴的质量，并阐释了其在市场上抢手的一个原因，即他们选用的木材都是从兴安岭林场中专门挑选的一个品种，而且这个品种的树木生长缓慢，较为珍贵。之后，一位外资金融机构的代表随口问道："木材这么珍贵，却拿来做钢琴，环保问题怎么解决？"没想到旁边一位当地陪同人员竟然说："中国人现在正忙着吃饭，还没顾上搞环保。"一时间，令所有听到这个回答的中方人员瞠目结舌。事后，那个提问的外方金融机构的代表对记者说："做钢琴用不了多少木头，我只是随口问问，也许他没想好就回答了。"虽然提问者通情达理，然而作为那位"率直"的回答者口中的"正忙着吃饭"的中国人，却不能不感到羞愧。

还有一个插曲发生在考察团在某市一个风景区游览时。山清水秀的环境令人心旷神怡，确实适合邀请代表团来参观。但是，外资金融机构的代表刚下车时，一位中方陪同人员却随手把一个垃圾当着这些老外的面扔到了路旁。这一大煞风景的举动顿时令其他中方人员感到无比尴尬。

分析：该案例中我方谈判队伍出现了哪些问题？

第一节　商务谈判礼仪的一般要求

一、商务谈判礼仪和作用

(一) 商务谈判礼仪的含义

商务谈判礼仪(business negotiation etiquette)是指在商务谈判过程中，商务人士所应遵守的行为规范和准则。随着社会的不断进步和发展，礼仪也逐渐地深入到了社会生活的方方面面。在市场经济的潮流中，商务谈判礼仪越来越多地受到人们的重视。商务礼仪是我国悠久灿烂文化的重要组成部分，在全球化的大背景下，作为一个商务谈判人员，要在变幻莫测的市场中应付自如，在激烈的竞争中取得成功，就必须全面地了解和学习商务谈判礼仪。

(二) 商务谈判礼仪的作用

1. 沟通

礼仪作为一种形式，可以体现一个人内心的价值观以及对谈判的态度。因此，礼仪起到了沟通的作用，是一种无声的、内心的沟通。商务谈判是一个双向沟通的过程，谈判双方能否进行良好的沟通，是决定谈判是否成功的重要因素。良好的礼仪，可以促成谈判双方更有效的沟通，从而有利于建立友好的信任关系，促使商务交往取得成功。

案例：周总理的谈判礼仪

在 1972 年以前的 15 年里，中美大使级会谈共进行了 136 次，全都毫无结果。中美之间围绕台湾问题、归还债务问题、收回资金问题、在押人员获释问题、记者互访问题、贸易前景问题等进行了长期的、反复的讨论与争执。对此，基辛格说："中美会谈的重大意义似乎就在于，它是不能取得一项重大成就的时间最长的会谈。"

然而，周恩来总理以政治家特有的敏锐的思维和高超娴熟的谈判艺术，把握住了历史赋予的转机。在他那风度洒脱的举止和富有魅力的笑声中，有条不紊地安排并成功地导演了举世瞩目的中美建交谈判，在 1972 年的第 137 次会谈中，终于打破了长达 15 年的僵局。美国前总统尼克松在其回忆录中对周恩来总理的仪容仪态、礼貌礼节、谈判艺术、风格作风给予了高度的赞赏。

尼克松说，周恩来待人很谦虚，但沉着坚定，他优雅的举止、直率而从容的姿态，都显示出巨大的魅力和泰然自若的风度。他外貌给人的印象是亲切、直率、镇定自若而又十分热情。双方正式会谈时，他显得机智而谨慎。谈判中，他善于运用迂回的策略，避开争议之点，通过似乎不重要的事情来传递重要的信息。他从来不提高讲话的调门，不敲桌子，也不以中止谈判相威胁来迫使对方让步。他总是那样坚定不移而又彬彬有礼，他在手里有"牌"的时候，说话的声音反而更加柔和。他在全世界面前树立了中国政府领导人的光辉形象，他不愧是一位将国家尊严、个人人格与谈判艺术融洽地结合在一起的伟大人物。

点评：谈判的成功固然应归结于谈判原则、谈判时机、谈判策略、谈判艺术等多种因素，但周恩来无与伦比的品格给人们留下了最深刻而鲜明的印象。他的最佳礼节礼仪无疑也是促成谈判成功的重要因素之一。

2．塑造良好形象

随着经济的发展和技术的进步，企业之间的竞争日趋激烈，如果要在竞争中保持优势，取得长足的发展和进步，有很多的影响因素要考虑。而一个良好的企业形象，包括员工优秀的能力，服务水平的完善，每位员工的礼仪修养等，无疑都有着十分重要的作用。在商务谈判初期，谈判双方可能对彼此都还很陌生，这时候良好的个人形象就有助于拉近彼此的关系，促进双方信任的建立。因为在商务谈判中，谈判人员的形象就代表了公司的整体形象。给对方带来良好的第一印象，既展示了个人的精神面貌，也展现了己方企业的精神风貌，有助于推动谈判顺利发展。

阅读：一口痰"吐掉"一项合作

金萃公司是一家医疗器械厂，该厂在一次商务合作中，与某外商确认了引进"大输液管"生产线的合作内容，并约定第二天签订协议。当天下午，金萃公司的厂长陪同外商参观了车间。在参观的时候，该厂长习惯性地向墙角吐了一口痰，然后用鞋底去擦。

这一幕让外商彻夜难眠，第二天他让翻译给那位厂长送去一封信："恕我直言，一个厂长的卫生习惯可以反映一个工厂的管理素质。况且，我们今后要生产的是用来治病的输液皮管。贵国有句俗语：人命关天！请原谅我的不辞而别……"

一项马上就要签订合同的项目，就这样被"吐"掉了。

3．协调人际关系

在谈判过程中，双方会因为观点和意见的不同，不可避免地出现一些激烈的争执和分歧，而处理这种矛盾和冲突的方式之一就是商务谈判的礼仪。遵循礼仪有助于缓解谈判双方之间的矛盾，解除误会，处理分歧，建立友好合作的关系，从而增加合作的可能性。另外，礼仪体现了己方对谈判对手的尊重。人都是有尊重需求的，对方感受到我方人员的尊重，也就感受到了我方的诚意，也就可以更好地促进双方的和谐关系。

二、交往中的一般礼仪

（一）遵守时间

无论是参加谈判还是出席一般的商务活动，商务人员都应该遵守时间，按约定时间到达，不宜过早或者过晚。如果过早到达，而主人还没安排妥当就会感到难堪；如果迟到，让主人长时间等待，也显得己方失礼。即使遇到特殊情况确实迟到了，也应向主人致歉并说明缘由。如果因故不能赴约，要礼貌地尽早通知主人，并以适当方式表示歉意，取得主人的谅解。

（二）尊重老人和妇女

出于对老人和妇孺的尊重，在社交场合中，应当尽可能地给他们提供协助。比如，在使用公共交通工具时，礼让老人和妇女；同行的老人和妇女携带较重的物品时，应主动上前帮助；进出大门，应帮助老人和妇女开门、关门；参加宴席时，两旁若坐着老人和妇女，应主动照顾，协助他们入座就餐等。

(三) 尊重当地风俗习惯

不同的国家和地区会有不同的风俗习惯和宗教信仰，对这些习俗和礼仪都应予以尊重。比如，在饮食上，伊斯兰教不吃猪肉，也忌谈猪，在斋月里日出之后到日落之前不能吃喝；有些佛教徒不吃荤，印度教徒不吃牛肉。在肢体动作上，某些国家如印度、印度尼西亚、马里，以及阿拉伯国家等，不能用左手与他人接触，或用左手传递东西；在佛教国家不能随便摸小孩头顶。在数字上，信奉基督教的国家，忌讳"13"，普遍认为"13"这个数字不吉利；中国和日本则认为"4"不吉利。每次新到一个国家或初次参加活动，应在事前多了解，在现场多观察，遇到不懂或不会做的事，可以模仿他人。不了解或者不尊重其他国家、民族的风俗习惯，不仅有失礼仪，而且容易造成误解，严重时还会影响到双边关系，成为谈判成功的阻碍。所以，商务交往中，一定要了解并尊重各地不同的风俗习惯。

案例：倪先生的伊朗之行

倪先生是国内一家大型外贸公司的总经理，为一批机械设备的出口事宜，携秘书陆小姐一行赴伊朗参加最后的商务治谈。

倪先生一行刚刚到达伊朗，下午就到交易方的公司进行拜访，然而正巧遇上对方的祷告时间。主人示意他们稍作等候，待祷告结束再进行会谈。倪先生一向以办事效率高而闻名，他对这样的安排表示出了不满。

伊朗方面为表示对倪先生一行的欢迎，特意举行了欢迎晚会。秘书陆小姐希望以自己简洁、脱俗的服饰向众人展示中国妇女的精明、能干、美丽、大方。她上穿白色无袖紧身上衣，下穿蓝色短裙，在众人略显异样的眼光中步入会场。为表示敬意，主人向每一位中国来宾递上饮料，当习惯使用左手的陆小姐很自然地伸出左手接饮料时，主人立即改变了神色，并很不礼貌地将饮料放在了餐桌上。

令倪先生一行不解的是，在接下来的会谈中，一向很有合作诚意的东道主没有再和他们进行任何实质性的会谈。

点评：伊朗信奉伊斯兰教，伊斯兰教教规要求每天做五次祷告，祷告时工作暂停，这时客人绝不可打断他们的祈祷或表示不耐烦。倪先生对推迟会晤表示不满，显然是不了解阿拉伯国家的这一商务习俗。其次，伊朗人的着装比较保守，特别是妇女，一般情况下会用一大块黑布将自己包裹得严严实实，只将双眼露在外面，即便是外国妇女也不可以穿太暴露的服装。陆小姐的无袖紧身上衣和短裙，都是伊朗人所不能接受的。另外，在伊朗，左手被视为不洁之手，一般用于洁身之用，用左手递接物品或行礼被公认为是一种蓄意侮辱别人的行为。难怪陆小姐在宴会上的举动引起了主人异常的不满。综上所述，致使倪先生的公司失去商务机会的原因，是他们访问前未对对方的商务习俗、宗教信仰、风俗习惯等方面进行认真的调研准备，在尊重对方、入乡随俗等方面做得不够。

阅读：竖起大拇指

　　杰克是一位英国商人，他曾在伊朗进行商务谈判。在伊朗的一个月内，他遵循商务礼仪规范，在谈判中尊重对方的风俗习惯，避免任何可能出现的政治闲谈，同伊朗的谈判人员建立了友好、信任的关系。最后，杰克成功地和伊朗这家公司签订了合作协议。他签完字后，对着他的谈判对手竖起了大拇指。几乎是立刻，现场出现了紧张气氛，一位伊朗官员甚至离开了房间。杰克感到很困惑，他不知道发生了什么，伊朗方面也觉得很是尴尬，不知道要如何向他说明原委。

　　原来，竖起大拇指这个动作在英国和伊朗有着截然不同的涵义。在英国，竖起大拇指是赞成的标志，它的意思是"很好"；然而在伊朗，它是否定的意思，表示不满，近似令人厌恶，是一种无礼的动作。

　　杰克在没有充分了解伊朗礼仪的前提下，做出了让伊朗官员觉得失礼的举动，虽然合同签成了，但是从礼仪上来说，这不算是一次成功的谈判。

（四）注重自己的仪态

　　在商务谈判和相关活动中，谈判人员应做到大方得体、谦逊稳重。站立时，两腿自然分开，约相距一肩宽，双手可以相握放在身前，或者背在身后，挺胸、抬头，目光平视对方，保持面部微笑，在谈判中展现自信、诚恳和进取的精神风貌。引导宾客入席时，应先请客人坐在各自的座位上，然后自己轻步入席。如果谈判者因故迟到，应当疾步入门，迅速找到主宾，边走边伸手向主宾致意，以表达迟到的歉意。在谈判沟通时，己方人员要展示出诚挚、谦逊的态度。如果对方流露出虚假、傲慢、冷漠的意思，要认真分析，找到原因并给出应对方法。大体上说，可以先委婉地指出对方礼仪上的不当之处，强调谈判双方友好关系的重要性，并提醒对方不要因为失礼而影响到双方合作的前景。

第二节　商务谈判中的行为礼仪

一、迎送的礼仪

（一）确定迎送规格

　　迎送的规格，主要是根据来访者的身份和其访问的目的、双方的关系以及惯例等多个方面综合考量后确定的。谈判是平等的沟通，所以，主要的迎送人员一般都要与来宾的职务相当，从而体现双方之间的对等。实际接待中，原定接待人员不能出面时，无论采用哪种应对方案，都应该主动向对方解释说明，并真诚地表达歉意。

　　当对方与己方关系特别密切，或者己方出于某种特殊需要时，可以破格接待。此外，都应当按常规接待。

（二）掌握抵达和离开的时间

　　在迎接对方时，相关人员应当事先掌握对方的抵达时间，提前到达机场、车站、码头或者来宾入住的宾馆，以表示对对方的尊重，绝不能让客人等候。如果迎候人员迟到了，对方可能会陷于失望和焦虑之中，事后即使有再多的解释，都难以使对方改变对迎候人员失职的印象。如果安排献花，一定要先考虑对方人员对花的品种和颜色的禁忌，在满足对方风俗习惯的前提下选择整洁、鲜艳的鲜花。

在送别来访者时，送别人员也应准确掌握对方离开的时间，提前到达来宾住宿的宾馆，或者来宾离开的机场、码头或车站与来宾道别。如果原定抵离时间发生变更，要及时通知全体迎送人员和有关部门，对原定迎送计划做好相应的调整方案。

（三）做好相关准备工作

每一次的迎送活动，都应该安排专门的迎送人员或者迎送小组，负责迎送的具体事项。一旦计划有变，要及时通知相关人员，以便合理应对。在迎送活动中，应根据来宾和迎送人员的人数以及行李数量，尽早地安排汽车，并预约好宾馆房间。有条件的情况下，可以在客人到达之前，就将宾馆和乘车号码等相关信息告知给来宾。或者，在客人刚到达时，将住房表和乘车表等内容及时发放到每位来宾手中。

客人一般都经历了旅途奔波，较为疲劳。因此，迎候人员应当为客人留下充分的休息时间，不宜马上工作。把客人送到预订的酒店房间后，简单向来宾说明之后的日程安排，迎候人员就应及时离开，给客人休息的空间和时间。

案例：温馨的陷阱

20 世纪 80 年代初期，日本某电脑公司与美国某电脑公司根据双方高层人士达成的合作意向，决定对一项微机软件的专利购销进行谈判。日方派出的代表是技术部的两位主任经理山田圭和片冈聪，美方代表则是总经理助理高寒。

高寒是台湾人，年纪轻，头脑灵活，做事认真细致，特别受该公司总经理的器重。日方两人是久经沙场的谈判老手，他们认为与对手见面之际即是谈判的开始，把对手送出谈判大厅之时才算谈判结束。

高寒带着一大堆分析日本人心理的书籍和该株式会社的情况飞抵大阪机场，山田圭和片冈聪恭恭敬敬地把高寒送上一辆大轿车的丝绒正座的位子上，自己却挤在折叠椅上正襟危坐。高寒很欣赏对方的这一待客之礼。

高寒被送到一座高级宾馆门前停下，山田圭和片冈聪一直把他送到预订的房间。高寒性急地问："什么时候开始谈判？"山田圭笑吟吟地回答："早点开谈当然很好，可这并不重要。我们是贵公司的老客户，从来都没有使贵公司任何一位贸易代表感到为难。请放心，凡是可以做出的让步，我们一定说服董事长同意。"高寒非常安心地先住了下来。

第二天一大早，高寒被主人带到各个风景区游玩，晚上又随着主人出入各种娱乐场所。不知不觉地过了十来天，双方才坐到谈判桌之前，开始是例行公事的寒暄，其他非实质性谈判程序又用去了半天。下午各方报价，高寒的卖价是 1000 万美元，山田圭的买价是 800 万美元，双方的差额达到 200 万美元。双方的交锋刚刚开始就不得不提早结束，因为主人安排的打高尔夫球的时间到了。高寒至此才感觉到自己受到了捉弄，但却无力回天。

双方继续交锋，距离归期只有两天的高寒干干脆脆地压盘，用900万美元的报价把双方的差价降低为100万。山田圭和片冈聪却丝毫不肯让步，推说自己开出的买价是经过董事会批准的最高报价，他们是无权改变的。高寒顿时急躁起来，但任凭他怎么诉说自己的理由，对方就是不为所动，结果上午的谈判在僵持中结束。下午再谈，双方还是原地踏步，高寒越来越焦躁不安，但是日本人依旧不肯做出丝毫的让步。

　　双方再次坐在谈判桌前的时候，高寒直截了当地对日本谈判方说："美国名人杰姆斯•欣克说过，只要在事情结束之前到达，你就不会太迟。所以我认为，尽管我们双方正式会谈的时间晚了一些，但要达成令各方满意的协议总还是来得及的。二位先生很清楚，大多数重要的谈判都会在接近截止时限的那一刻发生。当然，你们现在居于主动地位，不过我请两位考虑一下我说的真实意思，我不一定不改变截止时限。"山田圭和片冈聪听完这番话感到很吃惊，怕对手做出异常决定，于是两人以请示董事长为由匆忙离开谈判厅，紧急商议对策，谈判随之暂告停止。

　　当双方再次进行磋商时，高寒直接点出了对方运用"温和型"让步方式采取让一小部分利润的做法迫使自己结束谈判的企图，并告诉对方如果明天上午再无实质性结果，他就不想再延误时间了。日方见此情景，确实着了慌，当即决定做大幅度让步。

　　第三回合的谈判开始，片冈聪提出850万美元的折中方案，但高寒苦笑着说："这仍然不是我们公司所能够接受的最低价。看来，我只能把谈判经过回去如实汇报了。最后再次谢谢你们的款待。"说完走出谈判厅。

　　吃过午饭，山田圭和片冈聪开车送高寒到机场，把路上的短暂时间变为谈判的紧张时刻。山田圭异常恳切地说："为了促成我们之间首次交易的成功，我自作主张地将报价提高到880万美元，您如果同意，我们现在就签订合同。不过，请您回到美国之后，给我们董事长打个电话替我说说情好吗？"于是在大轿车上，双方继续谈判合同条款。就在轿车抵达终点之前，双方以880万美元完成了这笔交易。高寒回到美国，总经理劈头盖脸地说道："日本人最低报价应是950万！"日本电脑公司占有天时地利，深知商务谈判是一种劳心劳力的事情，谁都想以充沛的体力和敏捷的反应与谈判对手周旋。但是日本人在谈判中却反其道而行之，采取疲劳战术，暗设圈套，折腾对方，最终在轿车上战胜了疲惫不堪的美国谈判代表，且成交价码比自己的最低报价还少了70万美元。

　　点评：在商务谈判中，负责迎送的一方，需要掌握对方抵达和离开的时间，并做好相关准备工作。一方面，这是己方礼仪的体现，是为了表示对对方的重视。但是另一方面，这也可能是一种谈判的策略，给对方安排与谈判不相关的大量行程，从而消耗对方的精力，并压缩对方的谈判时间，使得自己在谈判中处于主动地位。因此，作为客方，要有意识地防范这种行为，避免陷入对方的陷阱。

二、介绍的礼仪

　　谈判双方初次见面时，必然要有介绍的环节，这是商务交往中双方相互了解的基本方式。在实际的交往场合，既可以进行自我介绍，也可以邀请中间人来介绍。掌握并熟练运用介绍的礼节，有助于获得对方的好感，是商务谈判人员的必备礼仪。

(一) 自我介绍

自我介绍是在没有第三方帮助的情况下把自己介绍给其他人，从而使对方认识自己。自我介绍要注意把握机会，在干扰较少、对方有兴趣时再进行。表述时要充满自信、面带微笑、大方自然，眼神友善坚定地看向对方，先向对方点头致意，得到回应后再介绍自己。介绍的内容可以包括姓名、所属的单位和部门、担任的职位等，要注意简单概括，不要长篇大论。

(二) 介绍他人

在介绍他人时，主要的内容与自我介绍大体相似，包括谈判双方的姓名、单位、职务等。介绍的顺序应当遵循"让尊者优先了解对方"的原则。比如，先把男性介绍给女性，先把年轻的介绍给年长的，先把职务、身份较低的介绍给职务、身份较高的，先把客人引见给主人，先把个人介绍给主体。

通常情况下，介绍人可以站在谈判双方的中间，用右手指向被介绍的一方，注意右手的手势应当是五指伸直并拢，掌心向上。同时，介绍人的视线应该看向另一方。第三方做介绍时，被介绍的双方应起身站立，面带微笑。待介绍人介绍之后，双方应依照礼仪顺序握手致意，彼此问候。

三、会面的礼仪

在介绍过后，谈判双方应当依照礼仪顺序握手，表达对彼此的问候。在有些国家和地区，除了握手礼以外，也有一些其他的会面礼仪，如拥抱礼、鞠躬礼、合十礼、称呼礼等。

(一) 握手礼

通常来说，握手是在商务交往中最为常用的会面礼仪。虽然只是一个简单的动作，但作为无声语言的一部分，握手也起到了沟通的作用。其中，有以下一些注意事项需要了解：

(1) 掌握时间和力度。握手时间要适中，一般应把握在3～5秒之间，握手时间太短会显得缺乏诚意，时间太长又会显得过于热情，尤其是男性握着女性的手，握得太久，容易引起不必要的误解。此外，握手时要注意控制力度的大小。用力过轻，有气无力，会让人觉得缺乏热情，容易被对方误会为缺乏合作的诚意；用力过大，容易引起对方不适，甚至于会让人误会有挑衅之嫌。

(2) 握手要注意顺序。握手的顺序应当遵循"让尊者优先伸手"的原则。比如，在不同职务级别之间，职位高的人伸手后，职位相对较低的人才能伸手相握；在不同性别之间，女性伸手后，男性才能伸手相握；在主、客之间，应当由主人先伸手，客人再伸手相握。作为主人，主动、适时地握手，会让人感到亲切、热情。如果主人没有伸手，客人应该等待。如果遇到对方积极主动地伸手相握，一定要立即回握，否则既会让对方陷入尴尬，也显得自己缺乏礼节。

(3) 握手的禁忌。除了女性之外，不要戴着手套握手；不要用不洁之手与他人相握，如手上有水等；不可在与他人握手之后，立即擦拭自己的手掌；在很多人同时握手时，不要交叉握手；不可在握手时东张西望，或与他人打招呼；不要拒绝与他人握手。

阅读：一次糟糕的握手

杨韶芸是个热情而敏感的女士，目前在中国的一家大型装潢企业任副总裁。某一天，一个当地建材公司的销售主管陈经理来拜访杨韶芸。陈经理被秘书领进了杨韶芸的办公室，秘书对杨韶芸说："杨总，这是绿叶公司的陈经理。"

杨韶芸离开办公桌，面带微笑地走向陈经理。陈经理伸出手来，让杨韶芸握了握。杨韶芸客气地对他说："感谢你为我们公司介绍这些产品。这样吧，我先花点时间了解一下这些材料，再和你联系。"没过几分钟，陈经理就被杨韶芸送出了办公室。随后几天，陈经理多次打电话询问进展，但秘书每次的回答都是："杨总不在。"

在短短的几分钟之内，陈经理到底有了什么失误，让杨韶芸印象这么差呢？事后，杨韶芸偶然提到这件事，仍然余气未消："第一次见面，他留给我的印象就极为不好，他不但不懂基本的商业礼节，还没有绅士风度。他是一个男性，职位又比我低，怎么能像个王子一样伸出高贵的手让我来握呢？他伸给我的手不但看起来毫无生机，握起来更像一条死鱼，冰冷、松软、毫无热情。当我握他的手时，他的手掌也没有任何反应。我的选择只有感恩戴德地握住他的手，只差要跪吻他的高贵之手了。在握手的这几秒钟，我就对他产生了极为糟糕的印象。他看起来一点也不热情、诚恳。他的握手让我觉得自己不受尊重，他的态度反映出他对我们的会面并不重视。作为一个公司的销售经理，却不懂得基本的握手礼节，他显然缺乏商务谈判的基本素养。一家公司会雇用这样素质的人做销售经理，可见，公司管理人员的基本素质和层次也不会高。这种素质低下的人组成的管理阶层，怎么会严格遵守商业道德，提供有质量保障、价格适当的建筑材料呢？我们这样大的装潢企业，怎么能够与这样作坊式的小公司合作？怎么会让他们为我们提供建材呢？"

（二）拥抱礼

拥抱礼主要流行于欧美国家，是常见于熟人和朋友间的一种亲密礼节。两人相对而立，上身稍稍前倾，各自右臂偏上、左臂偏下，右手环拥对方左肩部位、左手环拥对方右腰部位，彼此头部及上身向右相互拥抱，之后再向左拥抱一次。一般礼节性的拥抱多用于同性之间。

（三）鞠躬礼

鞠躬礼在日本、朝鲜、韩国等东方国家较为流行。行鞠躬礼时需要脱帽，呈立正姿势，女士双手交叉放在体前，男士双手贴于裤缝线，面带微笑，两眼注视对方，上身前倾，而后恢复原状并致问候。一般来说，15°或45°鞠躬常用于向对方问好、表达谢意、送别等场合，90°鞠躬常用于向对方表达深深的谢意和歉意。

阅读：背后的鞠躬

日本人比较讲究礼貌，鞠躬礼是日本常见的礼节之一。我国某位留学生在日本留学期间，就对看到的一次日本人的鞠躬礼留下了深刻的印象。

一天，这位留学生来到了日本某家宾馆的大堂。当时，正是日本国内旅游的旺季，大厅里宾客进进出出，络绎不绝。恰逢一位手提皮箱的客人走进大厅，行李员立即微笑地迎上前去，鞠躬问候，并跟在客人身后询问，是否需要帮助他提皮箱。这位客人步履匆匆，说了声："不用，谢谢。"头也没回径直朝电梯走去。

那位行李员朝着那道匆匆离去的背影，深深地鞠了一躬，嘴里还不断地说："欢迎，欢迎！"

这位留学生看了这番情景感到很困惑，便问身旁的宾馆经理："当面给客人鞠躬是为了体现对对方的尊重和周到的服务，可那位行李员为什么要朝客人的后背深鞠躬呢？"

"这样做，既是为了这位客人，也是为了其他客人。"经理说，"如果此时那位客人正好忽然回头，他就会看到行李员的鞠躬，自然会对我们的热情、礼貌留下印象。即使这位客人没有回头，这个鞠躬也会被大厅里的其他人看到，这些客人就可能想到，即使我转过身去，宾馆的员工也一样会对我礼貌欢迎。"

(四) 合十礼

合十礼盛行于泰国、缅甸、老挝、柬埔寨、尼泊尔等佛教国家。此礼源自印度，最初仅为佛教徒之间的拜礼，后发展成全民性的见面礼。行合十礼时，一般是两掌相合，十指伸直并拢向上，举至胸前，身子略下躬，头微微下低。在对外交往中，若对方以这种礼节致礼，己方也应以合十礼还礼。

以上四种礼仪的示意图如图 8-1 所示。

握手礼　　　　　拥抱礼　　　　　鞠躬礼　　　　　合十礼

图 8-1　四种礼仪示意图

(五) 称呼礼

由于各个国家和地区语言文化的差异，以及风俗习惯的不同，因而在称呼上也有所不同。按照国际惯例，在交际场所，一般称男子为"先生"，称已婚女子为"夫人"，称未婚女子为"小姐"，在不知道女性是否已婚的前提下，用"小姐"称呼对方会更为合适。对知识界人士，可以直接称呼对方的职称，或在职称前冠以姓氏，但称呼其学位时，除博士外，其他学位(如学士、硕士)不能作为称谓来用。就商务场合而言，称呼大多参照对方的职务，比如"李总""周经理"等。称呼的顺序是：先长后幼，先上后下，先疏后亲，先外后内。

德国人十分注重礼节、礼貌。初次见面时，一定要称呼其职务。如果对方是博士，则可以频繁地使用"博士"这个称谓。

美国人在称呼上并不十分考究。美国人在非正式场合，不论性别、年龄或职位高低，都喜欢直呼对方名字。但在正式的商务谈判场合，如果与对方初识，还是先用正式称谓为好。待双方相互熟悉了解以后，或对方建议直呼其名后可以改变。

日本人对于有身份的人，喜欢称呼对方为"先生"，比如国会议员、老师、律师、医生、作家等。在正式场合，除称呼"先生"外，还可称呼对方的职务，来显示己方的尊重。如果对方是政府官员，则要用其职务加上"先生"来称呼。

阿拉伯人对称呼不大计较，一般称"先生""女士"即可。但是由于受宗教信仰和社会习俗等方面的影响，接触阿拉伯妇女时，不宜主动与之打招呼，一般来说，微笑或点头示意即可。

四、名片的礼仪

名片是新朋友互相认识、自我介绍的迅速、有效的方法。交换名片是商业交往的常用动作。名片标示了自己的姓名、所属单位、职务和联系方式等基本信息，方便初次见面时相互认识与将来再次联络。在商务交往中，交换名片既方便又礼貌。

（一）名片的准备

名片的颜色可以选用白色、乳白色或黄色。在片头上，可以印有公司标识，体现企业形象。文字的编排有横式和竖式，相对来说横排更为普遍。采用横排的名片，通常把姓名印在中间，电话号码、邮箱以及地址等信息则以较小的字体印在名片的右下角。名片要尽量保持清洁和平整，最好是有专门的名片夹存放，或是放置在上衣胸口的袋子里，不要放在长裤口袋里。

（二）名片的递接

向他人递送名片时应面向接受名片的人，面带微笑，注视对方，用双手的大拇指和食指握住名片递向对方，同时，还要轻微鞠躬，即头微微低下，并说些"请多关照""请多指教"之类的客套话。

接受他人的名片时，应尽快起身或欠身，面带微笑，用双手接收并致谢，然后要以同样的方式递出自己的名片。接收的名片不可放在手中随意摆弄，应该要花一些时间仔细阅读名片上的内容，并妥善保存。

名片递接的顺序，一般是职务低的人先向职务高的人递名片，来访的人先向主人递名片，男性先向女性递名片。当对方人数较多时，应先将名片递给职务较高或年龄较大的人，若是不能确定对方职务高低或年龄大小时，可以先和自己左侧的人交换名片。

五、谈判落座的礼仪

落座是指谈判双方进入谈判会场后就座的姿态和形态。

最常见的座位安排是谈判双方各居谈判桌的一方，分为横式和竖式两种。横式即谈判桌在谈判厅里是横着摆放的，如图 8-2 所示；竖式即谈判桌在谈判厅里是竖着摆放的，如图 8-3 所示。

在横式座位中，面对正门的一方为上，所以应让客方就坐；背对正门的一方为下，故而由主方就坐。

在竖式座位中，以正门方向为准，右为尊，所以应当让客方居于右侧，而主方居于左侧。

双方主谈人应居于己方中间的位置，翻译人员的座位仅次于主谈人，常位于主谈人右侧，也就是图 8-2 和图 8-3 中的 2 号座位。其他人员遵循右高左低的原则，按照职位的高低自近而远地分别坐于主谈人两侧，如图 8-2 和图 8-3 中所示的座次序号分布。

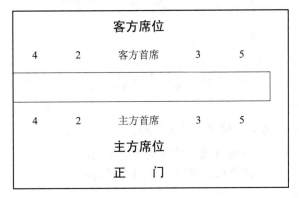

图 8-2　横式座位安排

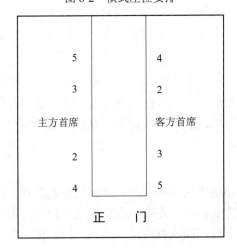

图 8-3　竖式座位安排

当谈判的参与者是三方或者三方以上时，就属于多边谈判。多边谈判大多采用圆形的谈判桌，如图 8-4 所示。这在国际上被称为"圆桌会议"。在"圆桌会议"中，各方可以随意就坐，被称为自由式落座。此外，也可以采用主席式落座，使用这种座位方式时，把面对正门房间的座位设为主位，需要发言的人坐到主位去发言，其他谈判人员面对主位就座。

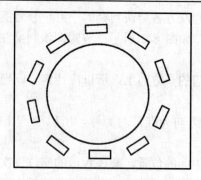

图 8-4　圆形谈判桌

六、宴请的礼仪

（一）宴请方的安排

在国际商务交往中，宴请宾客是常见的交往形式之一。为了办一场宾主尽欢的宴请，需要注意一些有关的事项。

1. 确定宴请目的、名义、对象、范围与形式

宴请活动首先要明确宴请的目的，从而确定邀请的名义和对象。在明确了具体的邀请范围和规模后，就要拟写邀请名单，并选择合适的宴请形式。

2. 确定宴请时间

选择宴请时间时，要考虑到主、客双方的时间和日程安排，最好是征得客人的同意后再确定。此外，宴请的时间不要选择在对方的重大节假日、有重要活动或有禁忌的时间。

3. 向宾客发出邀请

确定了宴请名单以后，要提前对名单中的客人发出邀请。邀请时最好采用请柬的形式，从而显示出正式和隆重。请柬应当提前 1～2 周发出，以方便客人提早安排日程。一般来讲，即便是口头已经邀请了的对象，也要补发请柬，这样做既可以体现对客人的重视，也能起到提醒客人和备忘的作用。

4. 座位的安排

国际商务宴请中，安排座位的惯例是：离主桌位置远近决定桌次高低，同一桌上，以离主人座位远近决定座位高低，右高左低。座位安排好以后，要在入席前告知每一位出席者，使每一位来宾都能知道自己的座位安排。此外，为了避免混乱，现场应该安排专人进行座位的引导。

5. 桌次的安排

宴会中，桌次的排列也有一定的规则。多张桌子围在一起时，居于正中间的一张为主桌；多张桌子横向排列时，以宴会厅的正门为准，右侧的桌次高于左侧的桌次；多张桌子纵向排列时，以距离宴会厅的正门的远近为准，距离越远，桌次越高；当宴会厅内有主席台时，以背对主席台的餐桌为主桌。如图 8-5 所示，2 号桌的桌次高于 3 号桌，3 号桌的桌次高于 1 号桌，1 号桌的桌次高于 4 号桌。

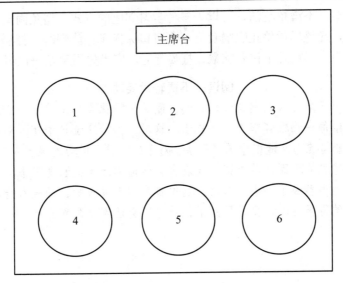

图 8-5 桌次安排示例图

6．宴请的程序

在宴会当天，主人通常会在门口迎接客人。等到主人陪同主宾进入宴会厅，全体客人就座以后，宴会便开始了。而宴会的结束，一般是在吃完餐后水果，主人与主宾起立之后。此后，主宾告辞，主人将主宾送至门口。

(二) 赴宴的礼仪

1．应邀

接到宴会的邀请后，不管是否参加，都应尽早答复对方，以便主人安排。如果确定会出席，一定要提前确认宴会举办的时间、地点等信息。如果有事不能参加，应当提前通知对方，并表示感谢和惋惜。

2．出席时间的把握

在出席宴请时，抵达时间的早晚和逗留时间的长短，都会体现出对主人不同程度的尊重。通常来讲，出席宴会不应迟到、早退，或者逗留时间过短，因为这会被看作失礼或冷淡的表现。如果来宾职务、身份较高，可以略晚到达，但一般客人还是宜略早到达。宴会结束时，应当待主宾退席之后，再向主人告辞离开。如果确实有事需要提前离席，应当向主人说明缘由后悄悄离去，也可以提前打招呼，届时离席。

3．入座

出席宴请活动时，应客随主便，按照主人事先安排的座位就座。入座前，应先了解清楚自己的桌次、座次，不要随心所欲地找熟人或与想要结识的人为邻。入座时，应掌握从左侧入席的原则，如果旁座是老人或女性，应先协助邻座就座，然后再自己入座。

4．进餐

入座后，要等主人示意过后，方可开始就餐。进餐时，夹菜要文明，不要挑大块或精食，坚持先人后己，注意细嚼慢咽。如果是自助餐，要排队取菜，少量多次，避免浪费。

遇到没有吃过的菜，不清楚吃法，可以先参考学习邻座的方式，避免闹出笑话。在和他人进行交谈的时候，应该尽量停止咀嚼食物，不可口沫横飞。就餐时，打嗝、打哈欠、剔牙都是不礼貌的行为，实在忍不住要咳嗽、打喷嚏时，应当先用手帕捂住嘴。

阅读：不要轻举妄动

有一次一个日本商人到美国参加谈判，刚下飞机就参加了美方企业的宴请。在宴席上，服务员给每一位顾客都上了一碗水。这时，由于这位日本商人刚下飞机，特别地口渴，所以拿起碗迅速地把水喝了下去。对于这一幕，现场的很多人都惊讶地看着。为了缓解这个尴尬的场面，美方谈判代表也自然地拿起碗把水喝了下去。大家看主谈人喝了水，便也跟着喝了下去。饭后，这位日本商人被告知，那碗水是饭前用来洗手的。因此，他觉得很内疚，要是早知道，就绝不会让大家跟着自己一起喝这碗洗手用的水了。

5．祝酒

参加宴请活动，要知道为何祝酒，并了解对方祝酒的习惯。在主人和主宾致词、祝酒时，应暂停进餐和交谈，注意倾听，不要借机抽烟。主人或主宾来敬酒时，应起立举杯。碰杯时，要微笑注视对方，并说一些祝福语。碰杯的一般顺序是，主人和主宾先碰，如果现场人数较多，就不用一一碰杯，举杯示意即可。另外，祝酒时要注意不要交叉碰杯。

宴会上相互敬酒，可以在一定程度上活跃气氛，融洽彼此关系。但是，敬酒时要特别注意其他人的习惯，对方有可能不胜酒力，不要不停劝酒，更不得灌酒。为了避免酒后失言、失态，自己喝酒时也切忌过量，应控制在本人酒量的 1/3 左右为宜。

6．离席

一般来说，宾客的退席，要在主人寒暄和主宾离席之后。离开前记得向主人告辞，并表达谢意，也可以对宴席活动的安排予以赞美。如果主人亲自烹调了食物，也要对主人的厨艺进行称赞。临行前，主动同送客的主人握手，再次表示感谢，可以给对方留下谦恭有礼的印象，从而有助于获得对方的信赖，加深彼此的友谊。

七、馈赠的礼仪

（一）赠送礼品的礼仪

1．了解对方的文化和习俗

在不同的宗教信仰、风俗习惯和文化背景的影响下，谈判人员的爱好也有所不同。因此，送礼时要了解对方的爱好和习俗。例如，亚洲、非洲、拉丁美洲和中东地区的人，比较注重礼物的货币价值，因此，对于这些对象，可以送一些相对昂贵的礼物。然而，欧美国家的人则不太重视礼品的货币价值，相对而言，他们更看重礼品的意义，贵重的礼物可能反而会引起他们的怀疑和警惕。

2．注意礼品的数量

不同国家的人对数字的偏好也有差异。举例来说，同样是东方国家，中国人大多认为偶数比较吉祥，但是日本人却偏好奇数。而在西方国家，"13"是一个普遍比较忌讳的数字。所以，在给不同国家的谈判人员送礼时，要注意选择不同的礼品数量。

3．注意送礼的时机和场合

针对不同的对象，要选择不同的送礼时机。比如，日本人习惯于在第一次见面时送礼，中国人则喜欢在离别前赠送礼物，英国人通常在晚餐或看完戏之后乘兴送礼，而法国人偏好在下次重逢时赠送礼品。

此外，送礼还要选择合适的场所。有多人在场时，只给其中一人送礼，就显得不太合适。这对于收礼的人来说，容易有被贿赂之感，而现场的其他人，则会感觉自己不被重视，使得现场出现尴尬的气氛。

表 8-1 总结了一些国家送礼时的不同风俗习惯，在商务谈判遇到赠礼环节时，可以参考使用。

表 8-1　不同国家的馈赠风俗

类别	风　俗
伊斯兰教徒	不能送人形礼品，也不能送酒、雕塑和女人的画片，因为他们认为酒是一切万恶之源
英国人	一般送价钱不贵但有纪念意义的礼品，切记不要送百合花，因为这意味着死亡，收到礼品的人要当众打开礼品
美国人	送礼品要送单数，且讲究包装，他们认为蜗牛和马蹄铁是吉祥物
法国人	送花不要送菊花、杜鹃花和黄色的花，不要送带有仙鹤图案的礼品，不要送核桃，因为他们认为仙鹤是愚蠢的标志，而核桃是不吉利的
俄罗斯人	送鲜花要送单数，用面包与盐招待贵客，表示友好和尊敬；最忌讳送钱给别人，这意味着施舍与侮辱
日本人	盛行送礼，探亲访友、参加宴请都会带礼品，接送礼品要双手，不当面打开礼品；当接受礼品后，再一次见到送礼的人一定要提及礼品的事，并表示感谢；送礼不要送有狐狸、獾的图案的礼品，忌送梳子，因为梳子的发音与死相近；一般人不要送菊花，因为菊花一般是王室专用花卉
香港人	不能送钟、毯子、白色与红色的花，这意味着不吉利；礼品数目不能有 4，而以 8、6、9 为最好

(二) 接受礼物的礼仪

接受他人赠送的礼物时应当双手接过，并致以感谢。在西方国家，接受礼物后要当着对方的面打开，并且做出回应，比如对礼物表示赞美和喜爱。然而，在中国和日本，则没有这样当面打开礼物的习惯。一般来说，接受他人礼物之后，应当准备一定的礼物予以回赠，来体现自己的礼貌和修养，这样也有助于进一步培养双方的友谊，促进今后合作的达成。

另外要注意的一点是：在国际商务谈判中，接受赠礼要符合国家和企业的相关规定和纪律。如果不能接受对方的礼物，要向对方说明原因，并表达谢意。

八、签约的礼仪

通常来说，签约仪式都会有较为严格的程序及礼节规范，既体现仪式的正式、庄重、严肃，也表明了谈判双方对合同的重视，以及对对方的尊重。因此，作为商务谈判人员，应当了解并注重签约礼仪。

在签约之前，需要确定参加仪式的人员名单和签约场所。一般来说，出席签字仪式的应该是参加谈判的全体人员，并且双方人数最好大体相等。在签字厅的选择上，有常设专用的，也有临时以会议厅、会客室来代替的，但通常要选择较有影响的、结构庄严、宽敞明亮、适宜于签字的大厅。

签约仪式开始时，各方人员进入签字厅，在事先安排好的位置上就座。在签署合同文本时，通常先签署己方保存的合同文本，再签署他方保存的合同文本。按照惯例，每个签字人在由己方保留的合同文本上签字时，应当名列首位。这样做的用意是使有关各方都有一次机会居于首位，以显示各方平等。

各方签字完成以后，签字人正式交换已经有关各方正式签署的合同文本。此时，各方签字人应起立握手，对对方在谈判过程中所做的努力表示感谢。在场其他人员应鼓掌并表示祝贺。

随后，各方签约人员可以共同举杯，互相道贺。

第三节　商务谈判中的着装礼仪

着装在一定程度上体现了谈判者个人的礼仪与文化素养。民族习惯、性别、年龄、季节等多种因素都会影响到个人服饰的选择。在商务谈判的场合中，着装应注意一定的礼仪。

阅读：着装随便导致商务谈判失败

中国一家公司与朝鲜某一企业商谈机械出口事宜。为了显示己方的礼貌和尊重，作为东道主的中方谈判代表提前五分钟到达公司会议室。待朝鲜谈判人员到场后，中方人员全体起立，鼓掌欢迎。

没想到朝鲜谈判代表不但没有出现预期的笑容，还表露出一丝不快。更令人感到困惑的是，按照原定计划应该有一上午的谈判日程，但实际的谈判进程开展了半个小时便草草结束，朝鲜代表匆匆离去。

事后，中方代表才了解到：朝鲜一方之所以表现出不满，是因为中方谈判人员的穿着。朝鲜的谈判代表中，男士西装革履，女士穿职业装，而中方主谈人是位女士，她没有穿裙子，而是穿的裤子。

原来，在朝鲜，有地位的女性都要穿裙子，一般是地位低的人员才穿裤子。在朝方代表看来，在这场正式的商务谈判活动中，中方主谈人的穿着过于随便，这说明了两个问题：第一，这样的主谈人并不能代表企业；第二，中方企业对此次谈判重视不够，缺乏诚意。

一、着装的 TPO 原则

总的来说，着装要规范、得体，就要牢记并严守 TPO 原则。TPO 原则，是有关服饰礼仪的基本原则之一。TPO 是三个英语单词的缩写，它们分别代表时间(Time)、地点(Place)和场合(Occasion)，也就是说，人们在选择服装、考虑其具体款式时，首先应当兼顾时间、地点、场合，并应力求使自己的着装及其具体款式与着装的时间、地点、场合协调一致。

1. 与职业、场合、交往目的和对象相协调

与职业、场合、交往目的和对象相协调，这应该是商务谈判着装的最基本要求。商务谈判的目的是为了让彼此都能获利，要达成合作的前提是双方之间相互信赖。因此，出席商务场合时，最符合职业、场合、交往目的的着装，应该是男式西装和女式套装。这些服装可以体现出正式、严谨、庄重等特点，最能使对方有安全感和信任感，是谈判的首选服装。此外，涉及国际商务场合时，着装还应尊重对方国家的民族习惯和风俗禁忌。

阅读：着装与场合

某代表团在柏林参观一家大型集团公司时，其中的一位成员被门卫挡在门外，原因是他穿着运动衣和旅游鞋，被对方误认为是混入队伍的难民。虽然翻译极力解释说明，但门卫还是没能让他进入。

2. 与自身条件相适应

除了要考虑职业、场合、交往目的和对象等因素外，在着装的选择上，还应该结合自己的年龄、职务、体形、肤色、性格等特点。就体型而言，高大或是肥胖的人宜选择冷色调的服饰，而瘦削或矮小的人则可以选择暖色调的，脖子偏短的人可以考虑低领装，体型偏瘦的人则不宜穿着过于肥大的衣服。此外，着装还应该与年龄相协调，比如年龄稍长的人在穿着上要注意庄重、雅致、含蓄，体现其成熟和端庄。在色彩的搭配上，服饰的颜色不要过于单调，而是在某一色调的基础上寻求一定的变化，当然配色不要太杂，一般来说不能超过三种颜色。

二、男士的着装

在商务谈判中，男士应穿西服，按季节划分，包括春秋装和夏装两种；根据参加活动和所处场合性质的不同，可以划分为礼服和便服。一般来说，在正式场合男士穿着礼服或深色西服为宜。在穿着西装前，要拆除衣袖上的商标；穿着时，保持西服的整洁，口袋里尽量少装东西。

凡在正式场合，穿西装都要搭配领带，领带的颜色和衬衫、西装的颜色要相互配合，而领带的长度以到皮带扣处为宜。就衬衫而言，首先应当保持挺括，整洁没有皱褶，尤其是领口。其次，正式场合中，衬衣的下摆需塞在西裤里，袖口扣上，长袖衬衫的衣袖要长于西装上衣的衣袖。在颜色的选择上，衬衣颜色应当结合西装的整体颜色，注意协调。

此外，男士在穿西服、打领带这种商务着装的情况下，一定要配以皮鞋，不能穿运动鞋、拖鞋或者布鞋，皮鞋要注意保持光亮整洁。在正式、隆重的场合下，应该穿

黑色皮鞋。穿深色皮鞋的时候，袜子的颜色应该以深色为宜，并且避免出现比较花哨的图案。

案例：一场穿衣风波

一个外商考察团在某地某企业考察投资事宜，该企业领导高度重视，为了此次见面，亲自挑选了庆典公司的几位漂亮女模特来做接待工作，并特别指示她们身着紧身上衣，黑色的皮裙，领导说这样才显得出对外商的重视。

当天上午，考察团到了以后，见面没多久，在座谈都还没开始的情况下，外商就找借口匆匆走了。工作人员被搞得一头雾水，不知道是哪个环节出了差错。后来，通过翻译才知道，外商看了接待人员的着装后，认为这是个工作以及管理制度极不严谨的企业，因此，完全没有合作的必要。

原来，该企业在接待人员的着装上，犯了忌讳。按照商务场合中着装礼仪的要求，女性穿着紧、薄的服装是工作极度不严谨的表现……

三、女士的着装

总体来说，女性在着装的选择上范围相对要大一些。在春秋冬季，女性最好是穿着西装、套裙、两用衫、长短风衣等，特别是在比较重要、正式的谈判场合。在夏季，女性着装也应以西装、套裙为主，此外，连衣裙或长、短袖衬衫配西裙或西裤也可。

虽然女性着装选择有较大空间，但仍然有很多需要注意的事项，比如过紧的衣裙、偏袒露的服装，以及 T 恤衫、牛仔等服饰都不适合谈判场合。穿职业装时，女性最好穿肉色的丝袜，可以搭配任何服装。注意袜子不要有破损，穿着时也不要出现"三截腿"的问题。在服装的颜色搭配上，应避免过艳与花哨，尤其是年轻女性，如不注意这一点，会给人留下轻浮而浅薄的印象。除衣服外，参加正式的商务活动时，女性应注意避免穿露出脚趾和脚后跟的凉鞋、没有后帮的鞋子、有亮片或水晶装饰的鞋子，以及靴子。最好选择中高跟的船鞋，则最为搭配女士的职业套装。鞋子的颜色最好与手提包一致，并且要与衣服的颜色相协调。

阅读：三截腿

所谓三截腿，是指穿短裙子的时候，穿短袜，袜子和裙子中间露一段腿肚子，结果导致裙子一截，袜子一截，腿肚子一截。这种穿法容易使腿显得又粗又短，术语叫做"恶性分割"，在国外往往被视为没有教养的妇女的基本特征。

在商务谈判活动中，女性佩戴得体的首饰可以给人以优雅端庄的感觉，会赢得对方的尊重和赞赏。女性在选择首饰时，一定要认真遵守礼仪规范，应以简洁、大方为宜。具体来说，首饰的数量不应夸张，以少为佳；首饰的色泽应与服饰协调，色彩一致，风格划一；首饰的佩戴要合乎惯例，不可佩戴有特殊忌讳，特别是不能佩戴侵犯谈判对方民俗禁忌的首饰。

女士化妆是对自我的修饰，是自尊自爱的表现，也是对他人的尊重。在正式的商务谈判场合中，女性面部修饰应该以淡妆为主，不应该浓妆艳抹，也不要素面朝天。化妆适度，是对对方尊重的重要标志。

第四节　不同国家的商务礼俗与禁忌

一、日本的商务礼俗与禁忌

日本素称"礼仪之邦"，日本人在任何时候都表现得彬彬有礼，给对方留足面子。

日本人习惯在会面之前事前约定，并按约定的时间准时到达。他们有较强的时间观念，比较忌讳迟到或突然到访。第一次见面时，日本人一般不喜欢谈工作，大多只是相互引见，进行自我介绍并互赠名片。日本人在商务活动中很注意名片的作用，他们认为名片是一个人社会身份的代表，因此总是随身携带，在首次会晤时习惯于交换名片。日本人有很多寒暄用语，比如在自我介绍时会说"您好""请多关照""拜托您了"等。此外，虽然握手礼在世界范围内普遍流行，但日本人在见面时更习惯于行鞠躬礼，并表示问候。日本人鞠躬很有讲究，首次见面时通常行 30°的"问候礼"，告别离开时行 45°的"告别礼"。

日本人非常重视人情，所以与日本人交往时要注意礼物的赠送。对于日本人而言，送礼作为形式比内容更重要，所以如果他们赠送的礼物价值不高，并不等同于轻视对方。如果日本商人向己方赠送礼物，要对此表示感谢，但要等他再三坚持相赠后再接受，接受礼物时要用双手接过。日本人非常注重阶层或等级，因此在初次见面时，不要给日本人赠送过于昂贵的礼品，以免对方为此而误会己方的身份比他们高。一般来说，还是以双方礼物价值相当为宜。

在日语发音中，"4"和"死"相似，"9"和"苦"相近，通常都有不吉利的含义，所以日本人忌讳数字"4"和"9"。另外，日本人忌讳三人一起合影，认为居中者被左右着，是不幸的预兆。日本人忌讳绿色，认为绿色是不祥之色，他们也不喜欢紫色和黑白相间的颜色，认为这些颜色是悲伤的颜色。

日本人忌讳荷花，因为荷花在日本用于丧葬活动；送花给日本人时，忌送白色的花，因为白色象征死亡。此外，菊花是日本皇室专用的花卉，所以日本人对菊花或装饰菊花图案的东西有戒心，一般不敢也不能接受这种礼物或礼遇。日本人对装饰物品有狐狸和獾图案的东西很反感，他们认为那是贪婪、狡诈的象征。他们喜爱鹤和乌龟，认为二者都是长寿、吉祥的代表。

日本人大多数信奉神道(日本固有的宗教)和大乘佛教(有"过午不食"的教规)。同时，日本人没有相互敬烟的习惯，与日本人一起喝酒，也不宜劝导他们开怀畅饮。

二、美国的商务礼俗与禁忌

美国人一般都性格开朗、自信、热情和坦率，乐于与人交往，不太拘于礼节。日常生活中，他们不大讲究穿戴，穿衣以宽大舒适为原则。但是，在正式的商务场合，美国人还是比较讲究礼节的。见面时，美国人较少握手，即使是第一次见面，也可能只是点头微笑致意，礼貌地打个招呼。美国人不喜欢用"先生""太太""小姐""女士"之类的称呼，也不以行政职务去称呼别人，他们认为这样太过于郑重其事了。美国人更喜欢别人直接称呼自己的名字，并且认为这是亲切友好的表示。美国人交谈时不喜欢彼此靠得太近，习惯与人保持一定的身体距离。

　　标榜个性独立是美国人的特点，美国人最忌讳打探个人隐私，比如年龄、个人收入和政治倾向之类的私人问题。和美国人见面时，也不要对他们说"你胖了"这句话，在他们看来这是贬义的，因为在美国有"瘦福胖贫"的说法。

　　美国人偏爱浅淡的颜色，如象牙色、浅绿色、浅蓝色、黄色、粉红色、浅黄褐色等。他们忌讳黑色，黑色在美国是肃穆的颜色，主要用于丧葬活动。美国人偏爱山楂花与玫瑰花。此外，大多数美国人喜欢狗，认为狗是人类最忠实的朋友，厌恶吃狗肉的人。他们忌讳蝙蝠，认为那是凶神恶煞的象征。在数字上，同其他西方基督教国家一样，美国人忌讳"13"、"3"和"星期五"等。

三、英国的商务礼俗与禁忌

　　英国人崇尚"绅士风度"和"淑女风范"，待人彬彬有礼，推崇"女士优先"。他们比较注意仪表，衣着讲究，在较为正式的社交场合中，男士要穿深色的西服，女士则穿着西式套裙或连衣裙。

　　英国人会面时习惯于行握手礼。如果是与女士握手，一定要等对方先伸手，才可与之握手，一旦对方没有握手之意，切不可强行握手。另外，切勿与英国人交叉握手或交叉干杯，因为那样会构成晦气的十字架形，是不吉利的象征。

　　英国人很重视称呼，如果对英国人称呼不当，会让对方感到尴尬或不悦。英国人不喜欢被他人随意地称呼姓名，与他们打招呼时，可称其为"某先生"、"某博士"、"某小姐"。如果是有爵位的英国人，还可以以爵位相称。英国等级分明，世袭的贵族头衔被看作是一种很高的荣誉，挂上对方的贵族头衔很能取悦对方。

　　英国人时间观念极强，喜欢按计划行事，赴约也十分准时。与他们交往，无论是谈判还是上门拜访，都要预先约定。英国人不喜欢突然到访，更反感迟到或随意占用私人时间。

　　与英国人交谈时，应注视着对方的面部，并保持眼神的交流。要注意使用敬语，不要过问对方的隐私。英国人不喜欢在用餐时谈论工作，与其聊天时，话题也不要涉及政治、宗教及皇家小道消息，最适宜的话题是天气和动物。英国人喜欢留有一定的个人距离，在谈话时最好保持一米左右的间距，彼此过于靠近会让他们感到拘束。

　　玫瑰是英国的国花，所以英国人很喜欢玫瑰，同时也喜欢蔷薇花。他们忌讳菊花和百合花，因为在英国，菊花和百合花是死亡的象征，多用于丧葬活动。英国人认为"13"、"星期五"为厄运和凶兆的数字和日期，所以他们忌讳"13"和"星期五"，也忌讳"3"这个数字。英国人不喜欢大象、黑猫和孔雀，认为大象是蠢笨的象征，黑猫是不祥之兆，而孔雀是祸乱鸟。另外，英国人偏爱于蓝色和白色，反感墨绿色。他们不喜欢红色，认为红色有凶兆。黑色在英国多用于葬礼，因此也需要谨慎使用。

四、德国的商务礼俗与禁忌

　　德国人非常注重规则和纪律，做事严肃认真。凡是有明文规定的，德国人都会自觉遵守；凡是明确禁止的，德国人绝不会去触犯。因此与德国人交往一定要重视日常礼仪。

　　德国人穿着较为讲究，出席正式场合时，一定要穿戴整齐，服装颜色以深色为主。一般男士穿三件套西装，女士穿裙式服装。女士在商务场合穿着低胸、紧身、透明服饰，或是佩戴过多的首饰，都会被视为无礼和不自重的表现。

德国人很有时间观念，无论公事还是私事，他们都非常守时，在商务谈判和交往中忌讳迟到。见面时，德国人通常行握手礼，但如果是与关系较为亲密的人见面，则以拥抱礼居多。他们比较看重身份，对有头衔的人一定要称呼他的头衔，特别是法官、律师、医生、博士、教授一类有社会地位的头衔。

与德国人交谈时，不要涉及纳粹、宗教与党派之争，最好是谈一些个人业余爱好或是足球之类的话题。另外，切忌在公共场合窃窃私语，这在德国人看来是非常无礼的行为。

给德国人赠送礼品应慎重，应尽量选择有民族特色、有文化品位的物品。他们忌讳把刀、剑、剪刀、餐刀和餐叉等作为礼物，因为这些物品有"断交"之嫌。在花卉中，德国人最喜欢矢车菊，这是他们的国花。此外，玫瑰和蔷薇在德国不能随意送人，因为前者表示求爱，后者则专用于悼亡。就数字而言，德国人忌讳"13"与"星期五"；就颜色而言，他们忌讳茶色、黑色、红色和深蓝色。

五、俄罗斯的商务礼俗与禁忌

俄罗斯人性格热情开朗，重礼好客，还有较强的时间观念。与俄罗斯商人谈判时，最好是提前两天约定，他们会准时赴约，所以己方也应当准时到达约定场所，不宜迟到。此外，俄罗斯人注重整洁，很重视仪表，出门时会认真打扮，在公共场合注意言行举止，比如他们从不将手插在口袋里或袖子里，即使天气较热也不会随意脱下外套。

与俄罗斯人首次见面时，一般适宜行握手礼。彼此关系较为亲密以后，他们常常会行亲吻礼或是拥抱礼。要注意的一点是，俄罗斯人认为"左主凶、右主吉"，所以切忌伸出左手与俄罗斯人相握。此外，在宴请俄罗斯人时也忌讳用左手传递食物，且不宜用左手使用餐具。

俄罗斯人也比较重视隐私，所以初次见面时，不要过问他们的生活细节，尤其忌讳询问女士的年龄。与俄罗斯人聊天，适宜的话题包括喝酒、抽烟、跳舞和运动。在俄罗斯不论性别，大多数人都会喝酒，而且以喝烈性酒居多，比如伏特加之类。俄罗斯人也喜欢抽烟，而且爱抽烈性烟。此外，跳舞和体育也是多数俄罗斯人的爱好，跟他们谈起这些话题，往往能带来较好的气氛。

颜色上，俄罗斯人偏爱红色，忌讳黑色，他们认为黑色是死亡的颜色。数字上，俄罗斯人喜欢"7"，认为它可以带来好运和成功；他们忌讳"13"，认为它预示着凶险和灾难。另外，俄罗斯人认为双数是不吉利的，所以给俄罗斯人送礼要送单数的。

思考题与案例分析

一、思考题

1. 礼仪在商务谈判中的作用是什么？
2. 会面的礼仪包括哪些？
3. 宴请时有哪些注意事项？

4. 商务谈判中有哪些赠礼的注意事项？

5. 商务谈判人员的服饰有哪些要求？

二、案例分析

案例一　一次漏洞百出的接待

小张大学毕业，刚到一家外贸公司工作，经理就交给他一项任务，让他负责接待最近将到公司的一个法国谈判小组，经理说这笔交易很重要，让他好好接待。小张于是粗略地想了一些接待顺序，就准备开始他的接待。小张提前打电话和法国人核实了一下人数、乘坐的航班，以及到达的时间。然后，向单位要了一辆车，用打印机打了一张 A4 纸的接待牌。还特地买了一套新衣服，并到花店订了一束玫瑰花。

到了对方来的那天，小张准时到达机场，结果该国际航班提前 15 分钟降落，客人只好在机场等候小张。等到终于坐上小张的车，开到公司定点的酒店，谁知早已客满。小张只好把他们拉到一个离公司较远的酒店，该酒店条件较差，对方表现出不满。

送到房间后，一心想将功补过的他决定和客人好好聊聊，让他们消消气。谁知在客人房间待了半个多小时，对方已经不耐烦了。小张一看，又吃力不讨好了，于是告辞，并和他们约定晚上 7 点，公司经理宴请他们。

到了宴会地点，经理已经在大厅门口准备迎接客人，小张一见，赶紧给双方做介绍，双方寒暄后进入宴席。小张一看宴会桌，不免有些得意：幸亏我提前做了准备，把他们都排好了座位，这样总万无一失了吧。

谁知经理一看对方的主谈人正准备坐下，赶紧请对方到正对大门的座位，让小张坐到刚才那个背对大门的座位，并狠狠地瞪了小张一眼。小张有点莫名其妙，心想：怎么又错了吗？

突然，有位客人问："我的座位在哪里？"原来小张忙中出错，把他的名字给漏了。客人露出一副很不高兴的样子。好在经理赶紧打圆场，神情愉快地和对方聊一些趣事，对方这才不再板面孔。

一心想弥补的小张在席间决定陪客人好吃好喝，频繁敬酒，经理及时制止了小张。席间，小张还发现自己点的饭店的招牌菜辣炒泥鳅，对方几乎没动。小张拼命劝对方尝尝，经理很不悦地要小张不要劝，小张不知自己又错在哪里。好在谈锋颇健的经理在席间和客人聊得很愉快，客人很快忘记了这些小插曲，等双方散席后，经理当夜更换了负责接待的人员，并对小张说："你差点坏了我的大事，从明天起，请你另谋高就。"小张就这样被炒了鱿鱼，但他仍不明白自己究竟错在哪里了。

问题：本案例中小张究竟错在哪里？谈谈作为一名优秀的商务谈判人员，在整个商务谈判的过程中，应该注意哪些基本的礼仪。

案例二　尴尬的会面

某年夏天，C 市木炭公司销售陈女士到 S 市金属硅厂谈判其木炭的销售合同。C 市木炭公司是生产木炭专业厂，一直想要扩大市场范围，对这次谈判也非常重视。谈判当天，陈女士脸上打着厚厚的粉底，使涂着腮红的脸尤显得白嫩，两耳戴着垂吊式的耳环，脖子里挂了一根金项链，右手戴有两个指环、一个钻戒，穿着绿色衬衫、红色大花真丝裙，脚上穿了一双亮片装饰的凉拖鞋。S 市金属硅厂销售科的陆经理和秘书小王接待了陈女士。

陆经理穿着布质夹克衫、劳动布的裤子，皮鞋不仅显旧，还蒙着车间的灰尘。他的胡茬发黑，使脸色更显苍老。

陈女士与陆经理在会议室见面，互相握手。陆经理伸出手握着陈女士白净的手，但却迅速收了回来，并抬手检查收回的手的情况，原来陈女士右手的戒指、指环扎了陆经理的手。看着陆经理收回的手，陈女士眼中闪过一丝冷漠。

问题：陆经理与陈女士在礼仪方面做得如何？

案例三 不恰当的服饰评论的后果

美国一建筑企业谈判小组到沙特阿拉伯进行一项工程承包的谈判。谈判休会期间，双方随意地闲聊。在说到服装穿着时，该谈判小组的一位成员对阿拉伯的女性穿着发表了一些个人的意见，认为过于保守、不舒适，也不好看。阿拉伯代表听后并未表态，只是非常礼貌地说要出去接一个电话。上午的谈判结束以后，双方共进午餐。

到了下午，谈判继续。但是，美国的谈判代表发现，对方的态度与上午明显不同，看起来非常冷淡，而且整个谈判氛围也似乎不够融洽。一整个下午过后，谈判没有什么实质性的进展。并且，随后的谈判也变得困难重重，最终谈判以破裂告终。

问题：

(1) 案例中沟通出现障碍的原因何在？

(2) 从该案例中我们应该汲取什么教训？

第九章　商务谈判风格

不可盗窃时间。

——美国谚语

本章要点：学习和掌握国际商务谈判中，影响谈判风格的文化因素；掌握欧美主要国家商务谈判人员的不同谈判特点，了解与他们谈判时的要诀；掌握日本、韩国等亚洲主要国家的谈判风格。

导入案例

刘某是某高校中文系教授，有一年他为来自意大利、日本、芬兰的留学生教授汉语。一次他们计划在周四到华山游玩，但是，周三的晚上下起了大雨。

周三晚上 10 点左右，芬兰的同学找到刘教授，建议取消第二天的爬山活动，因为大雨中登山不但没有什么乐趣，而且也很困难。刘教授同意了这个建议，并通知其他同学取消了第二天的出游计划。

通知一经发出，意大利的同学立刻表示了不满，他们争辩说，自己一直期盼着这次的活动，而且学费中也包括出游费用，何况小雨根本无大碍，他们希望登山活动照常进行。

于是，刘教授又去询问了日本同学的意见，日本留学生表示出了非常友善的态度，他们说如果大家最终确定出游的话他们也会去，如果不出游的话，他们也愿意在学校复习功课。在意大利同学和日本同学表态后，芬兰同学为了不扫大家的兴，也同意前往。这样，周四的登山活动便照计划开展。

大雨下了一夜，到了周四这天雨势丝毫不减。当刘教授准时登上大巴车时，看到了 18 位愁眉不展的芬兰同学和 12 位面带微笑的日本同学，唯独缺了之前坚持活动的意大利同学。一行人仍然准时发车前往华山，一天下来都狼狈不堪。

晚上，当他们疲惫地回到学校时，却发现意大利同学正一边喝茶一边吃饼干，并且若无其事地说："这么大的雨，所以我们没去。"

请你分析这三个国家的留学生各自表现出了哪些特点？这些国家的商务谈判人员又会形成怎样的谈判风格？

第一节　文化差异对商务谈判的影响

谈判风格是指在谈判过程中，谈判人员所表现出来的言谈举止、处事方式以及习惯爱好等特点。不同的国家和地区有着不同的文化背景，因此在国际商务谈判中谈判人员往往会展现出不同的谈判风格。影响谈判风格的文化因素包含了多个方面，主要包括语言、风俗习惯、思维差异、价值观和人际关系等方面。

阅读：二流企业？还是二级企业？

在中国的企业管理政策中，会根据企业经营管理状况及企业规模等评定企业的等级，比如"国家一级企业"、"国家二级企业"等，而在美国则没有这种概念。

某次，美国一家跨国公司总裁访问中国的一家著名制造企业，商讨合作事宜。会谈中，中方总经理很自豪地向客人介绍说："我公司是中国二级企业……"而翻译人员也自然地用"Second Class Enterprise"来表述。

不料，本来还很高兴的美国公司总裁听到这里，忽然冷淡下来，简单敷衍了几句就起身告辞。在回去的路上，他向自己的助理抱怨说："我们怎么可能跟一个中国的二流企业合作？"

可见，因为语言文化的不同而引发的沟通障碍，会直接影响到合作的可能性。

一、语言文化

语言文化差异在国际商务活动体现得最为明显。对于语言差异引起的沟通问题，最直接的解决办法，就是雇用一位翻译，或者使用共同的第三语言交谈。据有关研究结果显示，谈判人员所使用的语言行为在各种文化中具有较高的相似性。但即便如此，差异也是显而易见的。在不同文化背景的语言中，作为信息交流工具的种种语言行为方式，都会在使用时表现出一定的差异性，如果不了解这些差异，就很容易误解谈判对手所传递到信息，从而影响商务谈判目标的实现。

阅读：日本和美国的语言文化比对

由于文化的不同，日本商人和美国商人在"不"字的用法上遇到了难以解释的麻烦。日本人习惯委婉地表达方式，日方谈判人员觉得，在谈判时断然否定对方的意见或要求，会伤害双方友好融洽的关系，因而从来不明确地表达。而美方谈判人员没能领悟这一点，只要他认为还没有得到明确的答复，就会坚持继续谈判。

当美国商人说"是的(Yes)"的时候，一般表示"我接受这种看法"。但对日本商人而言，"是的(Yes)"却有四种不同的含义：一是表示知道对方正在同自己谈话，但他并不一定理解了谈话的内容；二是表示对方所说的是可以理解的和说清楚的；三是表示他已经理解了对方的建议；四是表示完全同意。在跟日本商人进行交流时，"是的(Yes)"的真实内涵是需要结合当下的情况来分析判断的，必要时可请对方予以确认。

在商务谈判中，除了有声语言外，谈判人员还会通过无声语言发出或者接收大量的信息。这些肢体语言也能传递一些态度和想法，有时比有声语言更为真实可信，也因而受到了谈判人员的重视。但是，文化的差异性也体现在这些无声语言中，正如表9-1所示的那样，同一个动作在不同文化中代表了不同的意思。因此，当国际商务谈判人员发出不同的无声语言信号时，具有不同文化背景的谈判对手很容易误解这些信号，甚至引起双方不必要的误会。这种误会如果不能及时得到化解，就很可能影响到商务谈判进程的正常展开。

表 9-1　同一非语言符号在不同文化中的不同含义对比

动　作	含 义 对 比	
点头	同意(中国)	不同意(希腊)
摇头	不同意(中国)	同意(希腊)
翘大拇指	赞美(中国)	离开、滚开(希腊)
讲话时抬下巴	自信和礼貌(英国)	傲慢或自大(美国)
双手举过头顶鼓掌	战胜对手后的骄傲(美国)	友好(俄罗斯)

二、风俗习惯

国际商务谈判中，通常会有一些正式的或非正式的社交活动，比如喝茶、喝咖啡、商务宴请等。这些活动在很大程度上会受到文化因素的影响，并进一步影响到谈判的进行。例如，阿拉伯人喜欢在社交活动中邀请对方喝咖啡。按照阿拉伯人的习惯，客人不喝咖啡是对邀请人的侮辱，拒绝一杯咖啡可能会造成严重后果。曾经有一位美国商人拒绝了沙特阿拉伯人邀约喝咖啡的友好提议，这种拒绝在阿拉伯世界被认为是很失礼的行为，这位美国商人因此而丧失了一次有利可图的商机。

阅读：船长的国际谈判

几个商人在一条船上开国际贸易洽谈会。

忽然间，船开始下沉。船长立刻命令大副："快去叫那些商人穿好救生衣，跳下船去。"

几分钟后，大副回来报告："那些家伙不肯跳。"

于是，船长只能亲自出马。

不一会儿船长就回来了，告诉大副说："他们都跳下去了。"

"那么您用了什么方法呢？"大副感到很惊讶。

"我告诉英国人跳水是有益于健康的运动，他就跳了。我告诉法国人跳水很时髦，告诉德国人那是命令，告诉意大利人那样做是被禁止的……"船长解释道。

"那么您是怎么说服美国人的呢？"

"这很容易"，船长接着说，"我就说已经帮他们上了保险。"

芬兰人在合作达成之后会举行一个长时间的宴会，邀请对方洗蒸气浴。洗蒸气浴是芬兰人的一项重要的礼节，表达了对客人的欢迎。作为被邀请方，不应该拒绝这种活动，因为芬兰人经常在蒸气浴中建立友谊和信任，并解决重要问题。

澳大利亚人喜欢在小酒馆里谈事情，大部分交易活动都会在那里完成。在澳大利亚进行谈判时，谈判者要清楚每一次餐饮费用该由谁付。在澳大利亚，付钱这件事既不能忘记也不能过于积极。

日本商人通常喜欢在饭店、酒吧和艺伎馆进行社交活动，他们的交易很可能会在这里消磨几个小时后达成。

三、思维方式

世界各国不同的文化背景，不仅在语言和习俗上带来影响，也在思维方式上体现出较大差异。在国际商务谈判中，来自不同文化的谈判人员往往会有不同的思维方式。以东方文化和英美文化为例，两者在思维方面的差异有：

(1) 东方文化注重演绎推理、形象思维，习惯于从一般到个别，也就是根据一般原理推出个别结论；英美文化注重归纳推理、抽象思维，习惯于从个别到一般，即从许多个别事物的特征中找出这一类事物的共同本质。

(2) 东方文化注重综合思维，指在思想上将各个对象的各个部分联合为整体，将它们的各种属性、方面、联系等结合起来；英美文化注重分析思维，指在思想上将一个完整的对象分解成各个组成部分，或者将它们的各种属性、方面、联系等区别开来。

(3) 东方文化偏好统一，英美文化偏好对立。例如，中国哲学虽不否认对立，但比较强调统一方面；而西方人注重把所有事物分为两个对立的方面。

由于这种现实存在的思维差异，国际商务谈判中的谈判双方常常会呈现出决策上的差异，形成顺序决策方法和通盘决策方法间的冲突。当面临一项复杂的谈判任务时，西方文化尤其是英美人偏好使用顺序决策方法，他们喜欢将大任务分解为一系列的小任务，将价格、交货、担保和服务等问题分次解决，每次解决一个问题，从头到尾都有让步和承诺，最后的协议就是一连串小协议的总和。但是，东方文化则偏好采用通盘决策方法，他们习惯对所有的问题整体讨论，没有明显的次序参照，一般要到谈判进入尾声的时候才会在所有的问题上做出让步和承诺，从而达成一揽子协议。

阅读：跨越西伯利亚的输油管道建设问题

20 世纪 80 年代初，一家美国公司的欧洲附属公司与前苏联签订了设备供应合同。但是，美国公司所在的美国政府及其欧洲附属公司所在的欧洲政府分别介入了这项交易。

美国政府要求美国公司的欧洲附属公司不向前苏联提供建设输油管道的设备和技术，而欧洲国家的政府则要求公司尊重并履行供应合约。这种对立的要求，使得该美方企业处于十分被动的局面。

争议最终通过外交途径才得以解决。

由此可见，在不同的国家和地区，企业内部的决策结构有着很大的不同。当商务活动涉及国家的政治利益时，政府介入的程度就可能更高。

四、价值观

国际商务谈判中，比起其他方面的文化差异，价值观方面的差异隐藏得更深，因此也更容易引起冲突。价值观差异在国际商务活动中的影响主要体现在三个方面，包括客观性、时间观、竞争和平等观的观念差异而引起的误会和矛盾。

1. 客观性

商务谈判中的客观性体现在不同个体对人和事物的区分程度上。西方人尤其是美国人具有较强的客观性，比如人们常说"美国人不徇私"、"对于美国人来说，重要的是经济和业绩，而不是人"、"美国人根据冷酷的、铁一般的事实进行决策"以及"公事公办"等，这体现了美国人的客观性。所以，美国人在国际商务谈判时总是力图清楚地把生意和个人交往分开，追求实际的经济利益。反之，在东方和拉丁美洲国家，人们就没有把人际交往和商务交往区分明确的习惯。事实上，裙带关系在这些国家的商务活动中有着十分重要的作用，经济的发展往往是在家族控制的领域内实现的。

2．时间观

不同国家和地区的人有着不同的时间观念。相对来说，北美文化的时间观念很强，比如美国人就非常重视效率，他们认为时间就是金钱，美国人具有强烈的现代竞争意识，追求速度和效益。而中东和拉丁美洲文化的时间观念则比较淡漠，他们处理事务节奏较慢，因为在他们看来，时间应当是被享用的。

因此，在国际商务谈判中，来自不同文化的谈判双方坐到一起时，就需要调整自己的时间观念，以便减少不必要的误会和矛盾，建立起友好、信任的谈判氛围，推进合作的顺利实现。

案例：巴西商人与美国商人的谈判

一家巴西公司到美国去采购成套设备，巴西谈判小组成员因为上街购物耽误了时间，当他们到达谈判地点时，比预定时间晚了 45 分钟。美方代表对此极为不满，花了大段的时间来指责巴西代表没有时间观念，不守信用，认为他们这种浪费时间的行为就是浪费资源、浪费金钱，并且声称如果对方保持这样的态度，以后的合作很难继续开展。对此，巴西代表感到理亏，只得不停地向美方代表道歉。

谈判正式开始以后，美方似乎还对巴西代表来迟一事耿耿于怀，弄得巴西代表手足无措，说话处处被动。处在这样被动的地位，巴西代表再无心与美方代表讨价还价，对美方提出的要求，也无法冷静下来认真考虑，匆匆忙忙就答应了许多条件。等到合同签订以后，巴西代表平静下来，谨慎思考后才发现自己吃了大亏，上了美方的当，但已经晚了。

点评： 以上案例表现出了美国和巴西两个国家在谈判中因时间观念产生的分歧，美国谈判代表非常注重时间，认为时间就是金钱，强调时间及效率。但巴西的代表时间观念不强，美方借机指责巴西代表缺乏谈判诚意，使得巴西谈判代表迫于被动地位，让话语权的天平在不经意间倾向了美国一方，让美国掌握了谈判的主动权。从这个案例可见，在谈判之前，了解对方的时间观念是很有必要的，以免发生不必要的麻烦。

3．竞争和平等观

商务谈判中，竞争和合作是很重要的一方面。就美国文化和日本文化而言，在竞争和平等观的比较上，日本人最善于做大蛋糕，而美国人的蛋糕大小一般。相反，美国人对利润的划分相对而言较日本人公平。日本人划分蛋糕的方式较为有利于买方。事实上，在日本，顾客被看作上帝，卖方往往会顺从买方的需要和欲望；而在美国，美国卖方往往将买方更多地视为地位相等的人，在他们看来，利润划分的公平性似乎比利润的多少更为重要。

五、人际关系

美国学者温克勒认为："谈判过程是一种社会交往的过程，与所有其他社会事务一样，当事人在谈判过程中的行为举止、为人处世，对于谈判的成败至关重要，其意义不亚于一条高妙的谈判策略。"

可见，国际商务谈判人员要认识到人际关系在谈判活动中的重要性，要保证良好的沟通以便谈判的顺利开展。但是，不同的文化背景常常会在国际商务谈判的过程中引发误会和冲突。因此，要充分了解不同国家地区的交往习惯。

举例来说，在德国，人们重视体面、注意形式，对有头衔的德国谈判者要称呼其头衔。法国人天性比较开朗，注重人情味，珍惜交往过程中的人际关系，在与法国商人谈判时，不能只谈交易，否则会被认为太枯燥无味。在澳大利亚，其谈判代表一般都有决定权，因此，与澳大利亚人谈判时，一定要让有决定权的人员参加，否则，澳大利亚商人会感到不愉快，甚至中断谈判。在日本，人们的地位意识浓厚，等级观念很重，因而与日本商人谈判，一定要事先做好功课，了解其谈判人员的级别、社会地位等。

第二节　欧美主要国家商人的谈判风格

文化不仅影响着人们的伦理道德规范，而且影响着个体的思维方式和个性行为，从而使来自不同国家和地区的谈判人员体现出具有明显差异的谈判风格。谈判风格对于谈判过程中谈判双方的交往方式、交往关系和谈判结构等都有着重要影响。

阅读：黄经理的失误

黄经理是北京一家进出口公司的谈判人员，某次，企业派他作为代表与一家英国企业进行商务谈判。这是黄经理第一次跟英国人谈判。在谈判开局时，黄经理为了营造和谐友好的谈判氛围，谈了一些自己在英国的见闻，紧接着又聊起了查尔斯和戴安娜、卡米拉等人的新闻消息，并把它当作笑料。英国商人开始还听着，后来见黄经理越谈越起劲，便非常生气地中断了这次会谈。黄经理没有明白对方生气的原因，只是以为对方对合作没有诚意，便因此不再约见对方。

此次商务谈判中，由于黄经理不了解英国人讨厌对方把皇室的事作为谈笑的资料，而误以为对方没有合作诚意，造成了谈判破裂，失去了一次获利的机会。

一、英国商人的谈判风格

(一) 英国商人的谈判特点

1. 注重礼仪，崇尚绅士风度

英国商人十分注重礼仪，讲究绅士风度，谈吐文明，举止优雅，有礼让精神。所以在谈判场内外，英国谈判人员都十分注重修养及风度，尊重对手，一般不会做出不礼貌的行为。因此，他们也十分重视谈判对手的个人修养，如果己方能够在谈判中展示出良好的礼仪风范，有助于在英国商人心中留下较好的第一印象，从而为谈判奠定良好的基础。

2. 言行持重，不轻易与对方建立个人关系

英国是一个老牌资本主义国家，加上英国人传统、内向、谨慎的性格特点，造就了英

国商人较强的民族自豪感与排外心理。因此，英国商人会把商务往来和日常生活严格区分，有一系列关于商业活动交往的行为礼仪的明确规范。个人的关系往往会以完成某项工作，达成某个谈判目标为前提，是在商务活动实现之后的。通常来讲，跟英国商人进行商务合作，最好是有熟识的中间人帮助联络，否则需要与之长期交往并取得对方信任后，才会比较容易成功。

3. 等级观念较强

英国人等级制度根深蒂固，所以大多数英国商人都比较看重秩序、纪律及责任。在英国的企业中，等级性非常强，大多数的决策都来源于上层。在对外商务活动中，英国商人非常注重对方的等级，包括年龄、教育背景、社会地位等方面。谈判双方最好有对等的地位，因为他们把这理解为给予对方的尊重。

4. 时间观念强

英国商人有着很强的时间观念，在谈判中节奏紧凑，很重视效率。他们十分守时，做事严格按照时间计划执行。此外，英国商人在日常活动中也遵守一定的时间规范，比如，英国商人愿意花费较长的时间，招待商务交往中的客人。英国人约会时，如果双方是第一次见面，一定要先写信告知对方见面的目的，再约定具体的时间。英国商人做生意很讲信用，如果跟英国商人进行谈判，时间一旦确认，一定要准时赴约，否则很容易给对方留下不好的第一印象。

5. 沉默、平静、自信、谨慎

英国人的性格有平静、自信与谨慎的特点，因此他们的谈判风格十分稳健。英国商人善于简明扼要地陈述自己的立场、观点和态度，然后沉默等待对方的反应。他们在开场陈述时十分坦率，但同时也常常会考虑对方的立场，谈判中会积极表达自己的意见，但并不会轻易采纳对方的意见。英国人注重钻研理论，也有较强的逻辑性，习惯于用逻辑推理的方式来说明自己的观点。所以，和英国人谈判一般都需要有很强的程序性。

案例：小心谨慎的英国人

英国某公司与俄罗斯某公司进行商务洽谈，双方经过了几天的谈判，准备签订协议。这时，俄罗斯出现了一些不稳定的现象，英国公司的谈判代表得知后，马上暂停了谈判。

经过谈判小组研究后，英国公司认为俄罗斯的局势可能会发生变化，贸易的宏观环境不稳定，在这里做生意不安全。所以，英国公司通知俄罗斯方面的谈判代表，谈判取消，合作也暂时取消。

俄方谈判代表一头雾水，不知英方为什么在协议快要达成时，放弃多天的谈判成果，取消合作。之后，经过了解才得知，英国商人不想承担政局不稳带来的风险，所以才做出了取消谈判的决定。

点评： 该案例可以看出英国商人小心、谨慎的特点，他们宁可放弃可能的盈利机会，也不愿意承担风险。俄罗斯商人在这次谈判中确实没有办法，从即将合作成功，到演变成谈判取消的结果，责任并不在他们，是谈判以外的情况变化和谈判对方自身的谈判特点造成的。如果在合同签订后，俄罗斯国内才出现不稳定的现象，那么，英国人也会履行协议；或者，如果英国人为了赚更多的钱，而愿意承受一定的风险，那么，合作也会成功。但由于俄罗斯国内的形势给英方公司造成了不安全的感觉，英方代表又是十分谨慎、小心的人，两方面的原因共同作用，才使得这次谈判在双方长时间的磋商后，依然无疾而终。

(二) 同英国商人谈判的要诀

1. 礼尚往来，平等交往

英国商人非常重视礼仪和时间观念，做事严格按照规章制度执行，因此，与英国人交往也要注意自己的风度和修养。在商务活动中，受到英国商人款待后，一定要写信表示感谢，来体现己方的礼貌。与英国商人进行谈判，要提前预约，约定时间确认后要准时赴约，信守承诺。在谈判代表的选择上，尽可能选派与对方阶级地位相当的人员，从而有利于加强讨价还价的能力，以及推动谈判进程的发展。

2. 尽可能地讲英语

英国商人在商务活动中一般不善于从事日常的业务访问，并且英国商人都以使用英语为自豪，即使他们会讲第二外语，他们也不愿在谈判中使用。

3. 保持耐心、信守诺言

由于英国人的性格影响，他们在进行商务谈判时相当严谨，习惯于对贸易的各项细节都进行充分了解后，才可能答应要求；并且，英国商人在谈判过程中有自己的逻辑推理方式，且喜欢给对方设置关卡；所以，从开始谈判到价格确定这段时要有耐心。不过，一旦交易达成，双方签订合同后，英国商人很少在执行过程中出现违约情况。

二、德国商人的谈判风格

(一) 德国商人的谈判特点

1. 严谨认真，准备周密

德国商人做事十分严谨、细致。在谈判开始前，他们就会做大量的资料收集工作，对所要谈判的标的物以及对方公司的基本情况，比如经营、资信情况等，都要进行具体详细的研究。德国商人从不打没有准备的仗，充分的信息准备使他们在谈判之初便占据主导地位，谈判思维极有系统性、逻辑性。

2. 注重计划性，节奏紧凑

德国商人谈判果断，极注重计划性和节奏紧凑，一开始就一本正经地进入正题。谈判中，德国人语气严肃，陈述和报价清楚明白；谈判建议具体、切实，以一种清晰、有序和有权威的方式加以表述。

3. 重视契约精神

德国商人有"契约之民"的雅称，他们严格遵守合同的每一项条款，一丝不苟地去履行，不会轻易毁约。因此，在签订合同之前，德国商人往往会认真研究合同的每一个细节，仔细推敲，确认无误后才会签订合同。他们尊重契约的同时，也要求合作的对方一样严格履约。

4．无论公事还是私事，都非常守时

德国商人很重视时间观念，在谈判时也非常重视效率。因此，在与德国商人的商业谈判和交往中，迟到是很不礼貌的行为，他们认为无论做任何事，守时是最起码应该做到的。对于迟到者，德国商人的厌恶之情会溢于言表，令对方十分尴尬。他们有很强的家庭观念，认为工作以外的时间是与家人团聚的时刻，会严格地区分工作和私人时间。

阅读：迟到的尴尬

某公司吴经理与德国公司经理进行一些商务交往之后，双方商定，首先草签一个有关双边合作的协议。正式签协议那天，由于种种原因，吴经理他们到达德国公司时已经迟到了一刻钟，当他们气喘吁吁地跑进签字厅的时候，只见德方代表早已衣着整齐、有序地排列成一行，正在恭候他们的到来，德方人员见他们进来后，一言不发，整整齐齐地排成一队，集体退出了签字厅。合作功亏一篑。

事后德方的解释是：我们决不会为自己寻找一个没有任何时间观念的生意伙伴。不遵守约会的人，永远都不值得信任。

5．缺乏妥协性和灵活性

德国商人自信而固执，在谈判中很少让步，缺乏妥协性和灵活性。比如，我方的报价较高，一旦德国商人觉得双方相距太远，就会认为不值得进一步探讨，从而可能使我方失去一次交易机会。反之，德国商人一旦报出价格，这个价格往往不会有太大的变动可能。他们不太愿意讨价还价，即便是有，价格变化的空间也会很小。

案例：不肯妥协的德国商人

德国某公司要从韩国某公司购买产品，双方就具体问题将举行谈判。韩方努力将谈判地点定在了韩国，德国公司的谈判代表提前到达韩国，准备第二天的谈判。

谈判开始，双方就产品的质量、技术、规格等问题进行磋商后，进入价格谈判阶段。韩方在谈判前已经做好了充分的讨价还价的准备，没想到这时德方的谈判代表说出他们要求的价格后一点都不让步，任韩方代表用什么样的方法，对方都只坚持自己的价格，一步也不退让。谈判陷入了僵局，双方约定明天再继续进行谈判。

第二天，在谈判桌上，德方依旧不做出妥协，德方所出的价格与韩方的底线很接近，对于韩方来说利润空间不是很大。但是，看到德方没有一点要让步的意思，韩方也不希望谈判再次出现僵局，于是，同意了德方的价格。双方准备签订合同时，德方又提出希望韩方降低价格，这让韩方的谈判人员十分诧异，而且这次对方还是采用同样的不妥协态度，韩方人员想到两天的艰苦谈判，害怕再出现僵持的状态，使双方依旧无法达成协议，所以，又做出了让步。最后，在一个十分低的价格基础上，双方签订了合同。

点评：德国商人很少在谈判中做出妥协，他们做出的报价，是在认真研究对方资料的基础上而得出的。所以，一般来说，德国商人对自己所出的价格很有自信。一方面，这是德国人工作严谨、认真的表现，但是另一方面，这也是他们在谈判中缺乏灵

活性的表现。例子中的韩国公司在谈判前没有了解到德国商人的这一特点，所以，在谈判过程中，被对方的不妥协态度弄得十分被动。德方人员不仅仅是坚持第一次的报价，更在签订合同前再次要求韩方降价，这也是德国商人在谈判时惯用的技巧。其实，这次的要求对他们来说只是试一试，并不会真的像最初的报价那样坚持。只要韩方坚决反对，就会以之前谈妥的价格来签订合同。但是，韩国商人对对方之前的坚持还记忆犹新，不希望再出现谈判的僵局，于是选择了妥协，这样就白白让出了很多自己应得的利益。

(二) 同德国商人谈判的要诀

1．做好充分准备

德国商人在谈判开始前，会进行细致认真的信息搜集工作，以应对谈判需要。因此，和德国商人谈判，也一定要提前做好准备工作，以便在谈判过程中，能够及时、详细地回答对方提出的各方面问题。如果事先准备不足，谈判中思维混乱，不能清楚地陈述观点和立场，往往会引起德国人的反感和不满。此外，德国商人常常在即将签订合同的最后时刻，尝试让对方降低价格。对此要提前做好准备，想清楚是做出一定让步还是坚定拒绝。

2．遵守时间观念

德国商人不管是对待工作还是私事，都会认真、谨慎地处理。因此，跟德国商人交往的时候，一定要尊重对方的这个习惯，无论是谈判，还是其他正式的或者非正式的社交活动，都不能随便迟到。否则，德国商人会直接表示出他们的反感和厌恶，进而破坏原有的谈判气氛。

3．尊重契约

德国商人很重视契约精神，谈判者订立合同之后，一定会严格履约。举例来说，如果某次他们没有在发票上签字，到了付款日期，德国商人也仍然会汇款过来。所以，为了顺利地与德国商人完成贸易活动，我方不仅要同意遵守严格的交货日期，可能还要同意严格的索赔条款。想要与德国商人保持长期的友好合作，一定要认真履行契约，在德国人心中树立诚实可信的形象，增强彼此的信任感。

4．尽量不在晚上进行谈判

德国商人有着严肃认真的工作态度，但是工作之余也很重视家庭生活，特别是晚上，德国人认为这是家人团聚、共享天伦之乐的时间。因此，原则上不要在晚上安排与德国商人的谈判活动，谈判人员也尽可能不要在晚上跟对方讨论工作事宜，甚至连礼节性的拜访也尽量安排在别的时段。

三、法国商人的谈判风格

(一) 法国商人的谈判特点

1．偏好横向谈判

法国商人偏好横向谈判。所谓横向谈判，就是先为谈判协议勾画出一个大致的轮廓，然后再达成原则协议，最后再确定协议中的各项具体内容。因此，法国人在谈判时，主要研究整个交易是否可行，而不会认真、仔细地审核所有具体细节。他们认为主要问题基本解决后，就会签订合同，但是在签订以后也很有可能对一些细节问题有新的想法。这时候，法国商人就会要求修改合同或者重新签约。

2. 富有人情味，重视人际关系

法国商人乐观、开朗、热情、幽默，富有浓郁的人情味和浪漫情怀，非常重视和对方的友谊，并以此影响生意。法国商人喜欢基于相互间的信任感和友谊，建立商务合作。在没有建立良好的个人友谊前，他们不愿意有大笔的生意往来。法国商人更愿意先从较小的交易谈起，在双方建立友谊、彼此信任以后，再进行大宗的商务合作。

3. 喜欢用法语谈判

法国商人认为法语是世界上最高贵、最优美的语言，他们为自己的语言而自豪。所以，在商务谈判时，法国商人会要求对方用法语进行谈判，即便是英语说得很好的法国人，也一样如此。当然，当法国商人有求于对方时，他们也会在语言选择上适当妥协。如果有跟法国人谈判的场合，最好能够说法语，或者请一名专业的法语翻译为宜。

4. 重视个人作用

通常，法国公司的组织结构都较为简单，管理层次并不复杂。法国企业比较重视员工的个人能力，会给个人较大的决策权力，很少采用集体决策。在进行商务谈判时，法国商人多由一人承担并负责决策，这样谈判效率也较高。法国商人大多专业性强、熟悉产品、知识面广，即使是专业性很强的商务谈判，他们也能一个人独当几面。

5. 时间观念不强

法国商人的时间观念不强，无论是日常交往还是商业往来，法国人都经常迟到或单方面改变时间，而且总会找一大堆冠冕堂皇的理由。在法国社交场合，有个非正式的习惯，主客身份越高，来得越迟。但是，在时间上，法国商人对自己宽松，对别人却要求严格。法国商人不喜欢对方迟到，对于迟到的人，他们会明确表现出不满。所以，与法国商人谈判，就需要学会忍耐。

(二) 同法国商人谈判的要诀

1. 谨慎签订合同

法国商人对于合同签订往往比较"潇洒"，一般确定了主要议题就急于签订合同，习惯于发现细节问题后，再要求修改合同或重新签订。因此，为了避免这些不必要的麻烦，与法国商人谈判，一定要在所有合同条款都清楚、明确，并跟对方反复确认过后，再行签约。签约时要细致认真，用书面文字加以确认。

2. 要善于和他们建立起友好关系

法国商人非常重视个人友谊，喜欢在彼此信任的基础之上建立商务合作。因此，为了和他们保持长期稳定的贸易关系，谈判人员要在日常交往中多做努力。但是，值得注意的是，如果受到法国商人招待宴请，不要在这个场合谈及交易方面的内容。在法国的社会交往中，家庭宴会常被视为最隆重的款待。但法国商人宴请的目的是为了发展人际关系，如果谈论工作方面的话题，容易招致法国商人的反感。

3．要选择恰当的时间

按照法国的惯例，全国在 8 月份都会放假。很多法国人会利用这个假期来度假放松，在这个时间段内，他们并不希望受到工作的干扰。即使在 7 月底和 9 月初，法国人工作的注意力也不会很集中。所以，尽量不要在这个时间段与法国人谈生意。

案例：百鸟园的游览规划

南非有一个很著名的百鸟园，在大型的笼子里饲养了百余种鸟类，游客们可以自由进入到每个笼子里观赏，只要在离开时锁好门即可。某一次，来自德国的四位游客和来自法国的三位游客，正好同天来到这个百鸟园游览。

德国人在参观前就做了游览规划，他们预计在每个笼子里游览 1 分钟，分别由一人负责念介绍、一人负责照相、一人负责摄像、一人负责开门锁门，这样计算下来共计耗时 100 分钟。

三位法国游客比德国人晚到一会，但因为他们只是匆匆浏览一下安放飞禽的笼子，不一会儿就超过了德国人。

由于法国人一边照相一边占着走道，妨碍了德国人参观第 10 号笼子，德国人只好停下来等法国人离去。当那些法国人急忙走向他们更感兴趣的笼子里，德国人才解脱，得以正常参观第 10 号笼子。

之后，按部就班的德国人按顺序参观了 11～15 号笼子，第 16 号笼子放的是猫头鹰，被认为是最有趣的，在那里德国人又遇到了法国人，而法国人已经在那里待了 5 分钟，德国人只好等法国人离开后才继续参观。

参观完 16 号笼子时，德国人已经比原计划晚了 5 分钟。不仅如此，在接下来的参观过程中，德国游客还是一直被法国游客打乱原本的计划，导致德国游客完成参观一共多花了半个多小时，而此时，法国人已经在看完了所有他们感兴趣的鸟儿之后离开了此地。

点评：本案例中德国人和法国人的思维方式有明显的差异，德国人的严格遵守计划和法国人的随心所欲形成了鲜明的对比。所以针对德、法等不同的谈判对手，是否制定周密的计划起着很重要的作用。

四、俄罗斯商人的谈判风格

（一）俄罗斯商人的谈判特点

1．固守传统，缺乏灵活性

受前苏联计划经济体制的影响，俄罗斯商人喜欢按计划办事，上传下达，个人的创造性和表现欲不强。在商务谈判中，这种模式也有所体现。如果谈判对方提出的条件在俄方的预期范围之内，那么合作达成较为容易。但是，如果对方的要求超出了俄方原本的心理预期，他们也很难做出让步，甚至他们明知自己的要求不符合客观标准，也不妥协让步。

2. 注重技术细节

因为引进技术有先进性、实用性的要求，所以俄罗斯商人在谈判时很重视技术方面的内容。由于技术方面的内容比较复杂，对方报价也可能偏高，为了尽可能以较低的价格购买最有用的技术，俄罗斯商人常常就技术方面提出多种问题，并要求对方出具详细的相关材料。比如，详细的车间设计图纸、设备装配图纸、原材料证明书、化学药品、维修指南、各种产品的技术说明等，都有可能在谈判中被使用到。

3. 节奏缓慢，效率低下

俄罗斯商人在谈判中节奏松弛，决策缓慢。在商务谈判中，他们没有准备讨论提纲和安排详细过程的习惯，也不太愿意配合对方的时间安排，使得谈判节奏非常缓慢。此外，俄罗斯中央集权的历史，使得企业中个人的决策权力有限，加之谈判者的谨慎，当双方谈判遇到分歧时，谈判人员往往要向领导汇报，这显然增加了谈判中决策与反馈的时间，造成了谈判效率的低下。而且俄罗斯商人谈判，往往喜欢带上各种专家，更多的谈判人员往往会提出更多的不同意见，这也延长了谈判时间，降低了谈判速度。因此，与俄罗斯商人谈判时，切勿急躁，要耐心等待。

4. 善于讨价还价

俄罗斯商人善于使用谈判技巧，在谈判过程中喜欢讨价还价，迫使对方做出让步。俄罗斯商人谈判常常会搜集许多竞争性报价，以便自己详细对比评估，并且在这个过程中放出消息，让几个对手竞相压价。选定某一个企业以后，俄罗斯商人会继续使用谈判技巧，在各个条款尽可能要求对方做出让步。

案例：在莫斯科决斗场

出售奥运会电视转播权一直是主办国的一项重大权益。1980 年奥运会在莫斯科举行，前苏联人(以下简称苏联人)当然不会放弃这一机会。在苏联人出售奥运会电视转播权之前，购买奥运会电视转播权的最高价格是 1976 年美国广播公司购买的蒙特利尔奥运会转播权，其售价是 2200 万美元。那么苏联人该怎么操作呢？

早在 1976 年蒙特利尔奥运会项目比赛期间，苏联人就邀请了美国三家电视网的上层人物，到圣劳伦斯河上停泊的苏联轮船阿列克赛·普希金号上参加了一次十分豪华的晚会。苏联人的做法是分别同三家电视网的上层人物单独接触，提出的要价是 21000 万美金！这个价可比历史上最高的奥运会转播权的售价要高出近十倍。不管别人如何想，苏联人就是这么出价的。之后，苏联人就把美国国家广播公司、全国广播公司和哥伦比亚广播公司的代表请到了莫斯科，请他们参加角逐。美国广播公司体育部主任后来说："他们要我们像装在瓶子里的三只蝎子那样互相乱咬，咬完之后，两只死了，获胜的一只也被咬得爬不起来了。"

这一招似乎很灵，在谈判进入最后阶段时，三只蝎子互相乱咬的结果，是三家电视网的报价分别为：全国广播公司 7000 万美元，哥伦比亚广播公司 7100 万美元，美国广播公司 7300 万美元。

这时候，一般人认为美国广播公司会占上风，因为他们以前搞过奥运会转播十次中的八次，经验最丰富，而且这时的报价也最高。可是，哥伦比亚广播公司突然从德国慕尼黑雇来一个职业中间人鲍克。在鲍克的帮助下，1976 年 11 月苏联谈判代表同哥伦比亚广播公司同意把价格再次提高，甚至还提出了更多的让步条件。

谈判进行到这个阶段，人们都认为哥伦比亚广播公司已稳操胜券了。可是苏联人在 12 月又宣布了另一轮报价。哥伦比亚广播公司的经理们坐立不安了，于是又返回莫斯科准备最后摊牌。

最后摊牌的日子是 12 月 15 日，苏联人向三家电视网表明：时至今日所得到的结果，只不过是每家都有权参加最后一轮报价。这使美国人极为愤怒，苏联人的这种蛮横无理的做法一时把美国人都气跑了。

可是苏联人还是有办法的，第一，它宣布转播权已名花有主，属于美国 SATRA 公司，这是一家很小的公司。苏联人的话听起来就像大美人已与一位两岁的婴儿订婚那么荒唐，苏联人要的就是这个，它使更多的追求者看到希望。第二，请中间人鲍克再次与三家电视网接触，鲍克能言善辩，长于周旋，是个架梯子的老手。经过这一番努力之后，奄奄一息的斗士们终于又爬回了竞技场……

最后，苏联人以 8700 万美元的价格把 1980 年莫斯科奥运会的转播权售给了美国国家广播公司。这个价格是上届奥运会的四倍，比苏联人原来所实际期待的还要高出 2000 万美元。

点评：该案例充分体现了俄罗斯人善于讨价还价的特点。苏联主办方采用了立场型谈判方法，又结合高价报价、制造竞争等策略，熟练运用谈判技巧，取得了非常成功的谈判结果。

5．热情好客，看重个人关系

俄罗斯商人以热情好客闻名，他们很重视个人友谊。在商务活动中，俄罗斯商人习惯于在个人关系的基础上，建立合作关系。通常情况下，他们要先与对方相识了解后，在有了信任度的前提下，才愿意进行商务交往。

(二) 同俄罗斯商人谈判的要诀

1．配备技术专家

俄罗斯商人在进行商务谈判时，喜欢就技术问题进行大量反复的磋商。为了能够周全应对，及时准确地回答相应的技术问题，谈判人员要有充分的材料准备，并且在谈判中配备技术方面的专家。

2．谨慎订立索赔条款

同俄罗斯商人谈判，要慎重签订合同细节，尤其是在索赔条款方面，要尽可能周详考虑，不能大意地承诺不能做到的要求。举例来说，俄罗斯有较为特殊的气候条件，产品在出口一方国家的气候条件下，可能不会出问题，但是，在西伯利亚的工厂，由于严寒气候导致的低温，很可能会影响到机器的正常工作。因此，为了避免这种情况给己方带来的利益风险，在签订合同时，一定不能做出产品出现问题后愿意赔偿一切损失的承诺，否则，己方可能会陷入极为被动的局面。

3. 选择适当的报价策略

俄罗斯商人喜欢讨价还价，所以对俄罗斯人报价一定要考虑适当的策略。最好是提前准备好一份给俄方的报价表，表上所有的价格都包含适当的溢价。这样做的目的是，在谈判的进程中，遇到俄方对条款提出异议的时候，己方可以有一定的让步空间，从而使自己避免过于被动。

4. 注重有关礼仪，建立良好关系

俄罗斯商人对个人关系十分重视，因此，要想与俄罗斯商人建立商务合作，一定要注重跟他们的社交往来。在交往时，要注重礼节，尊重当地的风俗习惯，如果能熟悉当地的风土人情，更易与俄罗斯商人培养友谊，建立信任，从而维持稳固的商业关系。

五、美国商人的谈判风格

(一) 美国商人的谈判特点

1. 坦率直爽

美国人干脆直爽，热情、自信，喜欢直接发表自己的意见和看法。在美国人眼中，直截了当是尊重对方的表现。他们注重实际，对"是"与"否"有明确、理性的定义。在商务谈判中，美国商人对对方的条件和要求无法接受时，他们会直接说出来，而不会考虑偏向于委婉含蓄的表达方式。在陈述观点和立场的时候，美国商人的表述通常都是简单概要，尽量提供准确数据。在美国商人的理解中，一个人说话含糊其辞，或是模棱两可，说明他缺乏自信与能力，不够真诚坦率。所以，美国商人希望自己的谈判对手干脆直接，不兜圈子，他们反感那些过于谦虚、客套、委婉的说辞。

阅读：美式的拒绝

大卫·华盛顿是一家美国公司的销售经理。最近他的两位下属提出了一些关于产品销售的建议，但是都被大卫拒绝了。其中一个建议是美国员工安东尼奥提出来的，另一个是由日本员工渡边一郎提出的。两个人对自己的建议都很有信心，认为经理很有可能会予以采纳，因此，当大卫直接地否定了他们的建议时，两人都受到了很大打击。

之后，安东尼奥找到经理，再次详细地说明了自己的想法和意见，并为此和经理产生了一番辩论。但是经理也说明了自己的看法，并再次拒绝了他的提议。安东尼奥争辩失败后，失望而归。与安东尼奥的反应不同，渡边一郎对于经理的直接拒绝难以接受，他觉得大卫这样直白的拒绝方式是对自己的不尊重。没过多久，渡边一郎便因为此事而辞职了。

2. 时间观念强

美国商业经济发展较好，生活节奏比较快。在美国商人看来，时间就是金钱，因此美国商人做事非常追求效率。美国商人有较强的时间观念，不喜欢客套，希望省去礼节、寒暄，直接进入谈判议题。他们喜欢紧凑的谈判进程，会仔细地规划谈判的时间进度，迅速决策，争取高效地完成谈判。

3．重视合同，法律观念强

美国是一个高度法制化的国家，法律观念比较强。在商务活动中，这一点也有所体现。为了最大程度地保障自己的经济利益，美国商人非常重视合同，他们习惯于依靠法律和合同来确保自己的权益。因此，在谈判过程中，美国商人会认真谨慎地研究合同的条款，尤其是合同的违约赔偿条款。一旦双方在后期合作过程中出现意外情况，就可以参照双方事先同意的责任条款进行相应处理。

4．重视经济利益

在许多美国商人看来，商业活动唯一的目的就是获取利润。他们在选择合作对象的时候，考虑的是如何让自己获得可观的收入，而不是与对方的人际关系。所以，跟美国商人交易，并不需要追求较好的个人友谊。只要双方有合作的诚意，各方面条件合适，能够达成一致交易要求，美国人就乐于合作。对他们而言，如果有良好的个人关系作为基础固然很好，但显然经济利益的取得才是最为根本的目标。在美国，只要一个人在经济上取得成功，就会受到人们的敬重。

(二) 同美国商人谈判的要诀

1．直接坦率的沟通

同美国商人谈判，"是"与"否"必须保持清楚，这是一条基本的原则。对于无法接受的要求，一定要清楚明白地告诉对方，含糊其辞容易招致美国人的不满。

2．切忌指名批评某人

同美国商人谈判，绝对不要指名批评某人。虽然说谈判技巧中有吹毛求疵的策略，但是对于美国商人来说，指责对方谈判团队中某人的缺点，或重新翻出以前与某人摩擦、误会的话题，或指出自己某个竞争对手的缺点进行打压等，都是绝对不可以的。美国商人虽然说话直率，但是出于对他人人格的尊重，不愿意直接地批评他人的缺点。

3．注意谈判的时长

一般来说，美国的公司每月、每季都需要向董事会报告经营利润情况。因此，在跟美国商人进行谈判的时候，要注意控制谈判的时长。如果谈判进展缓慢，过程太长，就会对美国商人失去吸引力。所以，在各方面条件基本满意的情况下，谈判进行了两三个回合，就要抓住机会达成协议。

六、拉美国家商人的谈判风格

(一) 拉美国家商人的谈判特点

由于历史原因，大多数拉美国家经济发展都比较缓慢，经济单一化严重，但是拉美人性格开朗、直爽，在商务谈判中，形成了自己的谈判风格。

1．注重社会地位和等级

拉美国家多有森严的等级制度，注重社会地位。跟拉美商人进行商务交往，一定要尊重当地的风俗习惯，对他们的信仰予以重视和理解，这有助于跟拉美商人建立友谊，获得他们的信任。同时，在商务谈判和日常交往中，一定要坚持平等、友好互利的原则，不要对他们流露出轻视或同情。

2．严格的制度限制

拉美国家在经济上相对比较落后，政府为了保护本地企业的发展，会有一些贸易保护主义政策。比如，在中南美国家中，各国政府对进出口和外汇管制都有不同程度的限制，而且差别较大。一些国家实行进口许可证制度，这意味着在没有取得进口许可证之前，不可以把货物擅自售卖给拉美商人并且积极发运，否则可能会面临货、款两空的局面。还有一些国家对外汇进出入国境有繁杂的规定和手续，这对于跟拉美合作的外商企业来说也很不利。所以，在跟拉美商人谈判之前，一定要认真调查，仔细研究。在签订协议时，对于合同条款一定要写得清楚、明确，以免发生事后纠纷。

3．时间观念淡漠

拉美商人性格开朗、热情直率，但是对于时间观念比较淡漠。和美国人高效的办事速度相比，拉美商人处理事务节奏非常缓慢，显得十分悠闲。他们的悠闲还体现在众多的假期上，比如秘鲁的《劳动法》规定，工作一年，可以请一个月的带薪假期。与拉美商人谈判，很可能在关键时刻会有拉美谈判代表要去休假，谈判进程就会被搁置下来。

4．不重视合同

拉美商人责任感不清，他们不太重视合同，常常会在签约之后要求修改。而且，他们的合同履约率也不高，尤其是不能如期付款，无故延迟付款。拉美商人的这种做法，有时是因为时间观念不强，不重视约定的付款期限，也有一些情况是想借此迫使外商重新谈判，做出价格让步。

5．重视情谊

拉美商人自尊心强烈，不喜欢妥协，也很看重朋友，商业交往常常带有感情成分。因此，和拉美商人交易，最好是先建立良好的个人友谊，在彼此信任度的基础上再谈合作。

(二) 同拉美国家商人谈判的要诀

1．尊重当地的风俗和礼节

拉美商人有自己的风俗习惯和民族信仰，在与拉美商人交往时，要充分理解和尊重他们的文化。另外，拉美地区有 20 多个国家，不同国家的谈判人员也有不同的谈判特点。比如阿根廷人喜欢握手，巴西人以好娱乐、重感情而闻名，智利、巴拉圭和哥伦比亚人做生意比较保守等，对此也应在事前做好了解。

2．充分了解当地的贸易制度

总体来说，拉美贸易环境不太稳定，进口手续复杂，外汇比较紧张。因此，跟拉美商人合作，一定要提前了解当地的对外贸易政策，准备好进口许可证后再行交易。此外，考虑到拉美国家时常出现的通货膨胀，在对其出口交易中，可以争取采用美元支付。

3．避免谈及政治敏感问题

由于拉丁美洲是由众多的国家和地区构成，国际间的矛盾冲突较多，政变比较频繁，因此对于政治敏感问题，在商务交往中要尽量避免提及。

第三节 亚洲主要国家商人的谈判风格

一、日本商人的谈判风格

1. 注重礼仪

日本商人非常注重礼仪。为了表示对他人的感激之情，喜欢采用馈赠礼品或者热情款待的方式来表达。为了能够更仔细地了解谈判对手，日本商人会邀请谈判对手去饭店、酒馆等。在与日本商人进行业务之前，可以主动地进行礼节性的拜访，给对方留下良好的印象。

2. 重视个人交往

与日本商人谈判，建立良好的人际关系非常重要。在日本商人看来，信任是合作的基础。因此，在与他们进行贸易合作之前，最好找一个熟悉的中间人介绍，让双方有一个彼此了解的机会。在谈判双方建立了友好关系后，实际的谈判过程就会比较融洽，协议也更易于达成。

阅读：沟通风格的冲突

美国前总统福特访问日本之前，美国电视网 CBS 公司为了获得福特总统访问日本的电视转播，派了一位年轻的谈判代表前往日本，准备与日本的 NHK 公司商谈。这位年轻的代表第一次与日方谈判，因为缺乏对日本人谈判风格的了解，他以美国人的谈判风格，直截了当地向 NHK 的主管提出电视转播要求。谈判中，这位年轻代表要求日本方面到时提供超出实际需要近两倍的人员和通信设备。他的态度使日本人感到盛气凌人，引发了日方的不满。

日本 NHK 公司的谈判代表是一位主管，老成持重且很有资历，他礼貌地回绝了那位年轻代表的要求。总统访问的日期越来越近，然而谈判始终没有进展。CBS 公司非常焦急，迫于无奈只好撤换代表，改派了公司高层领导到东京重新与 NHK 公司进行谈判。在这次谈判中，美方代表首先向日方道歉，请求 NHK 公司在这次福特总统访日期间向 CBS 公司提供电视转播权。日方见美方态度转善，言辞恳切，也同意进一步讨论。经过磋商，日方最终满足了美方的要求。

3. 严格的等级观念

日本是一个等级森严的社会，他们很重视尊卑秩序。在日本，一个人的年龄、学历背景、职位等级、所属的单位等，都是影响其身份地位的因素。一般能够担任公司代表的人，都已经在公司工作了很长的时间。日本人很讲究资历，在谈判中通常不愿和年轻的对手进行商谈，因为他们认为年轻的代表不会有真正的决策权。日本商人在进行商务谈判的时候，往往希望对方派出的谈判人员与自己是同一级别的。利用日本人尊老敬老的心理，在选择谈判人员时，可以派出官衔和地位都比对方高一级别的代表，这样在人际相处和谈判沟通时都有利于谈判的进行。

4. 强调集体参与，决策时间长

日本社会是一个集体意识很强的社会。日本有很多的家族式企业，他们将个人、家庭和企业紧密地联结，使个人产生一种强烈的依赖感和归属感，保证了对集体的忠诚。这种方式使企业的组织内部能够具有高度的统一性及协调性。由于日本人的这种团结精神，日本的企业较少采取个人决策的方式，通常都采用自下而上的集体决策。在集体决策的模式之下，所有相关人员都有发言权，而最终的决策会集中各方面的意见。这种模式的优点是有关人员都已了解并认可方案，易于执行决定。但是，他它的缺点也很明显，就是在于决策时间过长，容易使得谈判对方失去耐心而招致不满。

阅读：不否定的日本人

1970 年，美国与日本的经济贸易出现了比较大的逆差，美国总统尼克松多次要求当时的日本首相佐藤主动限制向美国出口纺织品。佐藤在去美国访问之前，日本一些著名人士一再劝告他："不要向美国屈服。"

在这场"日美纺织品战"中，尼克松为了迫使佐藤限制纺织品出口，步步紧逼。最后，佐藤回答说："我一定妥善解决。"

"胜利了！"尼克松赶紧向新闻记者宣布，新闻界也为之振奋。可是没过多久，美国报纸却又抱怨佐藤背信弃义，因为实际情况并没有什么改变。

其实，日本根本就没打算主动限制对美国的纺织品出口。佐藤最后说的那句话，应该说既是表示了否定态度，也是出于给美国总统"留下面子"。日本人的这种思考方式可以从日本著名社会学家铃木明说过的话中得到证明："日语中的双关词，是日本民族要求和睦相处的产物。要是我们说每一句话都开门见山，那势必会相互间整天争论不休。"

5. 交谈风格委婉

受到民族文化的影响，日本商人的性格比较含蓄、委婉，在谈判过程中，他们的表达也比较圆滑，通常不会直接表明自己的反对意见，会用模棱两可的态度应对对方，不到最后一刻不露出自己的底线。此外，日本商人说话虽然委婉、间接，但这不意味着他们很好说话，实际上日本商人坚毅固执，从来不会轻易让步。在和日本商人谈判时，一定要知晓他们间接、含蓄的表达习惯，尽可能理解对方语言表达上隐含的其他涵义。

6. 有耐心，静观事态发展

在许多场合下，日本的谈判人员在谈判时会显得态度暧昧，即使认可对方的提议也不会直接表达出来，常给人模棱两可的印象。他们一般不会率先提出自己的条件，而是选择耐心等待，静观事态的发展。日本商人非常精明，他们会尽可能地了解对方的真实意图，特别是在对方签约的最后期限。若对方有求于自己，他们常常会极力压低价格，要求对方做出让步。或者，日方可能一声不吭，耐心等待对方丧失信心后，在对方最后期限即将到来时，再提出自己的要求，让对方应对不及。对于日本人的这种谈判风格，最好提前准备好方案，随机应变。

阅读：日本商人与美国商人的谈判

　　某日本航空公司的谈判人员代表该企业，到美国和一家美国公司进行谈判。会谈从早上8点开始，持续了三个小时。美国代表提前准备了充分的资料，在谈判中滔滔不绝的向日方进行展示和说明。他们用图表解说、电脑计算、屏幕显示、各式的数据资料来回答日方提出的报价。而在整个过程中，日方代表只是静静地坐在一旁，并没有表达己方的意见和立场。终于，美方的负责人关掉了机器，重新打开了灯光，充满信心地向日方代表询问："贵方意下如何？"一位日方代表斯文有礼，面带微笑地说："我们看不懂。"

　　美方代表的脸色忽地变得惨白："你说看不懂是什么意思？什么地方不懂？

　　另一位日方代表也面带微笑，彬彬有礼地说："都不懂。"第三位日方代表以同样的方式做出了回答。将会议室的灯关了之后，美方代表松开了领带，斜倚在墙边，喘着气问："你们希望我方怎样说明？"日方代表答道："请你再重复介绍下。"美方代表终于彻底丧失信心。把秩序混乱而又耗时三小时的介绍重新来过，对谁来说都是一件极为痛苦的事情。美方谈判代表终于不惜代价，只求达成协议。

二、韩国商人的谈判风格

1. 谈判准备充分

　　韩国商人非常重视商务谈判的准备工作。在谈判开始前，他们就会搜集大量的信息，对对方的情况进行咨询了解，如经营项目、企业规模、资金实力、经营作风以及有关商品的市场行情等。了解和掌握有关信息是韩国商人开始准备谈判的必备前提。一旦韩国商人愿意与对方进入谈判进程，就可以肯定他们早已对谈判对手的情况有了充分的了解。

2. 注重谈判礼仪和气氛

　　韩国商人比较关注谈判的礼仪，重视等级，尤其是非常重视尊重长者。在进入谈判地点时，他们会让地位最高的人或是主谈人走在前面，以示尊重。他们还会认真地挑选谈判的地点，在参与谈判时也非常守时。此外，韩国商人也喜欢创造良好的谈判气氛。在见面之初，他们就会用热情周到的态度与对方寒暄；正式谈判时他们说话直爽，但如果要拒绝对方的条件时，则会比较委婉含蓄。韩国商人认为，营造一个友好、和谐的谈判氛围，可以给对方留下诚恳、真挚的印象，从而促进合作的顺利达成。

阅读：韩国的"尊老"文化

　　2002年韩日世界杯上韩国队打入四强，一鸣惊人。韩国队的球员一下成为了民族英雄，韩国队的荷兰籍教练希丁克也成为韩国人心目中崇拜的对象。希丁克不仅仅是世界一流的足球教练，他还是一位一流的跨文化领导者。

　　希丁克到韩国队执教后，跟球员接触了一段时间并发现了一个问题，在关键射门前的传球中，即使是年轻的球员站在比较好的射门位置，传球的球员也会把球传给年长的球员去射门。希丁克认为，韩国的这种"尊老"传统，正是阻碍该球队长期以来在世界竞争中脱颖而出的重要原因。于是希丁克对球员提出了这样的安排：首先，把团队中 5 名 27 岁以上的球员找来，让他们"授权"给年轻队友，一致同意在射门前，年轻的队友"有权"把球传给其他处于比较有利射门的年轻队员；其次，让年轻的队员直呼老队员的名字，从而强化队员之间的"平等"意识。

3. 逻辑性强

韩国商人逻辑性较强，做事有条理，在谈判开始后，通常比较干脆，会直奔主题。在进行实质性谈判时，会考虑横向谈判和纵向谈判两种方式。韩国人善于讨价还价，即使做出让步，也往往是以退为进。在做重大决策时，他们比较重视团体的作用，常常采用集体决策的方式。签订合同时，韩国商人习惯于对条款保留较大的灵活性，以便在后期实际合作时不处于被动的地位。此外，对于合同的使用文字，韩国人喜欢同时使用三种具有同等法律效力的文字，包括对方国家的语言、本国语言和英语。

4. 谈判策略灵活

韩国商人善于使用策略和技巧，为自己在谈判中获得更多利益。"声东击西"就是他们常用的策略之一。在谈判中为达到某一方面的目的，韩国商人会故作声势地将洽谈的议题引导到某些并非重要的问题上去，以图迷惑对方。比如，在某次谈判中，韩国商人最关注交货时间的问题，而对方把注意力放在价格上，韩国商人就会提出付款问题，转移对方的注意力，以使对方造成错觉，并做出适当的让步，从而迫使对方在交货时间上做出退让。此外，韩国商人针对不同的谈判对象，还常常采取"限期策略"、"疲劳战术"、"先苦后甜"等策略。

三、阿拉伯商人的谈判风格

1. 谈判时仍不忘会客

阿拉伯商人比较好客，无论是谁来访都会热情接待。但是阿拉伯商人缺乏时间观念，甚至是在谈判时，也可能会因为突然来访的客人而中断与我方的谈判。因此，与阿拉伯商人谈判，要适应这种习惯，并见机行事，这有助于获得阿拉伯商人的信赖，从而推动谈判的进程。

2. 通过代理商谈判

作为外商，不管是与阿拉伯的私营企业，还是政府部门谈判，一般都需要通过代理商进行合作。阿方政府的这一政策给阿拉伯国家的人民提供了有利的职业和可观的收入，有助于维护阿拉伯国家的利益。对于外商来说，代理商同样有着帮助作用。在涉及大宗交易时，代理商会作为中间人帮忙寻找关系，从而使己方项目得到许可。此外，在安排人员、生产材料、货物运输、仓储、膳食供应，甚至是催收货款等方面，也都可以寻求代理商的协助。

3. 中下级谈判人员在谈判中起着重要作用

阿拉伯商人有非常强烈的等级观念，企业不同层次的人员有明确的工作划分。高层的管理者通常以战略家自居，他们只考虑宏观问题，而不涉及日常的工作细节。还有一些富有的阿拉伯商人是靠金钱和家庭关系获得决策者的地位的，他们本身并不具备良好的业务素养，因此更多地把工作交给自己的助手和下级工作人员来处理。所以，与阿拉伯商人谈判时，既要与思考宏观问题的决策者打交道，同时也要面对专家以及技术员。这些专家和技术人员常常在谈判时要求对方提供一些严谨、具体的资料，以便仔细地研究论证，外商对此要予以高度重视。

4. 重视友情

阿拉伯商人很重视个人交往，他们常常会在良好的个人关系的基础上，建立商务合作关系。因此，要与阿拉伯商人谈判，最好先跟对方有一些社交往来，赢得阿拉伯商人的信任，与他们建立友谊，从而为谈判创造和谐气氛。在商业往来上，阿拉伯商人不喜欢通过电话来沟通，外商要适应当地的习惯，主动上门拜访，多次接触后必然有助于相互了解和友谊的建立。

5. 喜欢讨价还价

无论生意大小，阿拉伯商人都热衷于讨价还价。对于他们来说，标价只是卖主的"报价"，真正的成交价格需要买卖双方进一步磋商。在阿拉伯谈生意，如果对方报价后，毫不还价就买下走人是对阿拉伯商人不尊重的表现。因此，与阿拉伯商人谈判，要有讨价还价的意识；对于交易的条件，都要有一个讨与还的过程。

四、东盟地区商人的谈判风格

(一) 越南商人

越南商人做生意，喜欢先建立良好的个人关系，他们认为这有助于商务活动的开展。在谈判中，他们重视融洽的谈判氛围，希望借此促进谈判双方的友好沟通。就谈判实力而言，越南商人擅长运用"货比三家"的技巧，很会讨价还价，因此，外商在报价时，要有适当的溢价，才可以在让步时保持一定的灵活性。另外，在越南谈判，可以使用英语或者法语，但是最好使用越南语。

(二) 新加坡商人

新加坡商人时间观念很强，非常守时，他们重视效率，在谈判时不愿意被打扰，一般来说谈判节奏比较快。在新加坡商人中，有很多都是华侨，他们乡土观念很强，勤劳、能干，并且很乐于与中国商人进行商务合作。与新加坡商人谈判，基本上可以使用英语和中文。在谈判开始时，寒暄的内容可以考虑夸奖新加坡的风景、文明和管理水平等，有助于双方建立融洽的气氛。

(三) 马来西亚商人

马来西亚商人很重视人际关系，可以在谈判开始前，先建立良好的个人友谊。在与马来西亚商人谈判时，要保持自己的礼貌和修养，注意维持和谐的氛围，这有助于谈判的顺利开展。马来西亚商人热衷于讨价还价，因此在报价时要给己方留有余地，从而在谈判的最后环节可以做出适当让步。此外，马来西亚包含了多个民族，主要有马来人、华人和印度人，有多种文化互相融合。与马族商人谈判可以用英语，但最好能用马来西亚语，同时要尊重马来人所信仰的伊斯兰教。

(四) 印度尼西亚商人

印度尼西亚(简称印尼)人等级制度明显，也很重视关系，喜欢有人到家里来拜访。所以，外商可以主动地登门拜访，这有助于获取印尼商人的信赖，促进商务合作顺利实现的可能。印尼的穆斯林人口最多，在沟通过程中一定要注意尊重他们的宗教信仰，避免提及敏感话题。印尼人讲究礼貌，不喜欢在背后批评他人，所以外商切忌在印尼商人面前贬低竞争者，因为这很可能会招来他们的反感。虽然印尼商人重视个人关系，但在签订合同时，仍要仔细认真地检查合同的条款，避免双方日后发生争议。

(五) 泰国商人

与泰国商人谈判时，要注重礼仪，沟通时音量适度，致力于营造友好的氛围，对长者和社会地位较高的人要尤为尊重。泰国人认为左手是不干净的，因此，在交换名片的时尽量只用右手。坐下后不要露出自己的鞋底，也不要用食指指点他人。谈判时，可以用英语，但最好能用泰语。如果能和泰国商人有良好的个人往来，会有助于谈判的进展。在价格决策上，泰国商人往往会需要一定时间，外商对此要保有耐心。

本章介绍了各国的一些谈判风格，但是并未全部概括，表9-2总结了一些典型国家的谈判风格，以供对比。

表9-2　典型国家谈判风格一览

国家	谈判关系	时间观念	决策程序	表达方式	合同意识
美国	不太重视	重视效率	谈判者具有决策力	直接	强烈
英国	不易建立	守时	严格执行程序	保守	强烈
法国	重视个人关系	对人严格，对己宽松	个人决策	固执	关注信誉、履约
俄罗斯	重视个人关系	日程严格安排	官僚作风	热情但不让步	强烈
日本	重视个人关系，也重视建立公司关系	守时，但是效率低	等级制度分明	模棱两可	强烈且坚持己方标准
韩国	重视个人关系，也重视建立公司关系	守时，但是效率低	等级制度分明	圆滑	强烈且坚持己方标准
澳大利亚	个人与企业交往严格区分	重视	谈判者具有决策力	不愿讨价还价	强烈

思考题与案例分析

一、思考题

1. 影响谈判风格的文化因素有哪些？
2. 英国商人具有哪些谈判风格？
3. 德国商人具有哪些谈判风格？
4. 法国商人具有哪些谈判风格？
5. 俄罗斯商人具有哪些谈判风格？
6. 美国商人具有哪些谈判风格？
7. 日本商人具有哪些谈判风格？
8. 韩国商人具有哪些谈判风格？

二、案例分析

案例一　日本商人的谈判风格

在与外商进行初次商务交往时，日本商人习惯于先进行个人面谈，而不喜欢通过书信交往。对于找上门来的外商，他们则更愿意选择那些经熟人介绍来的对象。所以，在初访日商时，最好事先找到朋友，本国使馆人员或其他熟悉的人作为中间人予以介绍。日本商人善于把生意关系人性化，他们会派不同层次的人与谈判对方不同层次的人交际，从而探明情况，研究对策，施加影响，争取支持。

问题：

(1) 上述案例突出说明了哪种文化因素会影响国际商务谈判的风格？

(2) 日本商人的谈判风格是什么？

案例二　谈判的距离

美国的一家石油公司经理几乎在无意间断送了一笔重要的买卖。事情的经过是这样的：美方经理会见石油输出国组织的一位阿拉伯代表，与他商谈协议书上的一些细节问题。

谈话时，阿方代表逐渐地向美方代表靠拢，直到离美方代表只有 15 厘米的距离才停下来。美方代表对如此近的身体间距很不习惯，他逐步后退。然而，阿方代表略微皱了皱眉，随即又开始向美方代表靠拢，美方代表再次后退。

突然，美方代表发现自己的助手拼命向他摇头示意，他恍然大悟，不再后退。终于，在美方代表感到十分别扭和尴尬的身体距离中双方成交了。

问题：

(1) 阿方代表为何对美方代表后退的举动皱起了眉头？美方代表的助手在向自己的领导示意什么？

(2) 该项谈判成功的关键是什么？

案例三　不同国家商人的谈判风格

法国人巴斯蒂昂是在城市交通管制工程方面颇有名气的专家，一家沙特阿拉伯工程公司邀他到沙特阿拉伯工作。该公司负责营建部分政府工程。巴斯蒂昂从来没在中东工作过，当他第一次到达工程公司总经理的办公室时，被请到了地板上的一个坐垫上等候。巴斯蒂昂在座垫上耐心地等待。

当时，总经理忙着招呼其他来访的人，当然他也清楚地看到了巴斯蒂昂。这一批客人共有八位，巴斯蒂昂是最后一位，半个小时以后，巴斯蒂昂忍不住问秘书什么时候才能轮到他，秘书也不知道具体的时间。这期间，有许多人进进出出，打断总经理接见的工作，巴斯蒂昂开始感到不耐烦。但是总经理看起来似乎一点也不介意被他人打扰。

又是一个小时以后，秘书终于领着巴斯蒂昂坐上总经理对面的那张椅子。巴斯蒂昂与总经理使用英文交谈，一阵子客套后，总经理把巴斯蒂昂介绍给公司里的一个工程师小组，其中包括了公司的副总经理(一位美国麻省理工学院的毕业生)。

引见之后，巴斯蒂昂就开始做报告，用的是英文，主题当然是道路规划问题。不久，巴斯蒂昂发觉许多听众都表情茫然，这时他才想到，许多专有技术名词和概念必须经过翻译才能使听众听懂。这一组人当中，似乎只有总经理的表弟听懂了简报。

问题：

(1) 为什么法国人巴斯蒂昂会有不耐烦的感觉？如果是你，你将如何应对这种情况？

(2) 分析沙特阿拉伯的工程师小组人员表情茫然的原因，并提出解决办法。

(3) 如果巴斯蒂昂不是在沙特阿拉伯，而是在别的国家，应如何制定自己的策略？

第五篇　商务谈判模拟

用理论来推动实践，用实践来修正或补充理论。

——廖沫沙

第十章　商务谈判典型项目模拟

本章要点：通过案例让学员们了解并掌握几种典型的商务谈判项目基本内容，以便于大家结合理论知识进行系统学习，感悟体会，总结提高，累积经验。这些项目还可以作为模拟商务谈判考试的素材。

一、学习形式

谈判小组(团队)，3～5 人为一组。

全班进行编组并形成谈判对垒小组：如：A_1(方)、A_2(方)、A_3(方)……；B_1(方)、B_2(方)、B_3(方)……。然后通过 A_i—B_i 或甲—乙进行模拟谈判。

二、学习方法

各小组用 3 周的时间准备各方面的材料，讨论和研究谈判方案，模拟谈判等工作。同时请各小组注意资料的保密工作。

三、考核形式

计划书+模拟谈判，可采用各占 50%的比例进行计分。

四、程序安排

模拟谈判程序安排参见表 10-1 所示(根据需要可做适当调整)。

表 10-1　模拟谈判程序安排

内容	时间	备　注
背对背演讲	每队 3 分钟	一方首先上场，利用演讲的方式，向观众和评委充分展示己方对谈判的前期调查结论、辩题理解、切入点、策略，提出谈判所希望达到的目标，同时充分展示己方的风采；一方演讲完之后退场回避(选手回避安排在赛场隔壁教室)，另一方上场演讲
正式谈判	25～30 分钟	双方可随意发言，但应注意礼节；有条件的队可在临时会议室安排开局阶段
总结收尾	每队 3～5 分钟	① 对谈判条件进行最后交锋，尽量达成交易 ② 在最后阶段尽量争取对己方有利的交易条件 ③ 谈判结果应该着眼于保持良好的长期关系 ④ 进行符合商业礼节的道别，双方表示感谢 ⑤ 签署备忘录或协议(条件允许的话)
教师最后总结	10 分钟	针对学生谈判过程中集中的问题进行讲解并进行最后的课程归纳与总结

五、会场设计

谈判教室可以考虑按照如图 10-1 所示的方案进行设计(有谈判会议室的略)。

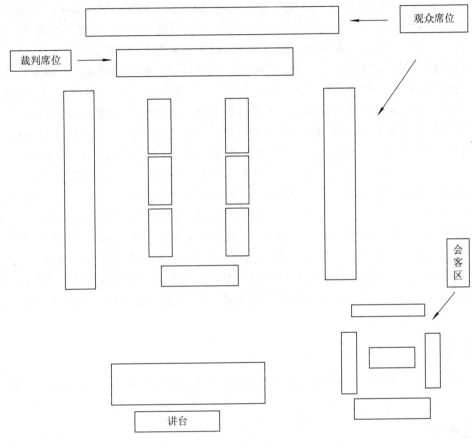

图 10-1　谈判教室设计方案图

模拟一　货物买卖谈判

货物买卖谈判，也称为商品谈判，主要涉及现货贸易谈判和期货贸易谈判这两种形式。它是商务谈判的基本类型。商品谈判的内容一般包括商品的具体名称、数量、质量、价格、日期、验收、责任等条款。

案例：购买手机的谈判

谈判 A 方：悦美电器有限公司
谈判 B 方：三洋房地产开发集团

一、背景介绍

悦美电器有限公司成立于 1987 年，是一家以经营各类家用电器为主的全国性家电零售连锁企业，本着"创新务实、精益求精"的企业理念，依靠准确的市场定位和薄利多销的经营策略,得以蓬勃发展。目前,公司电器已成为中国驰名商标,并已经发展成为中国最大的家电零售连锁企业,在北京、天津、上海、成都、重庆、西安、郑州、沈阳、青岛、济南、广州、深证、武汉、杭州、昆明、福州、宁波、大连等地区拥有直营店 130 余家,10000 多名员工,是国内外众多知名家电厂家的经销商。在长期经营实践中,公司形成了独特的商品、价格、服务、环境四大核心竞争力,全面引进了彩电、冰箱、洗衣机、空调、手机、IT、数码等产品,使所经销的商品几乎囊括所有消费类电子产品。

三洋房地产开发集团公司于 1981 年成立,是我国成立较早的房地产开发企业。1987年 11 月更名为三洋房地产开发集团公司(以下简称三洋集团公司)。1999 年 1 月,按照党中央国务院关于党政机关与所办经济实体和管理的直属企业脱钩的精神,三洋集团公司与原上级主管部门建设部脱钩,成为中央管理的以房地产为主的国有骨干企业。三洋集团公司始终坚持以住宅建设为主的方针,一直致力于改善我国城镇居民的住房条件。其中“七五”、“八五”期间,三洋集团公司及其所属企业每年开发房屋面积 1200～2100 万平方米左右,约占当时全国商品房开发面积的五分之一,并承担了全国住宅试点小区一半左右的任务。在国内住房建设领域铸就了知名的中房品牌,在许多城市形成了“要买房,找三洋”的口碑。目前,三洋集团公司完成了重组与转型,将以崭新的面貌投入到我国房地产业的发展之中,并主动履行社会责任,承担国家保障性住房和安居工程建设任务,为提高广大城镇居民特别是中低收入居民的居住质量而努力,力争成为国家保障性住房建设开发的中央平台,起到骨干、示范、带头作用,为促进我国房地产业的持续、稳定、健康发展做出应有的贡献。

二、谈判主题

B 方向 A 方采购 1000 部手机分配给员工用于业务交流,手机型号:华为 Ascend P6 16G电信版。

三、谈判内容

(1) 价格。
(2) 商品及交货时限。
(3) 支付方式。

四、谈判目的

解决双方合作的目的。

模拟二　投资谈判

投资谈判是以获取(或借出)资金为目的,围绕资金展开谈判内容的谈判类型。如联合投资、联合开发、引进外资、借贷款谈判等。投资谈判比较复杂,包括内容较多,因此谈判时要对有关法律法规熟悉、了解。

案例：保健品项目合资合作谈判①

谈判 A 方：绿源科技有限公司

谈判 B 方：信达建材有限公司

A 方谈判工作要求

一、A 方背景资料

(1) 绿源：茶产自美丽而神秘的某省，它位于中国的西南部，海拔超过 2200 米。在那里优越的气候条件下生长出优质且纯正的绿茶，它的茶多酚含量超过 35%，高于其他(已被发现的)茶类产品。茶多酚具有降脂、降压、减少心脏病和癌症的发病概率。同时，它能提高人体免疫力，并对消化、防御系统有益。

(2) 已注册生产绿源品牌绿茶，品牌和创意都十分不错，品牌效应在省内正初步形成。

(3) 已经拥有一套完备的策划、宣传战略。

(4) 已经初步形成了一系列较为顺畅的销售渠道，在全省某一知名连锁药房及其他大型超市、茶叶连锁店都有设点，销售状况良好。

(5) 品牌的知名度还不够，但相信此品牌在未来几年内将会有非常广阔的市场前景。

(6) 缺乏足够的资金，需要吸引资金，用于：① 扩大生产规模。② 扩大宣传力度。

(7) 现有的品牌、生产资料、宣传策划、营销渠道等一系列有形资产和无形资产，估算价值 6000 万元人民币。

(除以上内容外，谈判代表还应自行查找一些相应的茶产品、茶叶市场等一系列资料，以供谈判使用。)

二、A 方谈判内容

(1) 要求 B 方出资额度不低于 1500 万元人民币；

(2) 保证控股；

(3) 对资产评估的 6000 万元人民币进行合理的解释(包含品牌、现有的茶叶及制成品、生产资料、宣传策划、营销渠道等)；

(4) 由己方负责进行生产，宣传以及销售；

(5) 风险分担问题(提示：例如可以购买保险，保险费用可计入成本)；

(6) 利润分配问题。

三、A 方谈判目的

(1) 解决双方合资(合作)前的疑难问题。

(2) 达到合资(合作)目的。

B 方谈判工作要求

一、B 方背景资料

(1) 经营建材生意多年，积累了一定的资金。

(2) 准备用闲置资金进行投资。由于近几年来保健品的市场行情不错，故投资的初步意向为保健品茶的市场。

(3) 投资预算在 3000 万人民币以内。

---

① 资料来源：www.docin.com(修改整理)。

(4) 希望在一年内能够见到回报，并且年收益率在 20% 以上。

(5) 对保健品市场的行情不甚了解，对绿茶的情况也知之甚少，但 A 方对其产品提供了相应资料。

(6) 据调查得知 A 方的绿茶产品已经初步形成了一系列较为畅通的销售渠道，在全省某一知名连锁药房销售状况良好，但知名度还有待提高。

（除以上内容外，谈判代表还应自行查找一些相应的茶产品、茶叶市场等一系列资料，以供谈判使用。）

二、B 方谈判内容

(1) 得知 A 方要求出资额度不低于 1500 万元人民币；

(2) 要求由 A 方负责进行生产，宣传以及销售；

(3) 要求 A 方对资产评估的 6000 万元人民币进行合理的解释；

(4) 如何保证资金的安全，对资金的投入是否会得到回报的保障措施进行相应的解释；

(5) B 方要求年收益达到 20% 以上，并且希望 A 方能够用具体情况保证其能够实现；

(6) B 方要求 A 方对获得资金后的使用情况进行解释；

(7) 风险分担问题(例如可以购买保险，保险费用可计入成本)；

(8) 利润分配问题。

三、B 方谈判目的

(1) 解决双方合资(合作)前的疑难问题。

(2) 达到合资(合作)目的。

模拟三　技术谈判

技术谈判包括技术引进、技术转让、技术咨询服务等多方面内容。技术谈判中对转让形式及价格条件、支付方式、商业秘密、使用期限等都要进行磋商。

案例：技术引进带来的纠纷[①]

谈判 A 方：中国石家庄一电视机生产厂商

谈判 B 方：美国一提供专业电视设备及技术服务公司

一、谈判背景

美国一提供专业电视设备及技术服务公司向中国石家庄一电视机生产厂商出售了一条彩色电视机玻壳生产线，但是因各方面原因，生产设备的调式结果一直不是很理想。一晃时间到了法定圣诞节，B 方的专家都要回家过节，A 方生产线不得不停顿下来，因此而给 A 方造成一定损失。三周后，当美国提供专业电视设备及技术服务公司的技术专家再到中国时，却发现 A 方私自调试机器。虽在一定程度上解决了 B 方先前某些比较棘手的问题，但是对某成型机的调试影响了生产线的整体性，B 方需花费较大的精力才能对生产线做继续维护。因此，以此为基础，与 A 方进行谈判。

---

① 资料来源：www.docin.com(修改整理)。

二、谈判目的

(1) B 方希望尽可能小的承担 A 方私自调试后造成的责任。

(2) A 方认为是 B 方的缺席导致 A 方自行调试，B 方应负全部责任，并尽快处理问题。

(3) 双方希望尽量达成长期合作意向，尤其 B 方希望进一步扩大公司在中国的影响力，拓展业务。

模拟四　服务贸易谈判

服务贸易谈判是目前商务活动中发展最快的一种。服务贸易包括运输、咨询、项目管理、旅游等方面。它涉及的常常不是货物，也不是有形的企业、工程，而是以提供某一方面的服务为特征的。随着第三产业的发展和国际交流的频繁，服务贸易发展越来越多样化，在谈判中所占的比重也越来越大。

案例：服务项目合作谈判[①]

谈判 A 方：广东龙的集团有限公司

谈判 B 方：广百电器有限公司

一、A 方背景资料

广东龙的集团有限公司创立于 1999 年，位于珠江三角洲腹地——广东省中山市，是以精品家电为核心，业务跨电子科技、照明、贸易、进出口、医疗器材等行业的大型企业集团公司。龙的集团下属有 16 家子公司，员工近 4000 人，资产近 8 个亿，年销售额达 20 多个亿。在经营发展中，龙的集团始终以市场为导向，以质量求生存，以求实创新为信条，视产品为企业生命，严把质量关，严把销售关，严把售后服务关。迄今，龙的集团建设了遍布全国的 3000 多家销售终端网点，100 多家售后服务网点，产品赢得了广泛的社会认可。同时，龙的产品畅销海内外，尤其在北美、欧洲、日本、中东、中国台湾等国家和地区久享盛誉。

面向未来，龙的集团将秉承以人为本的一贯作风，在"国产精品小家电第一品牌"的目标统领下，精益求精制造领先的精品家电产品，为消费者创造精致生活境界，实现"轻松生活，轻松享受"的理想本质。同时，在实现国内近景的前提下，通过产业多元化、发展规模化、运作专业化的经营，进一步完善管理模式，建设先进企业文化，形成自我核心竞争力，在不同的领域保持稳健、高速的增长，把龙的集团创建成为世界级的中国企业。

二、B 方背景资料

广百电器有限公司是广百股份有限公司的子公司，以电器专业连锁发展模式，通过家电零售终端的集中采购、统一配送，建立一个集品牌代理、连锁零售、安装维修服务于一体的大型电器零售企业。它是广州市最有实力的电器公司之一，具有 16 年大型电器商场的综合营销经验，电器经营品种达 1 万多种，拥有 300 多个国内外知名品牌的客户资源，是中外电器客商在广州地区必争的合作伙伴，在消费者当中有着良好的口碑，在市内乃至国内都享有良好的信誉和知名度。

---

① 资料来源：DOC.88.COM(修改整理)。

广百电器有限公司遵循中高档、时尚化和紧贴时代进步潮流的定位，以家庭为消费对象，实施"一站式"配套经营，实现市场的差异化经营，打造"最有价值的销售平台"。

三、谈判说明

为了进入广百百货，广东龙的集团有限公司已经与广百电器有限公司进行了几次磋商，并且就龙的集团有限公司产品摆放的区域、送货方式(货直接由龙的集团有限公司送往广百电器有限公司的各个卖场仓库)达成了初步协议。这次广东龙的集团有限公司与广百电器有限公司将谈到最核心的入场费、场地租金和支付方式等重要问题，其他更细的问题并不在此次谈判的范畴之内。

四、谈判内容

(1) 入场费(参考价：30～60 万元)。

(2) 场地租金(参考价：每月每平方米 350～550 元)。

(3) 支付方式(参考值：30～60 天回款一次)。

五、谈判目的

双方取得合作，达到双赢。

参 考 文 献

[1] 王绍军，刘增田. 商务谈判. 北京：北京大学出版社，2009.

[2] 王景山. 商务谈判. 西安：西北工业大学出版社，2009.

[3] 王桂林. 国际商务谈判. 西安：西安交通大学出版社，2013.

[4] 王倩，刘崇林. 商务谈判. 北京：北京大学出版社，2013.

[5] 王军旗. 商务谈判：理论、技巧与案例. 北京：中国人民大学出版社，2014.

[6] 王威. 国际商务谈判. 厦门：厦门大学出版社，2014.

[7] 殷庆林. 商务谈判. 沈阳：东北财经大学出版社，2009.

[8] 殷庆林. 商务谈判. 大连：东北财经大学出版社，2013.

[9] 赵立民. 外贸谈判策略与技巧. 北京：中国海关出版社，2009.

[10] 赵亚南. 商务谈判. 北京：科学出版社，2012.

[11] 李品媛. 现代商务谈判. 沈阳：东北财经大学出版社，2008.

[12] 李旭穗. 商务谈判. 北京：清华大学出版社，2009.

[13] 李爽，于湛波. 商务谈判. 北京：清华大学出版社，2011.

[14] 毛晶莹. 商务谈判. 北京：北京大学出版社，2010.

[15] 聂元昆. 商务谈判学. 北京：高等教育出版社，2009.

[16] 万丽娟. 商务谈判. 重庆：重庆大学出版社，2010.

[17] 卢海涛. 商务谈判. 武汉：武汉理工大学出版社，2010.

[18] 龚荒. 商务谈判：理论、策略、实训. 北京：北京大学出版社，2010.

[19] 龚荒，吉峰主编. 商务谈判：实务、策略与案例. 北京：机械工业出版社，2013.

[20] 侯清恒. 疯狂谈判. 北京：中华工商联合出版社，2008.

[21] 杜海玲，金依明. 商务谈判. 大连：大连理工大学出版社，2014.

[22] 陈爱国. 商务谈判. 郑州：郑州大学出版社，2008.

[23] 郭秀君. 商务谈判第 2 版. 北京：北京大学出版社，2011.

[24] 卞桂英，刘金波. 国际商务谈判. 北京：北京大学出版社，2008.

[25] 杨晶. 商务谈判. 北京：清华大学出版社，2005.

[26] 袁其刚. 商务谈判学. 北京：电子工业出版社，2014.

[27] 王贵奇. 如何与客户谈判. 北京：中国经济出版社，2010.

[28] 周晓琛. 商务谈判理论与实践. 北京：知识产权出版社，2004.

[29] 刘园. 国际商务谈判. 北京：中国人民大学出版社，2007.

[30] 刘园. 国际商务谈判. 北京：对外经济贸易大学出版社，2008.

[31] 刘园. 国际商务谈判第 2 版. 北京：对外经济贸易大学出版社，2009.

[32] 刘园. 国际商务谈判. 北京：北京大学出版社，2011.

[33] 黄漫宇. 商务沟通. 北京：机械工业出版社，2007.

[34] 窦卫霖. 跨文化商务交流案例分析. 北京：对外经济贸易大学出版社，2007.

[35] [美]费雪，尤瑞. 哈佛谈判技巧. 黄宏义，译. 兰州：甘肃人民出版社，1987.

[36]　陈文汉. 商务谈判实务. 北京：电子工业出版社，2010

[37]　刘华，陈艳，魏文娟. 商务谈判及礼仪实务. 北京：清华大学出版社，2013.

[38]　陈丽清. 商务谈判：理论与实务. 北京：电子工业出版社，2011.

[39]　丁玉书，时永春. 商务谈判实务. 北京：清华大学出版社，2012.

[40]　李逾男，杨学艳. 商务谈判与沟通. 北京：北京理工大学出版社，2012.

[41]　方其. 商务谈判：理论、技巧、案例. 北京：中国人民大学出版社，2010.

[42]　盛安之. 谈判的 60 个博弈策略. 北京：企业管理出版社，2008.

[43]　吕晨钟. 学谈判必读的 95 个中外案例. 北京：北京工业大学出版社，2005.

[44]　蔓晓君，邱岳宜. 国际商务礼仪模拟实训教程. 北京：中国商务出版社，2007.

[45]　鲁小慧. 商务谈判. 郑州：中原农民出版社，1997.

[46]　卢润德. 商务谈判. 重庆：重庆大学出版社，2003.

[47]　宋超英. 商务谈判. 兰州：兰州大学出版社，2005.

[48]　夏圣亭. 商务谈判技术. 北京：高等教育出版社，2000.

[49]　余光武. 商务谈判经典案例全案(56 个案例).
　　　http://www.chinavalue.net/Biz/Blog/2015-1-17/1151403.aspx

[50]　商务谈判经典案例 30.
　　　http://wenku.baidu.com/link?url=bfeq4ZbR9nMnKUPNXfW7cfUQzeBcbv9LAU9a3h_cCr
　　　3pOJgVJsyXMdtnZw868F3b2jULuKIVFvGe7kH5siuat2U8hghh2GG9F7BLA_DOVRe

[51]　张强. 商务谈判学：理论与实务. 北京：中国人民大学出版社，2010.

[52]　李品媛. 商务谈判：理论、实务、案例、实训. 北京：高等教育出版社，2010.

[53]　刘必荣. 达成交易的完美谈判. 北京：北京大学出版社，2007.

[54]　李昆益. 商务谈判技巧. 北京：对外经济贸易大学出版社，2007.

[55]　[美]列维奇，等著. 商务谈判. 5 版. 程德俊，译. 北京：机械工业出版社，2012.